2026년 제37회 공인중개사

공인중개사 위패스 기본서

1차 부동산학개론

최혜승 교수

★★★★★

최신 경향 완벽 반영
합격으로 가는
가장 확실한 길

★★★★★

이해부터 계산까지,
한 방에 끝내는 마법

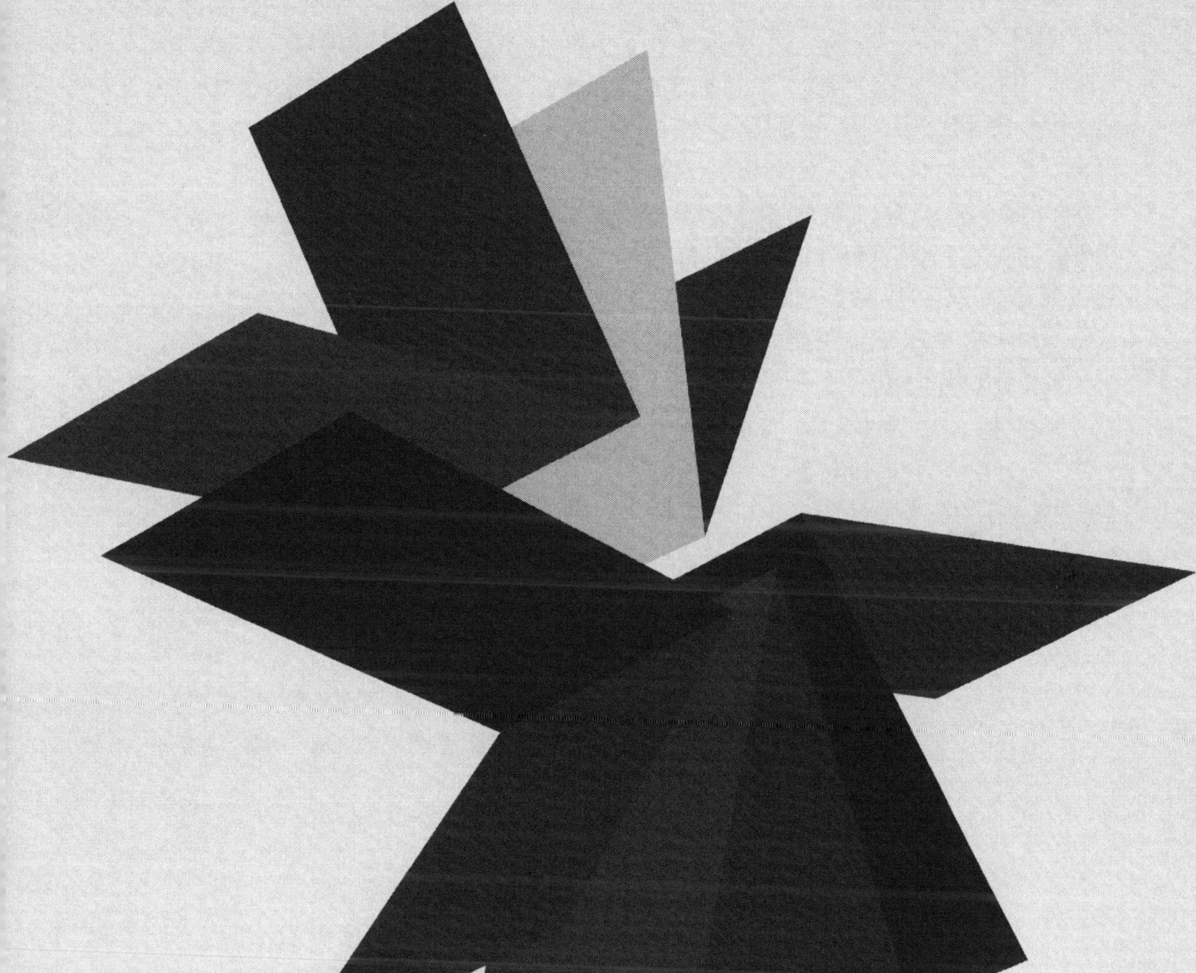

위패스 홈페이지

위패스

INTRO

안녕하세요. 최혜승입니다.

존경하는 예비 공인중개사 수험생 여러분, 이 책을 펼쳐 든 여러분의 뜨거운 열정과 간절한 꿈에 진심으로 박수를 보냅니다. 공인중개사 시험은 새로운 미래를 향한 도전의 관문이자, 부동산 전문가로서 성장의 기회를 제공합니다. 그중에서도 부동산학개론은 시험의 첫 단추이자, 모든 부동산 관련 지식의 기초를 다지는 핵심 과목입니다. 그러나 방대한 분량과 낯선 이론들로 인해 많은 수험생이 어려움을 호소하는 것도 사실입니다. 이러한 수험생 여러분의 고민을 누구보다 깊이 이해하며, 오직 합격이라는 목표에 가장 적합한 교재를 만들기 위해 혼신의 힘을 다했습니다. 이 책은 단순한 지식의 나열이 아닌, 출제 경향에 철저히 맞춰진 가장 효율적이고 실용적인 학습 가이드가 될 것입니다.

우리 함께 포기하지 말고 끝까지 나아갑시다.

이번 교재의 특징입니다.

1. 이 교재는 한국산업인력공단의 부동산학개론 시험 기출문제를 철저히 분석하여 편찬되었습니다. 실제 출제된 문구와 핵심 개념을 중심으로 내용을 구성함으로써, 시험에 자주 등장하는 포인트를 정확히 짚고 학습 효율을 극대화하였습니다.

2. 기존의 부동산학개론 교재와 달리, 이 교재는 페이지 수를 적게 하고, 지엽적인 부분들을 배제하여 보다 핵심적이고 실용적인 내용을 담고자 하였습니다. 수험생들이 부담 없이 중요한 개념과 원리를 집중해서 학습할 수 있도록 간결하고 세부적인 목차 구성을 추구하였습니다.

3. 수험생 여러분이 효율적으로 공부할 수 있도록, 학문적 논의는 가치 있더라도 시험에 나오지 않을 내용은 모두 과감히 생략했습니다. 불필요한 부분 없이 시험 트렌드에 맞춘 실전 지식으로 가득 채웠습니다. 이를 통해 시간 낭비 없이 본질만 쏙쏙 익히실 수 있을 겁니다.

2026년 위패스 공인중개사
1차 부동산학개론

4. 여러분의 효율적인 학습을 돕기 위해, 본 교재와 동일한 목차 순서를 따르는 휴대용 핵심 요약서가 별도로 출간될 예정입니다. 이 요약서는 기본서로 개념 학습을 마친 후, 핵심 내용을 빠르게 정리하고 장기 기억을 공고히 하는 데 최적화되어 있습니다. 특히, 객관식 문제풀이 강의를 수강하실 때 요약서를 함께 활용하시면, 내용을 효과적으로 압축하여 실전 대비 능력을 극대화할 수 있습니다.

제 인생의 터닝포인트(Turning Point)는 예상치 못한 방향으로 찾아왔습니다. 야구선수로서 그라운드에서 희노애락을 맛봤지만, 꿈을 접어야 했던 순간이 있었습니다. 그때 만난 멘토가 부동산 분야의 가능성을 열어주었고, 부동산 지식을 쌓으며 체계적인 세상을 보게 되었습니다. 좌절의 나락에 떨어졌던 시절, 저를 일으켜 세운 것은 가족의 무한한 사랑이었습니다. 밤늦게까지 "포기하지 말라"고 다독여주신 아버지의 굳은 믿음, 말없이 첫째아들을 챙기신 어머니의 헌신적인 사랑, 그리고 "형은 해낼거야"라는 동생의 말이 없었다면 이 강의와 교재는 존재하지 못했을 것입니다.

가족의 사랑이야말로 제게 진정한 힘을 준 가장 소중한 선물이며, 이 자리를 빌려 아버지, 어머니, 동생께 영원한 감사를 드립니다.
또한 제가 이 자리에 설 수 있도록 변함없는 격려와 지원을 아끼지 않으신 윤혜영 대표님과 김묘엽 선생님께 깊은 감사의 마음을 전합니다. 두 분의 따뜻한 지도와 날카로운 조언이 없었다면 이 강의와 교재가 완성될 수 없었을 것입니다. 그분들의 헌신과 열정은 저에게 큰 힘이 되었고, 앞으로도 그 가르침을 가슴에 새기며 최선을 다할 것을 다짐합니다. 이 자리를 빌어 진심으로 감사드립니다.

2025. 11. 28.
최혜승 배상

CONTENTS

PART 1   부동산학 총론
01. 부동산학의 이해 ·············· 8
02. 부동산의 개념 ················ 11
03. 부동산의 분류 ················ 13
04. 부동산의 특성 ················ 17

PART 2   부동산경제론
01. 부동산 수요 ·················· 22
02. 부동산 공급 ·················· 27
03. 부동산 수요와 공급의 탄력성 ···· 32
04. 부동산시장의 균형 ············ 41
05. 경기변동이론 ················· 45

PART 3   부동산시장론
01. 부동산 시장 ·················· 54
02. 주택의 여과과정과 주거분리 ···· 57
03. 부동산 시장과 효율적시장이론 ·· 60
04. 부동산 지대이론 ·············· 64
05. 부동산 도시공간구조론 ········ 71
06. 부동산 입지론 ················ 75

PART 4   부동산정책론
01. 부동산문제 ··················· 88
02. 부동산정책 ··················· 94

PART 5   부동산투자론
01. 부동산투자이론 ··············· 108
02. 부동산투자분석 ··············· 121

PART 6   부동산금융론
01. 부동산금융 ··················· 136
02. 부동산증권 ··················· 144
03. 부동산자금조달 형태 ·········· 154
04. 부동산투자회사 ··············· 156

2026년 위패스 공인중개사
1차 부동산학개론

PART 7 부동산 개발 및 관리론

01. 부동산이용 ·· 162
02. 부동산개발 ·· 163
03. 부동산개발의 타당성 분석 ················ 170
04. 부동산관리 ·· 173
05. 부동산마케팅 ···································· 178

PART 8 부동산 감정평가론 및 부동산가격공시제도

01. 감정평가의 개념 ································ 184
02. 감정평가의 분류 ································ 186
03. 부동산가치의 기초이론 ···················· 188
04. 부동산가치의 형성요인과 발생요인 ········ 190
05. 지역분석과 개별분석 ························ 192
06. 부동산가격의 제원칙 ························ 194
07. 감정평가 3방식 6방법 ······················ 199
08. 감정평가의 실시 ································ 216
09. 부동산가격공시제도 ·························· 222

PART 1

부동산학 총론

Life Turning Point
WEPASS

2026년 위패스 공인중개사
1차 부동산학개론

Chapter1. 부동산학의 이해
Chapter2. 부동산의 개념
Chapter3. 부동산의 분류
Chapter4. 부동산의 특성

부동산학의 이해

I. 부동산학의 이해

1. 학문적 성격

부동산학은 학문적성격이 과학의 성격을 지니며, 구체적으로는 종합과학, 경험과학, 사회과학, 응용과학, 규범과학에 속한다.

2. 3대 측면

가. 경제적 측면

경제적 측면이란 부동산의 가격과 관련된 측면을 의미한다.

나. 법률적 측면

법률적 측면이란 부동산과 관련되는 법·제도적인 측면을 의미하며, 공법과 사법은 물론 행정이나 정치, 사회적 규범 등이 법률적 측면에 해당된다.

다. 기술적 측면

기술적 측면이란 부동산의 제한된 공간을 효율적이고 다양하게 활용하는 것을 의미한다.

II. 부동산학의 연구대상 및 접근방법

1. 연구대상

가. 부동산 활동

부동산 활동이란 아파트 매매행위처럼 인간이 부동산을 대상으로 하는 인간의 활동을 말한다.

나. 부동산 현상

부동산 현상은 인간과 부동산 사이에 반복적으로 나타나는 유사한 원리에 따라 발생하는 모든 사실로서 부동산 활동을 둘러싼 현상을 의미한다.

2. 접근방법

가. 분산식 접근방법

분산식 접근방법이란 경제학, 경영학, 회계학, 법학 등 일반적 주변과학에서 개별적으로 부동산을 다루는 접근방법이다.

나. 중점식 접근방법

중점식 접근방법이란 부동산 활동의 특정 측면(기술적, 경제적, 법률적 측면)이나 특정한 부동산 활동에만 중점을 두는 접근방법이다.

다. 종합식 접근방법
종합식 접근방법은 부동산을 기술적·경제적·법률적 측면에서의 복합개념으로 이해하고, 이를 종합해서 이론을 구축하는 방법이다.

라. 의사결정론적 접근방법
의사결정론적 접근방법은 인간은 합리적인 존재이며, 자기이윤의 극대화를 목표로 행동한다는 전제하에 합리적인 의사결정의 분석에 중점을 둔 접근방법이다.

Ⅲ. 부동산 활동

1. 주체

공적주체	정부, 지방자치단체, 공기업 등이 있으며, 공익을 추구한다.
사적주체	개인, 민간기업 등이 있으며, 사익을 추구한다.
공·사 혼합부문(제3섹터)	정부와 민간의 공동개발사업처럼 공적주체와 사적주체가 결합된 형태로 양 자의 장점을 추구하고자 한다.

2. 일반원칙

가. 능률성의 원칙
부동산학은 부동산 활동의 능률화를 목표로 하기 때문에 능률성의 원칙은 가장 중요한 원칙이다. 소유활동의 능률화를 위해서는 최유효이용의 원칙을, 거래활동의 능률화를 위해서는 거래질서 확립의 원칙을 지도원리로 삼고 있다.

나. 안전성의 원칙
안전성의 원칙은 부동산 거래를 안전하게 한다는 원칙이다.

다. 경제성의 원칙
부동산 활동을 전개함에 있어서 최소의 비용으로 최대의 효과를 추구하자는 원칙이다.

라. 공정성의 원칙
공적주체나 사적주체 모두 부동산 활동을 전개함에 있어서는 공정해야 한다는 원칙이다.

3. 표준산업분류체계에 따른 부동산업의 분류

대분류	중분류	소분류	세분류	세세분류
부동산업	부동산업	부동산 임대 및 공급업	부동산 임대업	㉠ 주거용 건물임대업 ㉡ 비주거용 건물임대업 ㉢ 기타 부동산임대업
			부동산개발 및 공급업	㉣ 주거용 건물개발 및 공급업 ㉤ 비주거용 건물개발 및 공급업 ㉥ 기타 건물개발 및 공급업
		부동산 관련 서비스업	부동산 관리업	㉦ 주거용 부동산관리업 ㉧ 비주거용 부동산관리업
			부동산중개, 자문 및 감정평가업	㉨ 부동산중개 및 대리업 ㉩ 부동산투자 자문업 ㉪ 부동산 감정평가업 ㉫ 부동산 분양 대행업

부동산의 개념

Ⅰ. 복합개념의 부동산

부동산학의 이론적 관점에서 부동산을 유형적 측면인 기술적 측면과 무형적 측면인 경제적·법률적 측면으로 인식하는 것을 복합개념의 부동산 또는 부동산의 복합개념이라고 한다.

Ⅱ. 물리적 개념

물리적 개념의 부동산이란 자연, 공간(지하, 지표, 공중공간), 위치, 환경으로서의 부동산을 말한다.

Ⅲ. 경제적 개념

경제적 개념의 부동산이란 자산, 자본, 소비재, 생산요소, 상품을 말한다.

Ⅳ. 법률적 개념

1. 광의의 부동산 개관

광의의 부동산이란 협의의 부동산에 준부동산(의제부동산)을 합친 개념이다. 준부동산은 등기나 등록수단으로 공시해야 하므로 부동산에 준하여 취급되는 자산을 말한다.

2. 협의의 부동산

가. 의의

협의의 부동산이란 민법 제99조 제1항에 따라서 토지 및 그 정착물이 대상이다.

나. 토지

토지소유자의 소유권 범위는 민법 제212조에 따라서 정당한 이익이 있는 범위내에서 지표뿐만 아니라 토지의 상하를 포함한다.

다. 정착물

(1) 의의

정착물은 토지에 부착되어 계속적으로 이용된다고 인정되는 물건이다. 하지만 토지에 계속적으로 부착된 상태로 있지 않은 가식중인 수목과 판잣집, 이동이 가능한 컨테이너 박스는 동산에 해당된다.

(2) 종류

토지와의 독립물 (독립정착물)	㉠ 독립정착물은 토지와 별도로 거래가능하다. ㉡ 독립정착물에는 토지소유자의 소유권이 영향을 미치지 않는다. ㉢ 독립정착물에는 토지와 별개의 거래대상이 되는 것으로 건물이 있다. ㉣ 독립정착물에는 소유권보존등기된 입목이 있다. ㉤ 독립정착물에는 명인방법을 갖춘 수목의 집단·미분리과실이 있다. ㉥ 독립정착물에는 권원에 의하여 타인의 토지에 재배되고 있는 농작물이 있다.
토지의 일부 (종속정착물)	㉠ 종속정착물은 토지와 함께 거래된다. ㉡ 종속정착물은 토지의 구성부분에 해당되며, 토지중개거래의 대상이다. ㉢ 종속정착물에는 토지소유자의 소유권이 미친다. ㉣ 종속정착물에는 매년 경작을 요하지 않는 나무나 다년생식물이 있다. ㉤ 종속정착물에는 돌담, 축대, 제방이 있다. ㉥ 종속정착물에는 교량, 도로이 있다.

3. 준부동산

가. 등기

준부동산에서 20톤 이상의 선박은 등기를 하고, 공장재단과 광업재단은 보존등기를 하면 1개의 부동산으로 취급된다.

나. 등록

준부동산에서 자동차, 건설기계, 항공기는 등록을 통해서 부동산으로 취급한다.

다. 기타

준부동산에서 어업권은 등기나 등록을 하지않고 규정에 의하여 면허 또는 허가를 받아 양식할 수 있는 권리이다.

V. 복합부동산

토지와 그 토지 위의 정착물에 해당되는 건물이 각각 독립된 거래의 객체이면서도 하나의 결합된 상태로 취급되어 부동산 활동의 대상으로 삼고 있는 부동산을 복합부동산이라고 한다.

부동산의 분류

Ⅰ. 토지의 분류

1. 지목에 따른 토지의 분류

> 공간정보의 구축 및 관리 등에 관한 법률 제67조 (지목의 종류) ① 지목은 전·답·과수원·목장용지·임야·광천지·염전·대(垈)·공장용지·학교용지·주차장·주유소용지·창고용지·도로·철도용지·제방(堤防)·하천·구거(溝渠)·유지(溜池)·양어장·수도용지·공원·체육용지·유원지·종교용지·사적지·묘지·잡종지로 구분하여 정한다.

2. 용도지역에 따른 토지의 분류

국토의 계획 및 이용의 관한 법률에 따라 용도지역은 도시지역, 관리지역, 농림지역, 자연환경보전지역으로 나눌 수 있다.

3. 부동산 활동에 따른 분류

가. 대지(垈地)와 택지(宅地), 부지(敷地)

대지(垈地)	⊙ 대지란 「공간정보의 구축 및 관리 등에 관한 법률」상 지목이(垈)인 토지 또는 「건축법」상 건축이 가능한 토지를 말한다.
택지(宅地)	ⓛ 택지란 주거·상업·공업용지 등의 용도로 이용되고 있거나 해당 용도로 이용할 목적으로 조성된 토지를 말한다.
부지(敷地)	ⓒ 부지란 일정한 목적으로 제공되고 있는 바닥토지를 말하며 하천, 도로 등의 바닥토지에 사용되는 포괄적 용어이다. ② 부지는 건축이 가능한 토지와 건축이 불가능한 토지를 모두 포함한다.

나. 농지(農地)와 임지(林地)

농지(農地)	⊙ 농지란 법적 지목과 상관없이 실제로 농작물 경작지 등의 부지를 말한다.
임지(林地)	ⓛ 임지는 목재용으로 쓰기 위한 나무가 위치한 용재림(用材林)지역과 숯과 땔나무 등으로 쓰기 위한 나무가 위치한 신탄림(薪炭林)지역으로 구분하기도 한다.

다. 후보지와 이행지

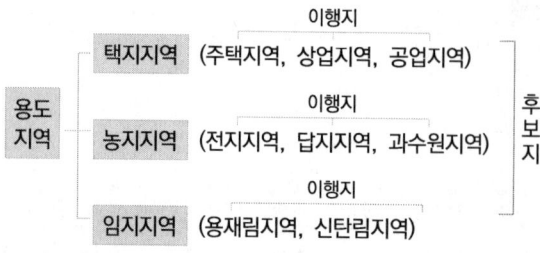

후보지	㉠ 후보지란 용도적 지역 상호간에 다른 지역으로 전환되고 있는 지역의 토지를 말한다.
이행지	㉡ 이행지란 용도적 지역 내에서 지역간 용도변경이 진행되고 있는 토지를 이행지라 한다.

라. 필지(筆地)와 획지(劃地)

필지(筆地)	㉠ 필지란 토지의 등록단위로 하나의 지번을 가진 토지를 의미하는 용어이다.
획지(劃地)	㉡ 획지란 토지가 인위적, 자연적, 행정적 조건에 따라 가격수준이 비슷한 토지를 말한다.

마. 나지(裸地)와 건부지(建附地)

나지(裸地)	㉠ 나지란 토지에 건물이나 그 밖의 정착물이 없고 지상권등 토지의 사용·수익을 제한하는 사법상의 권리가 설정되어 있지 아니한 토지를 말한다.
건부지(建附地)	㉡ 건부지란 건축물이 있는 토지로서, 건물 등의 용도에 제공되고 있는 부지를 말한다. ㉢ 건부지는 일반적으로 건물이 토지의 이용을 제한하는 경우가 많아 건부감가가 이루어지게 된다. ㉣ 왜냐하면 건부지의 감정평가액은 나지로서의 평가액을 한도로 하고, 건물의 용도가 나지에 비하여 제한되고 유용성이 낮기 때문이다. ㉤ 따라서 건부지는 건물등이 부지의 최유효이용에 적합하지 못하는 경우, 나지에 비해 최유효이용의 기대가능성이 낮다.

바. 법지(法地)와 빈지(濱地)

법지 (法地)	㉠ 법지란 소유권은 인정되지만 이용하지 않는 경사면의 토지를 말한다. ㉡ 법지는 택지경계와 인접한 경사된 토지로 사실상 사용이 불가능한 토지를 말한다.
빈지 (濱地)	㉢ 빈지란 소유권이 인정되지 않는 바다와 육지 사이의 해변토지를 말한다.

사. 기타토지

맹지(盲地)	㉠ 맹지란 도로에 직접 연결되지 않은 한 필지의 토지이다.
소지(素地)	㉡ 대지 등으로 개발되기 이전의 자연적인 그대로의 토지를 말한다.
선하지 (線下地)	㉢ 선하지란 고압송전선로 아래의 토지를 말한다. ㉣ 선하지는 고압송전선로 아래에 있기 때문에 토지로 이용 및 거래의 제한을 받는 경우가 많다.
포락지 (浦落地)	㉤ 포락지란 지적공부에 등록된 토지가 물에 침식되어 수면 밑으로 잠긴 토지를 말한다.

II. 건물의 분류

1. 단독주택

가. 단독주택

단독주택이란 한 세대가 단독으로 생활하기 위한 시설 및 규모를 갖춘 주택을 말한다.

나. 다중주택

(1) 거주인

다중주택은 학생 또는 직장인 등 여러 사람이 장기간 거주할 수 있어야 한다.

(2) 주거형태

다중주택은 독립된 주거의 형태를 갖추지 않은 것으로서 욕실은 설치가 가능하나, 취사시설은 설치하지 않은 것을 말한다.

(3) 면적 및 층수

다중주택은 1개 동의 주택으로 쓰이는 바닥면적의 합계가 660제곱미터 이하이고, 지하층은 제외하고 주택으로 쓰는 층수가 3개 층 이하이어야 한다.

다. 다가구주택

(1) 면적 및 층수

다가구주택은 1개 동의 주택으로 쓰이는 바닥면적의 합계가 660㎡ 이하이고, 주택으로 쓰는 층수가 3개 층 이하이어야 한다.

(2) 세대수

다가구주택은 19세대 이하가 거주할 수 있어야 한다.

라. 공관(公館)

정부의 고위 관리가 공적으로 쓰는 저택을 말한다.

2. 공동주택

가. 아파트

아파트란 주택으로 쓰이는 층수가 5개층 이상인 주택을 말한다.

나. 연립주택

연립주택은 주택으로 쓰는 1개 동의 바닥면적의 합계가 660㎡를 초과하고, 층수가 4개 층 이하인 주택을 말한다.

다. 다세대주택

다세대주택의 경우에는 주택으로 쓰는 1개 동의 바닥면적 합계가 660㎡ 이하이고, 층수가 4개 층 이하인 주택을 말한다.

라. 기숙사

3. 기타주택

가. 도시형 생활주택

도시형 생활주택이란 300세대 미만의 국민주택규모에 해당하는 주택으로서 단지형 연립주택·단지형 다세대주택·원룸형 주택을 도시지역에 건설하는 주택을 말한다.

나. 토지임대부 분양주택

토지임대부 분양주택이란 토지의 소유권은 토지임대부 분양주택 건설사업을 시행하는 자가 가지고, 건축물 및 복리시설 등에 대한 소유권은 주택을 분양받은 자가 가지는 주택을 말한다.

다. 세대구분형 공동주택

세대구분형 공동주택이란 공동주택의 주택 내부 공간의 일부를 세대별로 구분하여 생활이 가능한 구조로 하되, 그 구분된 공간의 일부를 구분소유 할 수 없는 주택을 말한다.

라. 장수명 주택

장수명 주택이란 구조적으로 오랫동안 유지·관리될 수 있는 내구성을 갖추고, 입주자의 필요에 따라 내부 구조를 쉽게 변경할 수 있는 주택을 말한다.

부동산의 특성

Ⅰ. 토지의 자연적 특성

1. 부동성

가. 개념
부동성이란 토지는 유형 그대로 운반할 수 없으며, 토지의 지리적 위치를 인간의 힘으로는 이동시킬 수 없다는 특성으로 토지의 가장 큰 물리적 특성이다.

나. 내용
부동성은 물리적인 위치가 고정되어 있기 때문에 지역화 또는 국지화되고, 외부효과가 발생하게 된다. 또한 부동성은 부동산활동에서 임장활동을 필요로 하기에 지역분석의 근거가 된다. 마지막으로 부동성은 지방자치단체 운영을 위한 조세수입의 근거가 될 수 있다.

2. 부증성

가. 개념
부증성이란 토지는 생산이 불가능하며, 인간의 힘으로는 물리적인 절대량을 늘릴 수 없다는 특성을 말한다. 따라서 토지는 다른 생산물과 달리 노동이나 생산비를 투입하여 재생산할 수 없으며, 토지의 절대량은 불변이다.

나. 내용
부증성은 가격 상승에 따른 토지의 물리적 공급은 불가능하므로, 토지의 물리적 공급곡선은 수직선 형태를 띠며, 단기적으로는 가격에 대해 완전 비탄력적이다. 또한 토지에 대한 수요는 증가하나 물리적 공급이 불가능해 토지의 희소성이 지속되고, 그 결과 지대나 지가가 발생하여 최유효이용의 근거가 된다. 이로 인해 토지 이용의 집약화가 이루어지는 현상이 발생한다.

3. 영속성

가. 개념
영속성이란 토지는 일반 상품과 달리 사용에 의하여 소모되거나 마멸되지 않으므로 물리적 측면에서는 결코 파괴될 수 없다는 특성을 말한다.

나. 내용
부동산은 물리적 감가상각의 논리가 적용되지 않아 소모를 전제로 하는 재생산 이론이나 사고 방식을 적용할 수 없으며, 가치보존력이 우수해 장기투자를 통해 소득이득과 자본이득을 동시에 얻을 수 있다. 또한 소유이익과 사용이익을 분리하여 타인의 이용을 가능하게 하므로 임대차 시장의 형성 근거가 되며, 관리의 중요성이 크고 부동산 활동의 장기적 배려를 필연화한다. 아울러 가격이 하락하더라도 소모되지 않기 때문에 향후 가격 상승을 기대하며 매각을 유보할 수 있다.

4. 개별성

가. 의의
개별성이란 지표상에 존재하는 토지는 동일한 것은 없으며, 그 특성도 모두 달라 물리적으로 복수의 동일한 토지는 있을 수 없다는 특성을 말한다. 이러한 개별성으로 인하여 물리적 대체는 이루어질 수 없으므로, 부동산 상품 간에는 완전한 대체관계가 성립될 수 없다.

나. 내용
개별성은 부동산활동과 현상을 개별화시키며, 토지시장을 불완전경쟁시장으로 만드는 요인으로서 일물일가의 법칙 적용을 배제하고 물건 간 완전한 대체 관계를 제약한다.

5. 인접성
인접성이란 물리적으로 토지는 무한히 연속되고 다른토지와 연결되는 특성이다. 가격형성에 있어 인접지의 영향을 받으므로 지역분석의 근거가 된다.

II. 토지의 인문적 특성

1. 용도의 다양성

의의	㉠ 용도적 다양성이란 지역의 사회적·행정적·경제적 환경에 따라 토지가 여러 가지 용도로 사용될 수 있다는 특성이다.
내용	㉡ 용도적 다양성은 최유효이용의 성립근거가 된다. ㉢ 용도적 다양성은 용도의 전환 또는 이행을 통한 토지의 경제적 공급을 가능하게 한다.

2. 분할·합병의 가능성

의의	㉠ 분할·합병의 가능성이란 토지는 법률이 허용하는 범위 내에서 자유롭게 분할이나 합필이 가능하여 이용의 극대화를 도모할 수 있으며, 이러한 효과적인 분할과 합필은 최유효이용을 전제로 한다.
내용	㉡ 분할·합병의 가능성은 토지의 분할이나 합필을 통하여 다양한 토지를 이용할 수 있으므로 용도의 다양성을 지원하는 기능을 갖는다.

3. 위치의 가변성

의의	㉠ 위치의 가변성이란 토지의 물리적 위치는 불변이지만, 토지의 인문적 위치는 환경의 변화에 따라 가변적이므로 사회적·경제적·행정적으로 움직일 수 있다는 특성을 말한다.
내용	㉡ 사회적 위치가 변화하는 경우 : 인구수 변화, 공원이나 대형마트의 이전 ㉢ 경제적 위치가 변화하는 경우 : 경제성장, 경기변동, 물가, 실업률 ㉣ 행정적 위치가 변화하는 경우 : 토지이용계획, 도시·군 계획의 변경

Memo

PART 2

부동산경제론

Life Turning Point
WEPASS

2026년 위패스 공인중개사
1차 부동산학개론

Chapter1. 부동산 수요
Chapter2. 부동산 공급
Chapter3. 부동산 수요와 공급의 탄력성
Chapter4. 부동산시장의 균형
Chapter5. 경기변동이론

부동산 수요

I. 부동산 수요의 개관

1. 부동산 수요

수요는 일정기간 동안 소비자가 재화를 구매하고자 하는 욕구로서 유량(flow) 개념이며, 반면에 일정시점을 기준으로 한 저량(stock) 개념도 존재한다. 실제 구매량이 아니라 구매하려는 의사로 사전적 개념이며, 따라서 실제 구매한 사후적 양과 다를 수 있다. 특히 부동산 수요는 단순 구매 의사뿐 아니라 구매에 필요한 경제적 능력이 뒷받침된 유효수요를 의미한다.

2. 유량과 저량

가. 유량(flow)

(1) 의의

유량이란 일정기간에 걸쳐 변화하는 양을 의미한다.

(2) 유량변수

유량변수에는 임대료, 주택거래량, 신규주택공급량, 소득, 가계소비, 월 임대료 수입, 순영업소득(NOI), 아파트생산량, 연간이자비용, 가계소득, 당기순이익 등이 있다.

나. 저량(stock)

(1) 의의

유량이란 일정시점에 측정되는 양을 말한다.

(2) 저량변수

저량변수에는 재고, 가계자산(= 자본 + 부채), 자본총량, 주택보급률, 통화량, 단기공급, 인구 등 기존주택공급량, 외환보유액, 재무상태표 등이 있다.

II. 부동산 수요함수

1. 수요량과 수요에 영향을 미치는 인과관계

$$Q_d = f(\text{해당상품의 가격, 소득, 연관상품의 가격, 대체재등})$$

2. 수요함수

$$Q_d = f(\text{해당상품의 가격})$$

III. 부동산 수요곡선

부동산의 가격과 수요량의 관계를 그림으로 나타낸 것을 수요곡선이라고 한다. 수요곡선상의 점에서의 수요량은 주어진 가격수준에서 구입하고자 하는 최대량을 나타내며, 수요가격은 주어진 수요량수준에서 지불할 용의가 있는 최대가격이다. 수요곡선은 수요의 법칙이 성립하는 경우 수요곡선은 우하향하는 음(-)의 기울기를 갖는다.

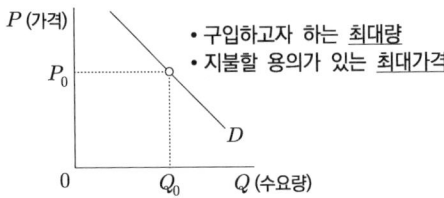

IV. 부동산수요의 법칙

1. 의의

다른 조건이 동일한 경우 부동산에 대한 수요량은 가격에 반비례하는 것을 수요법칙이라고 한다. 수요량과 가격이 반비례하여 수요곡선은 우하향형태가 된다.

2. 성립근거

가. 가격효과

가격효과란 대체효과와 소득효과의 합성효과를 말한다.

나. 대체효과

대체효과란 해당 상품의 가격하락은 다른 상품에 비해 상대적으로 값이 싸진 셈이어서 해당 상품에 대한 수요량이 증가하며, 해당 상품의 가격상승은 다른 상품에 비해 상대적으로 값이 비싸진 셈이어서 해당 상품에 대한 수요량이 감소하는 효과이다.

다. 소득효과

소득효과란 정상재를 기준으로 할 때, 해당 상품의 가격이 하락하면 실질소득의 증가효과 때문에 동일한 지출액으로 전보다 더 많은 수량을 구입할 수 있게 되어 해당 상품에 대한 수요량이 증가하며, 해당 상품의 가격이 상승하면 실질소득의 감소효과 때문에 동일한 지출액으로 전보다 더 적은 수량을 구입할 수 있게 되어 해당 상품에 대한 수요량이 감소하는 효과이다.

V. 부동산수요량의 변화와 수요의 변화

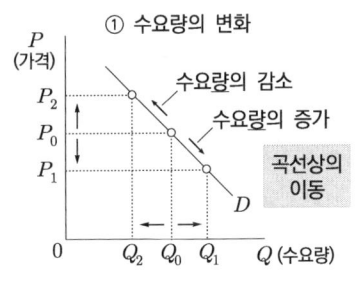
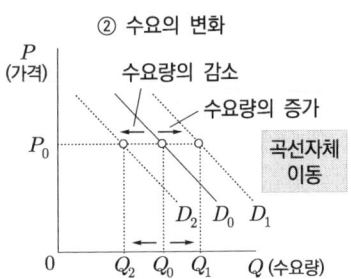

1. 수요량의 변화

해당 상품의 가격 이외의 다른 결정요인들이 불변이라고 할때 해당 상품의 가격이 변할 때 해당 상품 수요량의 변화이며 이를 수요량의 변화라고 한다. 수요곡선 상의 점의 이동으로 나타낸다.

수요량의 변화	해당상품의 가격	수요량		수요곡선 상의 이동
	상승	감소	→	좌상향으로 점이 이동한다.
	하락	증가		우상향으로 점이 이동한다.

2. 수요의 변화

해당 상품 가격 이외의 다른 요인들의 변화에 따른 해당 상품 수요량의 변화이며 이를 수요의 변화라고 한다. 수요곡선 자체의 이동으로 나타낸다.

수요의 변화	해당상품의 가격이외 (소득의 증가)	수요량		수요곡선 자체의 이동
	상승	증가	→	수요곡선 자체가 우측이동
	하락	감소		수요곡선 자체가 좌측이동

Ⅵ. 부동산수요의 변화요인

1. 소득의 변화

수요변화의 요인	상품의 종류	상품의 수요량	수요곡선의 이동
소득의 증가	정상재	증가	우측 이동
	열등재	감소	좌측 이동
	중간재	불변	불변

가. 정상재

정상재란 소득이 증가하는 경우 수요를 증가시키는 상품을 말한다. 해당 상품이 특정 수요자에게 정상재라면 소득이 증가하는 경우 해당 상품의 수요는 증가하여 해당 상품의 수요곡선은 우측으로 이동한다.

나. 열등재

열등재란 소득이 증가하는 경우 수요를 감소시키는 상품을 말한다. 해당 상품이 특정 수요자에게 열등재라면 소득이 증가하는 경우 해당 상품의 수요는 감소하여 해당 상품의 수요곡선은 좌측으로 이동한다.

다. 하급재

하급재란 소득이 증가하더라도 수요의 변화가 없는 상품을 말한다. 예를 들어 소득이 증가하여도 아파트를 선호하지 않는 수요자라면 아파트 수요에는 변화가 없을 것이다. 해당 상품이 특정 수요자에게 중간재라면 소득이 증가하는 경우라도 해당 상품의 수요는 불변이어서 해당 상품의 수요곡선은 이동하지 않고 불변이다.

2. 관련상품의 변화

대체재	㉠ 대체재란 대신 바꾸어 소비를 해도 만족에 차이가 없는 상품을 말한다. ㉡ 대체재는 어떤 재화의 가격이 상승하면 다른 재화의 수요가 증가하는 재화이다. ㉢ 대체재에 대한 이해를 돕기 위해 콜라를 소비하려는 수요자에게 펩시콜라(X)와 코카콜라(Y)가 대신 바꾸어 소비해도 만족에 차이가 없는 대체재라고 가정한다.
보완재	㉣ 보완재란 어떤 재화의 가격이 상승하면 다른 재화의 수요가 감소하는 재화이다. ㉤ 보완재에 대한 이해를 돕기 위해 커피(X)를 소비하려는 수요자에게 설탕(Y)이 함께 소비시 만족이 커지는 보완재라고 가정한다.

	수요변화 요인	관련 상품 수요량		해당상품 수요량	해당 상품 수요곡선	해당 상품 가격
대체재	대체재 가격상승	감소	대신에	증가	우측이동	상승
	대체재 가격하락	증가	대신에	감소	좌측이동	하락
보완재	보완재 가격상승	감소	같이	감소	좌측이동	하락
	보완재 가격하락	증가	같이	증가	우측이동	상승

가. 대체재

(1) 대체재 코카콜라(Y)의 가격이 상승하는 경우

비싸진 대체재 코카콜라(Y)의 수요량을 감소시키고 대신 해당 상품 펩시콜라(X)에 대한 수요를 증가시키려할 것이다. 해당 상품인 펩시콜라(X)의 수요곡선은 우측으로 이동한다. 다른 조건이 같다면 해당 상품의 가격은 상승한다.

(2) 대체재 코카콜라(Y)의 가격이 하락하는 경우

저렴해진 대체재 코카콜라(Y)의 수요량을 증가시키고 대신 해당 상품 펩시콜라(X)에 대한 수요를 감소시키려 할 것이다. 해당 상품인 펩시콜라(X)의 수요곡선은 좌측으로 이동한다. 다른 조건이 같다면 해당 상품의 가격은 하락한다.

나. 보완재

(1) 보완재 설탕(Y)의 가격이 상승하는 경우

비싸진 보완재 설탕(Y)의 수요량을 감소시키면서 함께 해당 상품 커피(X)에 대한 수요도 감소시킬 것이다. 해당 상품인 커피(X)의 수요곡선은 좌측으로 이동한다. 다른 조건이 같다면 해당 상품의 가격은 하락한다.

(2) 보완재 설탕(Y)의 가격이 하락하는 경우

저렴해진 보완재 설탕(Y)의 수요량을 증가시키면서 함께 해당 상품 커피(X)에 대한 수요도 증가시킬 것이다. 해당 상품인 커피(X)의 수요곡선은 우측으로 이동한다. 다른 조건이 같다면 해당 상품의 가격은 상승한다.

3. 기타 수요의 변화요인

인구의 증가, 소득수준의 향상, 가구분리, 아파트에 대한 선호도 변화, 아파트 가격에 대한 기대의 변화, 주택거래규제의 완화, 부동산 용도의 다양성 증가, 대체 투자자산의 수익률 악화, 핵가족화, 해당지역으로 인구유입량 증가, 모기지 대출금리의 하락, 대출규제의 완화(LTV, DSR 등), 가격예상의 변화(실제가격의 변화가 아니므로 수요의 변화요인에 해당한다.)

VII. 개별수요와 시장수요

1. 개별수요

개별수요란 수요자 한 사람 한 사람의 수요를 말한다.

2. 시장수요

시장수요란 시장전체의 수요를 말하며, 수요곡선이라 하면 보통 시장수요곡선을 지칭한다. 시장수요곡선은 개별수요곡선의 동일한 가격수준에서 구입하고자하는 재화의 수요량을 합한 곡선이다. 일반적으로 시장수요곡선은 개별수요곡선보다 완만하게(탄력적으로) 그려진다.

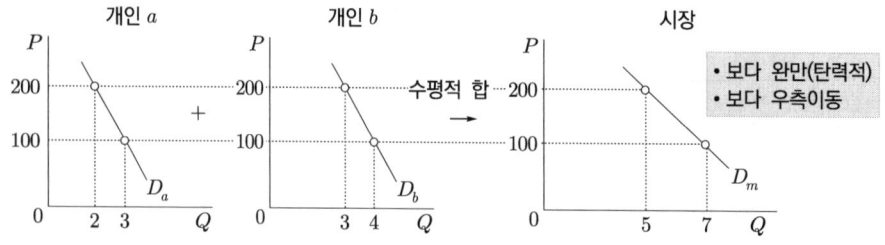

부동산 공급

I. 부동산 공급의 의의

공급이란 일정기간 동안에 사람들이 재화나 서비스를 판매하고자 하는 욕구를 말한다. 즉 일정기간 동안 주어진 가격으로 생산자가 재화를 매도하고자 하는 최대수량을 말한다. 부동산의 공급은 단순히 부동산을 판매하려는 의사만을 의미하는 것이 아니라, 생산하거나 보유 중인 부동산을 시장에 제공할 수 있는 유효공급을 의미한다.

II. 부동산 공급함수

1. 공급 결정요인들과 공급량 사이의 인과관계

$$Q_s = f(\text{해당상품의 가격, 기술, 생산요소의 가격등})$$

2. 공급함수

해당 상품의 가격이외의 다른 결정요인들이 불변이라고 할 때, 공급함수는 다음과 같이 나타낼 수 있다.

$$Q_s = f(\text{해당상품의 가격})$$

III. 부동산 공급곡선

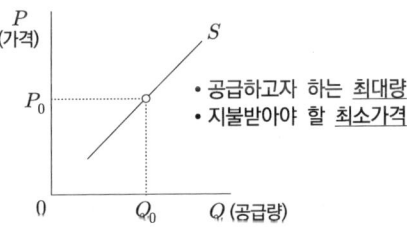

- 공급하고자 하는 <u>최대량</u>
- 지불받아야 할 <u>최소가격</u>

1. 의의

부동산의 가격과 공급량의 관계를 그림으로 나타낸 것을 공급곡선이라고 한다. 공급곡선상의 점에서의 공급량은 주어진 가격수준에서 공급하고자 하는 최대량을 나타내며, 공급가격은 주어진 공급량수준에서 지불받고자 하는 최소가격이다. 공급곡선은 공급법칙이 성립하는 경우 일반적으로 우상향하는 양(+)의 기울기를 갖는다.

2. 부동산 공급의 법칙
가. 공급량은 가격에 비례
다른 조건이 동일한 경우 부동산에 대한 공급량은 가격에 비례하는 것을 공급법칙이라고 한다.

나. 우상향 공급곡선
일반적으로 공급량과 가격이 비례하여 공급곡선은 우상향형태가 된다.

Ⅳ. 부동산 공급량의 변화와 공급의 변화

① 공급량의 변화

② 공급의 변화

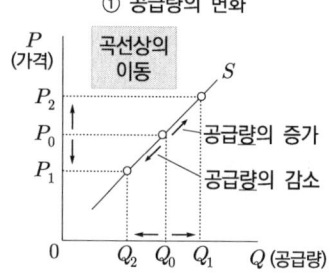
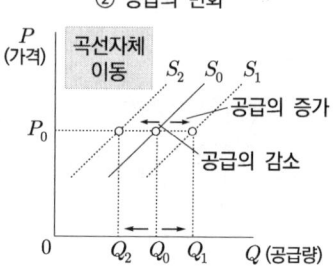

1. 공급량의 변화
해당 상품의 가격 이외의 다른 결정요인들이 불변이라고 할때 해당 상품의 가격이 변할 때 해당 상품 공급량의 변화이며 이를 공급량의 변화라고 한다. 공급곡선 상의 점의 이동으로 나타낸다.

공급량의 변화	해당상품의 가격	공급량		공급곡선 상의 이동
	상승	증가	→	우상향으로 점이 이동한다.
	하락	감소		좌상향으로 점이 이동한다.

2. 공급의 변화
해당 상품 가격 이외의 다른 요인들의 변화에 따른 해당 상품 공급량의 변화이며 이를 공급의 변화라고 한다. 공급곡선 자체의 이동으로 나타낸다.

공급의 변화	해당상품의 가격이외 (생산요소 가격)	공급량		공급곡선 자체의 이동
	상승	감소	→	공급곡선 자체가 좌측이동
	하락	증가		공급곡선 자체가 우측이동

V. 부동산공급의 변화요인

1. 생산기술 발전에 따른 생산비 절감

공급변화 요인	해당 상품 공급량	해당 상품 공급곡선
생산기술의 발전	증가	우측이동

2. 생산요소가격에 따른 생산비 하락

공급변화 요인	해당 상품 공급량	해당 상품 공급곡선
생산요소가격의 하락(상승)	증가(감소)	우측이동(좌측이동)

3. 부동산 가격 상승에 대한 기대감

가. 신규부동산 - 공급의 증가
분양가격 상승기대는 건설업자로 하여금 현재의 착공량을 증가시킨다.

공급변화 요인	해당 상품 공급량	해당 상품 공급곡선
가격상승(하락)예상	신축증가(감소)	우측(좌측)이동

나. 기존부동산 - 공급의 감소
기존부동산 소유자는 가격상승 이후 나중에 매도하기 위해 현재의 공급을 오히려 감소시킨다.

공급변화 요인	해당 상품 공급량	해당 상품 공급곡선
가격상승(하락)예상	매물감소(증가)	좌측(우측)이동

4. 기타 공급의 변화요인
용도전환이 용이해지도록 용도변경에 관한 규제완화, 공급자에게 보조급 지급, 공급자에게 양도소득세등 세율의 인하, 주택건설업체 수의 증가, 공급자 수의 증가

VI. 개별공급와 시장공급

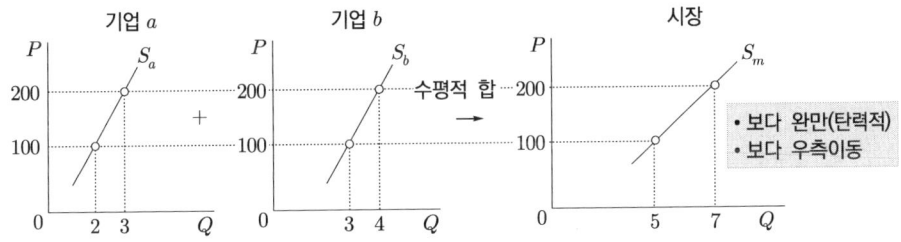

- 보다 완만(탄력적)
- 보다 우측이동

1. 개별공급

개별공급이란 생산자 한 사람 한 사람의 공급을 말한다.

2. 시장공급

가. 의의

시장공급이란 시장전체의 공급을 말하며 공급곡선이라 하면 보통 시장공급곡선을 의미한다.

나. 내용

전체 시장공급은 동일한 가격수준에서 각 개별기업의 공급량을 합산하여 구한다(수평적 합). 일반적으로 시장공급곡선은 개별공급곡선보다 완만하게 그려진다. 또한 개별공급곡선 보다 우측으로 이동하게 된다.

Ⅶ. 단기공급곡선과 장기공급곡선

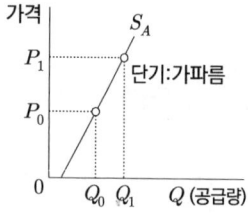
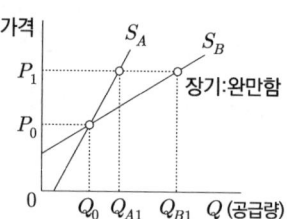

1. 단기

단기공급곡선은 장기공급곡선에 비해 기울기가 더 급한 형태를 보인다. 이는 단기적으로 부동산 공급에 필요한 자원의 확보, 토지의 용도전환, 건축 등의 과정에 상당한 시간이 소요되기 때문이다. 따라서 부동산가격이 상승하더라도 단기간에는 공급물량을 신속히 확대하기 어렵다.

2. 장기

그러나 장기에는 이러한 제약 요인이 점차 완화되어 자원의 조달이나 개발이 가능해지므로, 가격변화에 따른 공급량의 조정이 상대적으로 원활하게 이루어진다. 따라서 장기공급곡선의 기울기가 가격변화에 따른 공급량 변화가 더 크게 나타나며 단기공급곡선보다 더 완만한 형태를 띠게 된다.

Ⅷ. 토지의 물리적·경제적 공급곡선

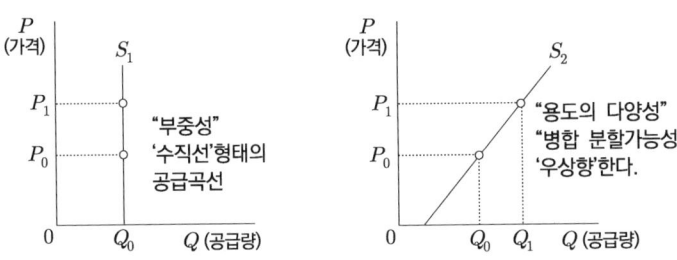

1. 토지의 물리적 공급곡선
토지의 물리적 공급곡선은 가격이 변하더라도 그 공급량이 고정되어 있어서 수직선이다. 일정시점(저량)개념에서는 물론 일정기간(유량)개념에서도 항상 수직선이다.

2. 토지의 경제적 공급곡선
토지의 경제적 공급곡선은 용도의 다양성과 병합·분할가능성으로 인해 가격이 상승하는 경우 용도전환 등을 통한 공급이 가능하므로 우상향하는 모양을 형성한다. 이는 토지를 물리적으로 생산하여 공급을 증가시킨 것이 아니므로 부증성의 예외가 아니다. 즉, 여전히 토지의 물리적 공급은 불가능하다.

부동산 수요와 공급의 탄력성

Ⅰ. 탄력성의 개념

1. 탄력성

가. 개념

탄력성이란 독립변수가 변할 때 종속변수가 얼마나 민감하게 반응하는가를 나타내는 지표이다. 독립변수가 1% 변할 때 종속변수는 몇 % 변하는가를 나타내는 값이다. 수요와 공급의 가격탄력성은 가격의 변화율에 대한 수요량과 공급량의 변화율을 수치화한 것이므로 숫자로 측정이 가능한 정량적지표에 해당한다.

나. 수요의 탄력성과 공급의 탄력성의 부호

(1) 수요의 가격탄력성

수요의 가격탄력성은 수요법칙을 따르는 경우 원래 그 결과가 음(-)의 값이다. 그런데 독립변수에 대한 종속변수의 반응을 다루는 데에 있어서 그 값이 클수록 탄력성의 값이 크다는 논리에 보다 적합하도록 아예 부호를 무시하거나 절댓값 또는 음(-)의 부호를 붙여서 항상 양(+)의 값으로 나타낸다.

(2) 수요의 소득탄력성과 교차탄력성

수요의 소득탄력성과 교차탄력성은 그 값의 크기보다는 소득변화와 연관상품가격의 변화에 따른 수요량의 증·감을 살펴보므로 그 부호가 양(+)인지 음(-)인지에 보다 중점을 두는 특별한 모형이다.

(3) 공급의 가격탄력성

공급의 가격탄력성은 항상 양(+)의 값으로 나타낸다.

Ⅱ. 수요의 가격탄력성

1. 개념

$$E_d = (-)\frac{수요량의\ 변화율(\%)}{가격의\ 변화율(\%)}$$

$$E_d = \frac{\dfrac{수요량의\ 변화분}{원래의\ 수요량}}{\dfrac{가격의\ 변화분}{원래의\ 가격}} = \left|\dfrac{\dfrac{수요량의\ 변화율분}{원래의\ 수요량}}{\dfrac{가격의\ 변화분}{원래의\ 가격}}\right|$$

가. 의의

수요의 가격탄력성이란 해당 부동산의 가격이 변할 때 해당 부동산에 대한 수요량이 얼마만큼 민감하게 반응하는가를 나타내는 지표이다. 즉, 해당 부동산의 가격이 1% 변할 때 해당 부동산에 대한 수요량이 몇 % 변하는가를 나타내게 된다.

나. 계산방법

수요의 가격탄력성은 그대로 계산할 경우 수요법칙에 따라 그 값이 음(-)이 된다. 그런데 독립변수에 대한 종속변수간의 반응의 정도를 다루는 데에 있어서 그 값이 클수록 탄력성 값이 크다는 논리에 보다 적합하도록 아예 부호를 무시하거나 수요의 가격탄력성 계산 결과값에 절댓값 또는 음(-)의 부호를 붙여서 항상 양(+)의 값으로 나타낸다.

2. 부동산수요의 가격탄력성의 크기

탄력성 값	가격변화율에 대한 수요량의 변화율	표현방법
$E_d = 0$	가격이 아무리 변해도 수요량은 불변이다.	완전 비탄력적
$0 < E_d < 1$	가격변화율에 비해 수요량의 변화율이 작다.	비탄력적
$E_d = 1$	가격변화율과 수요량의 변화율이 같다.	단위탄력적
$1 < E_d < \infty$	가격변화율에 비해 수요량의 변화율이 크다.	탄력적
$E_d = \infty$	가격변화가 거의 없어도 수요량의 변화는 무한대이다.	완전탄력적

3. 탄력성에 따른 수요곡선의 형태

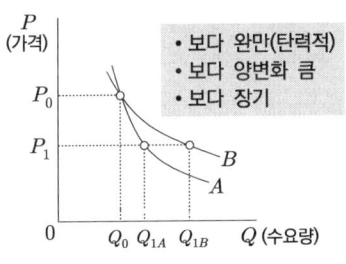 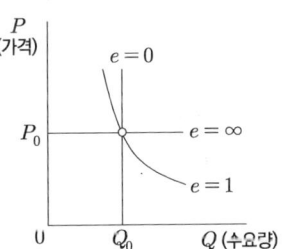

왼쪽 그래프를 살펴보면 동일한 가격변화($P_0 \to P_1$)에 대해 A그래프는 수요량이 Q_0에서 Q_{1A}만큼 크게 늘어났지만, B그래프는 수요량이 Q_0에서 Q_{1B} 만큼 크게 늘어났다는 것은 B의 경우가 상대적으로 탄력성이 보다 크다는 것을 알 수 있다.

따라서 다른 조건이 동일하다면 기울기가 가파를수록 탄력성의 값은 더 작고 기울기가 완만할수록 탄력성의 값은 더 크다는 것을 알 수 있다.

가. 완전비탄력적

수요곡선이 수직선인 경우라면 가격변화율에 대한 수요량의 변화율은 없어서 수요의 가격탄력성은 0이다.

나. 비탄력적
수요의 가격탄력성이 작을수록(비탄력적일수록) 수요곡선의 기울기는 더욱 가파른형태(기울기가 큰 형태)로 그려진다.

다. 단위탄력적
수요곡선이 직각쌍곡선, 즉 두 변수 곱의 값($P \times Q$)이 일정한 상수인 점들의 궤적인 경우라면 가격변화율과 수요량의 변화율은 같기 때문에 수요의 가격탄력성은 1이다.

라. 탄력적
수요의 가격탄력성이 클수록(탄력적일수록) 수요곡선의 기울기는 더욱 완만한 형태(기울기가 작은 형태)로 그려진다.

마. 완전탄력적
수요곡선이 수평선인 경우라면 가격변화율에 대한 수요량의 변화율은 무한대이어서 수요의 가격탄력성은 ∞이다.

4. 부동산 수요의 가격탄력성 특징
가. 대체재의 수
대체재의 수가 많으면 많을수록 가격탄력성은 크고, 작을수록 작아진다.

나. 기간
부동산수요는(수요에 대한 관찰기간, 측정기간, 주어진 기간)단기보다 장기에 상대적으로 더 탄력적이다. 이는 단기적으로는 힘들지만 장기에는 보다 더 많은 대체부동산의 공급이 늘어날 수 있으며 수요자의 경우는 보다 더 많은 대체부동산을 선택할 수 있기 때문이다.

다. 지역별·용도별
부동산을 지역별 용도별로 세분하면 탄력성은 커진다.(=상품의 동질성은 커지고 마치 대체재가 많아지는 것과 같기 때문이다.) 따라서 부동산을 용도별로 세분하면 탄력성은 커진다.

라. 용도전환
용도전환이 용이하고 용도가 다양한 경우 탄력적이게 되고, 전환이 용이하지 못하고 용도가 다양하지 않은 경우는 비탄력적이다.

마. 거래규제
거래규제 등이 많으면 비탄력적이 되나 그렇지 않으면 보다 더 탄력적이 된다.

바. 기타
부동산수요는 기본적으로 비탄력적이지만 주거용 부동산이 비주거용(기업용)인 상업용, 공업용 보다는 대체부동산이 많은 편이므로 상대적으로 보다 탄력적이다.

5. 수요의 가격탄력성과 기업의 총수입과의 관계

가. 개요
부동산의 임대료 총수입은 그 재화에 대한 시장수요량에 가격(임대료)을 곱한 값이다. 따라서 부동산의 임대료 총수입은 가격의 변화에도 영향을 받고 수요량의 변화에도 영향을 받는다.
(임대부동산의 임대료 총수입) = 가격(P) × 수요량(Q)

나. 가격인상에 따른 총수입증가분과 감소분

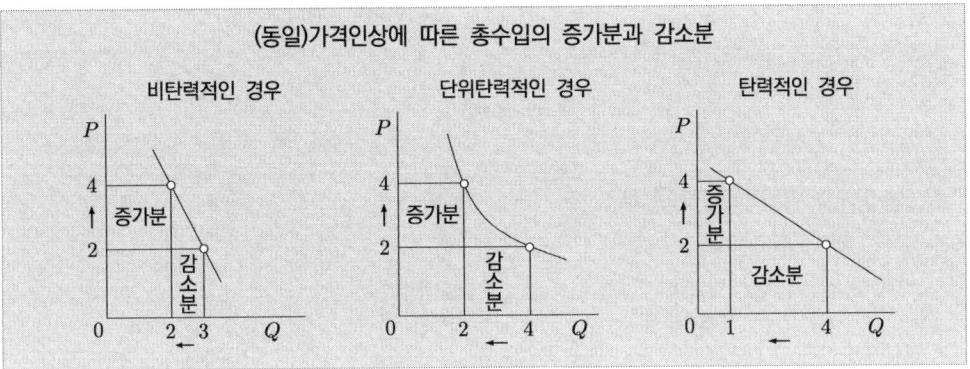

다. 수요의 가격탄력성과 기업의 총수입과의 관계

$0 < E_d < 1$ 비탄력적	가격 인상(인하)율에 비해 수요량 변화율이 작다.	가격 ⇧ →	작게 수요량 감소	수입증가
		가격 ⇩ →	작게 수요량 증가	수입감소
$1 < E_d < \infty$ 탄력적	가격 인상(인하)율에 비해 수요량 변화율이 크다.	가격 ⇧ →	크게 수요량감소	수입감소
		가격 ⇩ →	크게 수요량증가	수입증가

라. 결론

수요의 가격탄력성과 기업의 총수입(가계지출액)과의 관계의 결론

㉠ 수요의 가격탄력성이 비탄력적일 경우에는 고가정책 또는 가격인상정책이 유리하다.

㉡ 수요의 가격탄력성이 탄력적일 경우에는 저가정책 또는 가격인하정책이 유리하다.

III. 수요의 소득탄력성

1. 개념
구매자의 소득이 변할 때 해당 부동산에 대한 수요량이 얼마만큼 민감하게 반응하는가를 나타내는 지표이다. 즉, 해당 구매자의 소득이 1% 변할 때 해당 부동산에 대한 수요량이 몇 % 변하는가를 나타내게 된다.

$$E_m = \frac{수요량의\ 변화율(\%)}{소득의\ 변화율(\%)} = \frac{\dfrac{수요량의\ 변화분}{원래의\ 수요량}}{\dfrac{소득의\ 변화분}{원래의\ 소득}}$$

2. 정상재, 열등재, 중간재

```
-∞ ─────── 열등재 ─── < ─── 0 ─── < ─── 우등재 ─────── +∞
            (하급재)         ‖              (정상재)
                           중간재
                             0 ───── +1 ───── +∞
                             필수재 ≤   < 사치재
```

가. 정상재
(1) 의의
소득이 증가하는 경우 오히려 수요가 증가하는 상품에 해당한다. 분모의 소득이 증가할 때 분자의 수요량이 증가하기 때문에 탄력성의 값은 양(+)의 값을 갖는다.

(2) 필수재와 사치재
소득의 증가율에 비해 상대적으로 수요량의 증가율이 적은 경우는 필수재(식료품, 쌀 등)에 가깝고, 반면에 소득의 증가율에 비해 상대적으로 수요량의 증가율이 큰 경우는 사치재(명품)에 가깝다고 볼 수 있다.

나. 열등재
소득이 증가하는 경우 오히려 수요가 감소하는 상품으로서, 분모의 소득이 증가할 때분자의 수요량이 감소하기 때문에 탄력성의 값은 음(-)의 값을 갖는다.

다. 중간재
소득의 변화가 있더라도 수요의 변화가 전혀 없는 상품을 말한다. 따라서 탄력성의 값은 항상 0값을 갖는다.

Ⅳ. 수요의 교차탄력성

1. 개념

관련 상품의 가격이 변할 때 해당 부동산에 대한 수요량이 얼마만큼 민감하게 반응하는가를 나타내는 지표이다. 즉, 관련 상품의 가격이 1% 변할 때 해당 부동산에 대한 수요량이 몇 % 변하는가를 나타내게 된다.

$$E_{xy} = \frac{\text{해당 상품 수요량}(Q_x)\text{의 변화율(\%)}}{\text{관련 상품 가격}(P_y)\text{의 변화율(\%)}}$$

$$E_{xy} = \frac{\dfrac{\text{해당 상품 수요량의 변화분}}{\text{해당 상품 원래의 수요량}}}{\dfrac{\text{관련 재화의 가격의 변화분}}{\text{관련 재화의 원래의 가격}}}$$

2. 대체재, 보완재, 독립재

가. 대체재

(1) 의의

대체재란 대신 바꾸어 소비해도 만족에 차이가 없는 상품을 의미한다.

(2) 내용

대체재 가격이 상승하는 경우 비싸진 대체재 수요를 줄이는 대신 해당 상품에 대한 수요는 증가하게 된다. 대체재 가격이 하락하는 경우 저렴해진 대체재 수요를 늘리는 대신 해당 상품에 대한 수요는 감소하게 된다. 정리하면 대체재의 경우 분모값이 증가하는 경우 분자값이 증가하며, 분모값이 감소하는 경우 분자값은 감소하게 되어 탄력성의 값은 항상 양(+)의 값을 갖는다.

나. 보완재

(1) 의의

보완재란 함께 소비하는 경우 만족이 커지는 상품을 의미한다.

(2) 내용

보완재 가격이 상승하는 경우 비싸진 보완재 수요를 줄이면서 함께 해당 상품에 대한 수요는 감소하게 된다. 보완재 가격이 하락하는 경우 저렴해진 보완재 수요를 늘리면서 함께 해당상품에 대한 수요는 증가하게 된다. 분모값이 증가하는 경우 분자값이 감소하며, 분모값이 감소하는 경우 분자값은 증가하게 되어 탄력성의 값은 항상 음(-)의 값을 갖는다.

다. 독립재

독립재란 해당 상품의 소비에 전혀 영향을 미치지 않은 상품을 의미한다. 따라서 분모값인 연관 상품의 가격이 변한다 하더라도 분자값인 해당 상품의 수요량은 변하지 않으므로 탄력성의 값은 항상 0의 값을 갖는다.

```
         보완재    0      대채재
 -∞  ─────────<  ═  <─────────  +∞
                 ‖
               독립재
```

V. 공급의 가격탄력성

1. 개념

해당 부동산의 가격이 변할 때 해당 부동산에 대한 공급량이 얼마만큼 민감하게 반응하는가를 나타내는 지표이다. 즉, 해당 부동산의 가격이 1% 변할 때 해당 부동산에 대한 공급량이 몇 % 변하는가를 나타내게 된다.

$$E_s = \frac{\text{공급량의 변화율(\%)}}{\text{가격의 변화율(\%)}}$$

$$E_s = \frac{\frac{\text{공급량의 변화분}}{\text{원래의 공급량}}}{\frac{\text{가격의 변화분}}{\text{원래의 가격}}}$$

2. 부동산공급의 가격탄력성의 크기

탄력성 값	가격변화율에 대한 공급량의 변화율	표현방법
$E_s = 0$	가격이 아무리 변해도 공급량은 불변이다.	완전 비탄력적
$0 < E_s < 1$	가격변화율에 비해 공급량의 변화율이 작다.	비탄력적
$E_s = 1$	가격변화율과 공급량의 변화율이 같다.	단위탄력적
$1 < E_s < \infty$	가격변화율에 비해 공급량의 변화율이 크다.	탄력적
$E_s = \infty$	가격변화가 거의 없어도 공급량의 변화는 무한대이다.	완전탄력적

3. 탄력성에 따른 공급곡선의 형태

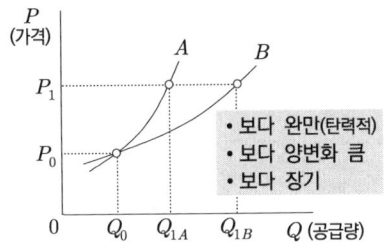 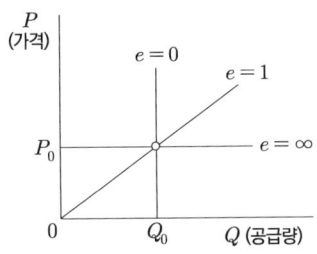

왼쪽 그래프를 살펴보면 동일한 가격변화($P_0 \rightarrow P_1$)에 대해 A그래프는 공급량이 Q_0에서 Q_{1A}만큼 작게 늘어났지만, B그래프는 공급량이 Q_0에서 Q_{1B}만큼 크게 늘어났다는 것은 B의 경우가 상대적으로 탄력성이 보다 크다는 것을 알 수 있다. 따라서 다른 조건이 동일하다면 기울기가 가파를수록 탄력성의 값은 더 작고 기울기가 완만할수록 탄력성의 값은 더 크다는 것을 알 수 있다.

가. 완전비탄력적
공급곡선이 수직선인 경우라면 가격변화율에 대한 공급량의 변화율은 없어서 공급의 가격탄력성은 0이다.

나. 비탄력적
공급의 가격탄력성이 작을수록(비탄력적일수록) 공급곡선의 기울기는 더욱 가파른형태(기울기가 큰 형태)로 그려진다.

다. 단위탄력적
공급곡선이 원점을 통과하는 우상향 직선이라면 가격변화율과 공급량의 변화율은 같아서 공급의 가격탄력성은 1이다.

라. 탄력적
공급의 가격탄력성이 클수록(탄력적일수록) 공급곡선의 기울기는 더욱 완만한 형태(기울기가 작은 형태)로 그려진다.

마. 완전탄력적
공급곡선이 수평선인 경우라면 가격변화율에 대한 공급량의 변화율은 무한대이어서 공급의 가격탄력성은 ∞이다.

4. 부동산공급의 가격탄력성 특징
가. 토지의 물리적 공급과 경제적 공급
(1) 물리적공급
토지의 물리적 공급곡선은 가격이 변하더라도 그 공급량은 고정되어 있어서 수직선이 되며 완전비탄력적이다.

(2) 경제적공급

토지의 경제적 공급은 가격이 상승하는 경우 용도전환 등을 통한 공급량을 증가시킬 수 있으므로 우상향하는 모양을 띠게 되며 그래프의 기울기가 보다 완만해지고 보다 탄력적이다. 그리고 단기공급곡선보다 장기공급곡선이 보다 완만하고 더 탄력적이다.

나. 단기공급과 장기공급

(1) 단기

부동산공급에는 토지의 용도전환이나 건축에 많은 시간이 소요되는데 단기에는 부동산가격이 상승해도 부동산 공급물량을 쉽게 늘릴 수 없어서 비탄력적이다.

(2) 장기

장기에는 단기에 비해 가용생산요소 제약이 완화되므로 탄력적이다.

다. 인·허가와 용도변경에 대한 규제

인·허가 용도변경에 대한 규제가 완화될수록 탄력적이며, 강화될수록 비탄력적이다.

라. 공급에 소요되는 기간

(1) 단기

공급에 소요되는 기간이 단기라면 부동산가격이 상승해도 부동산 공급물량을 쉽게 늘릴 수 있으므로 보다 탄력적이다.

(2) 장기

공급에 소요되는 기간이 장기라면 부동산가격이 상승해도 부동산 공급물량을 쉽게 늘릴 수 없어서 비탄력적이다.

마. 기술수준의 향상

기술수준의 향상이 빠른 경우가 기술수준의 향상이 느린 경우보다 더 탄력적이다. 기술수준향상은 동일한 시간과 비용이라도 생산을 더 많이 할 수 있을 것이며, 동일 생산량일지라도 생산비가 더욱 적게 드는 셈이므로 공급을 더욱 많이 할 수 있어서 더 탄력적이다.

바. 중고주택(기존주택)과 신규주택

(1) 중고주택

중고주택을 공급하는 경우에 있어서는 신규주택을 공급하는 경우보다 그 시차가 작으므로
(= 공급에 소요되는 기간이 단기이므로) 상대적으로 탄력적이다.

(2) 신규주택

신규주택을 공급하는 경우에 있어서는 중고주택을 공급하는 경우 보다 그 시차가 크므로
(= 생산해서 공급하는 데에 소요되는 기간이 장기이므로) 상대적으로 비탄력적이다.

chapter 04

부동산시장의 균형

I. 균형가격과 균형거래량

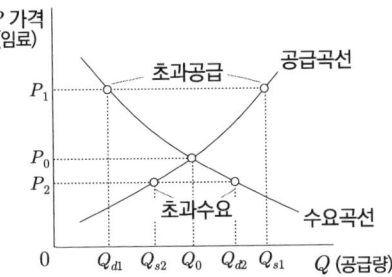

1. 균형
균형이란 그 상태에 도달하면 다른 상태로 변화할 유인이 없는 상태를 말한다.

2. 균형가격
균형가격은 수요량과 공급량이 일치해지는 점에서 결정된 가격을 말한다.

3. 균형거래량
균형가격에 대응하는 수량을 균형거래량이라고 한다.

4. 균형가격으로의 변화
다른 조건이 일정하다면 부동산의 초과공급은 가격(임대료)을 하락시키는 요인으로 작용하며, 초과수요는 가격(임대료)을 상승시키는 요인으로 작용한다.

II. 균형가격과 균형거래량의 변화
1. 수요의 변화에 따른 균형가격과 균형거래량의 변화

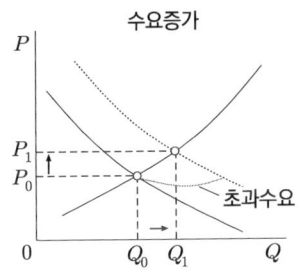
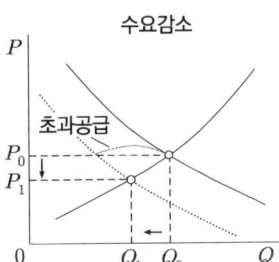

가. 수요증가
공급은 불변이며 수요가 증가할 경우에는 초과수요가 발생, 균형가격은 상승하고 균형거래량은 증가한다.

나. 수요감소

공급은 불변이며, 수요가 감소할 경우에는 초과공급이 발생, 균형가격은 하락하고 균형거래량은 감소한다.

2. 공급의 변화에 따른 균형가격과 균형거래량의 변화

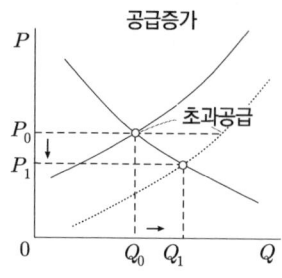
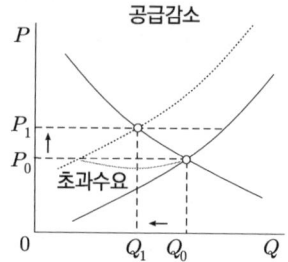

가. 공급증가

수요는 불변이며, 공급이 증가할 경우에는 초과공급이 발생, 균형가격은 하락하고 균형거래량은 증가한다.

나. 공급감소

수요는 불변이며, 공급이 감소할 경우에는 초과수요가 발생. 균형가격은 상승하고 균형거래량은 감소한다.

3. 수요와 공급이 동시에 변하는 경우
가. 수요가 증가하고 공급도 증가하는 경우

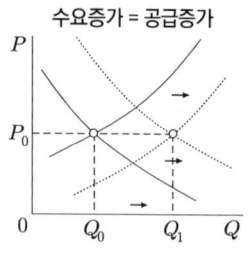
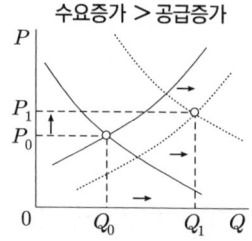
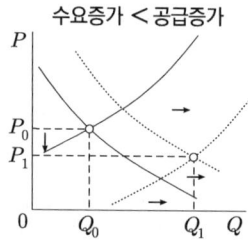

㉠ 수요증가 크기 = 공급증가 크기 ⇨ 균형가격은 불변, 균형거래량은 증가한다.
㉡ 수요증가 크기 > 공급증가 크기 ⇨ 균형가격은 상승, 균형거래량은 증가한다.
㉢ 수요증가 크기 < 공급증가 크기 ⇨ 균형가격은 하락, 균형거래량은 증가한다.
㉣ 변화크기가 없는 경우 ⇨ 균형가격은 알 수 없고, 균형거래량은 증가한다.

나. 수요가 증가하고 공급은 감소하는 경우

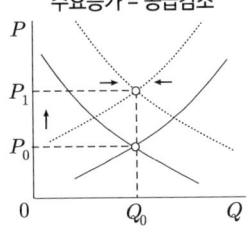
수요증가 = 공급감소

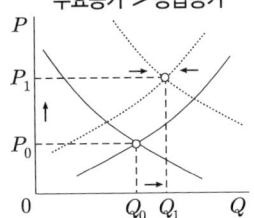
수요증가 > 공급증가

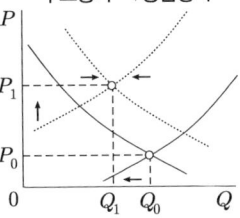
수요증가 < 공급증가

- ㉠ 수요증가 크기 = 공급감소 크기 ⇨ 균형가격은 상승, 균형거래량은 불변이다.
- ㉡ 수요증가 크기 > 공급감소 크기 ⇨ 균형가격은 상승, 균형거래량은 증가한다.
- ㉢ 수요증가 크기 < 공급감소 크기 ⇨ 균형가격은 상승, 균형거래량은 감소한다.
- ㉣ 변화크기가 없는 경우 ⇨ 균형가격은 상승하고, 균형거래량은 알 수 없다.

다. 수요는 감소하고 공급은 증가하는 경우

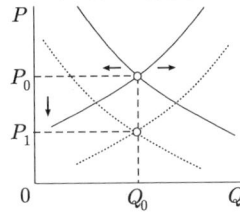
수요감소 = 공급증가

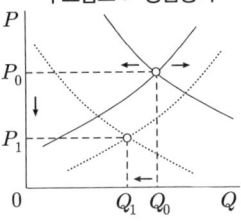
수요감소 > 공급증가

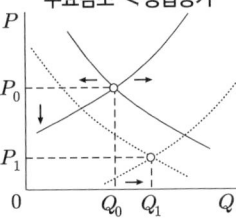
수요감소 < 공급증가

- ㉠ 수요감소 크기 = 공급증가 크기 ⇨ 균형가격은 하락, 균형거래량은 불변이다.
- ㉡ 수요감소 크기 > 공급증가 크기 ⇨ 균형가격은 하락, 균형거래량은 감소한다.
- ㉢ 수요감소 크기 < 공급증가 크기 ⇨ 균형가격은 하락, 균형거래량은 증가한다.
- ㉣ 변화크기가 없는 경우 ⇨ 균형가격은 하락하고, 균형거래량은 알 수 없다.

라. 수요는 감소하고 공급도 감소하는 경우

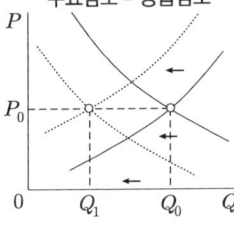
수요감소 = 공급감소

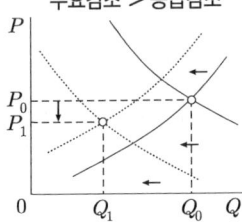
수요감소 > 공급감소

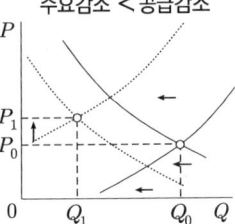
수요감소 < 공급감소

- ㉠ 수요감소 크기 = 공급감소 크기 ⇨ 균형가격은 불변, 균형거래량은 감소한다.
- ㉡ 수요감소 크기 > 공급감소 크기 ⇨ 균형가격은 하락, 균형거래량은 감소한다.
- ㉢ 수요감소 크기 < 공급감소 크기 ⇨ 균형가격은 상승, 균형거래량은 감소한다.
- ㉣ 변화크기가 없는 경우 ⇨ 균형가격은 알 수 없고, 균형거래량은 감소한다.

4. 공급의 가격탄력성이 비탄력적·탄력적일 때 수요가 증가·감소하는 경우

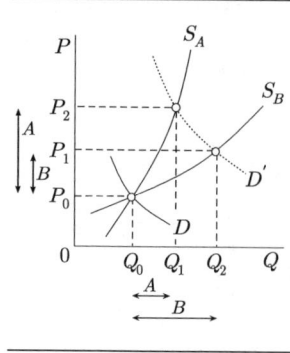

㉠ 수요가 증가하는 경우 공급의 가격탄력성이 비탄력적일수록 가격은 더 크게 상승하고 균형거래량은 더 작게 증가한다.
㉡ 수요가 감소하는 경우 공급의 가격탄력성이 비탄력적일수록 가격은 더 크게 하락하고 균형거래량은 더 작게 감소한다.
㉢ 수요가 증가하는 경우 공급의 가격탄력성이 탄력적일수록 가격은 더 작게 상승하고 균형거래량은 더 크게 증가한다
㉣ 수요가 감소하는 경우 공급의 가격탄력성이 탄력적일수록 가격은 더 작게 하락하고 균형거래량은 더 크게 감소한다.

5. 수요의 가격탄력성이 비탄력적·탄력적일 때 공급이 증가·감소하는 경우

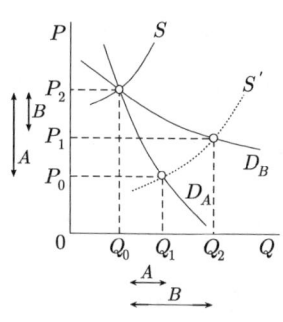

㉠ 공급이 증가하는 경우 수요의 가격탄력성이 비탄력적일수록 가격은 더 크게 하락하고 균형거래량은 더 작게 증가한다.
㉡ 공급이 감소하는 경우 수요의 가격탄력성이 비탄력적일수록 가격은 더 크게 상승하고 균형거래량은 더 작게 감소한다.
㉢ 공급이 증가하는 경우 수요의 가격탄력성이 탄력적일수록 가격은 더 작게 하락하고 균형거래량은 더 크게 증가한다.
㉣ 공급이 감소하는 경우 수요의 가격탄력성이 탄력적일수록 가격은 더 작게 상승하고 균형거래량은 더 크게 감소한다.

6. 수요·공급의 가격탄력성이 완전 비탄력적 또는 완전 탄력적인 경우

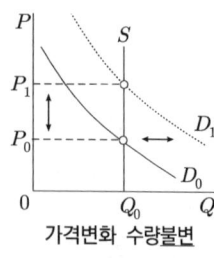
가격변화 수량불변

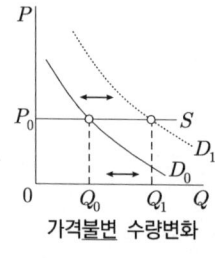
가격불변 수량변화

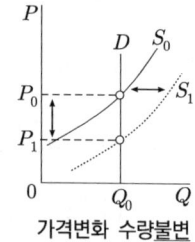
가격변화 수량불변

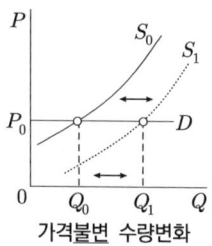
가격불변 수량변화

㉠ 수요가 증가·감소하는 경우 공급의 가격탄력성이 완전비탄력적인 경우 균형거래량은 불변이며 가격은 크게 상승·하락한다.
㉡ 수요가 증가·감소하는 경우 공급의 가격탄력성이 완전탄력적인 경우 균형가격은 불변이며 균형거래량은 크게 증가·감소한다.
㉢ 공급이 증가·감소하는 경우 수요의 가격탄력성이 완전비탄력적인 경우 균형거래량은 불변이며 가격은 크게 하락·상승한다.
㉣ 공급이 증가·감소하는 경우 수요의 가격탄력성이 완전탄력적인 경우 균형가격은 불변이며 균형거래량은 크게 증가·감소한다.

경기변동이론

I. 일반경기변동

1. 경기변동의 개념

경기변동이란 국민소득수준, 고용 등과 이에 따르는 총체적인 경제활동이 주기적으로 상승과 하강을 반복하는 현상을 지칭한다. 일반재화는 통상적으로 완전경쟁시장에서 수요자와 공급자의 거래행위를 통하여 가격이 형성된다. 그러나 현실적으로 수요와 공급은 늘 움직이기 때문에 수요와 공급은 좀처럼 균형점을 이루지 못한다.

2. 경기변동의 용어

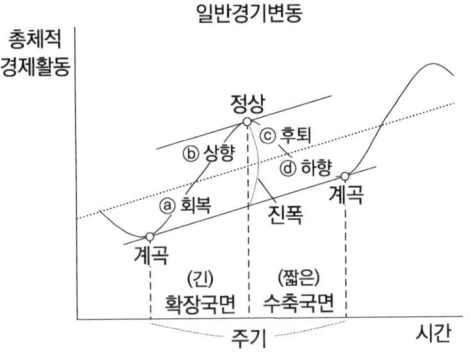

가. 정점

정점이란 경기변동을 4국면으로 나눈다면 상향과 후퇴사이의 최고 호황시점을 말한다.

나. 저점

저점이란 경기변동을 4국면으로 나눈다면 하향과 회복사이의 최저 불황시점을 말한다.

다. 진폭

진폭이란 정점과 저점 사이의 변동의 폭을 말한다.

라. 주기

주기란 경기변동이 이루어지는 기간을 말한다.

II. 부동산경기변동

1. 개념

가. 의의
부동산 경기변동이란 부동산시장이 일반경기와 마찬가지로 회복국면, 상향국면, 후퇴국면, 하향국면 등의 상승과 하강국면이 반복되는 순환적 경기변동을 말하며 이러한 4가지 국면 외에 안정시장이라는 국면도 있다.

나. 내용
부동산경기는 일반적으로 건축경기를 지칭하기도 하는데 그 중에서도 주거용부동산경기를 의미하는 경우가 많다. 주거용부동산경기를 협의의 부동산경기라 하며, 광의의 부동산경기는 공업용·상업용 부동산경기를 포함하며, 최광의의 부동산경기는 토지경기를 포함한다.

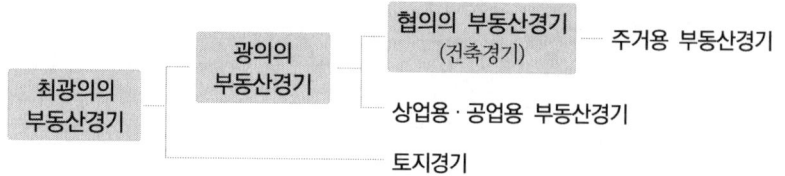

2. 부동산 경기변동의 특징

가. 변동주기
부동산경기의 변동주기(17~18년)는 일반경기의 변동주기(8~10년)에 비해 약 2배길고, 주기의 순환국면이 명백하거나 일정치가 않다

나. 진폭
부동산경기의 변동은 일반경기의 변동에 비해 저점이 깊고, 정점이 높기 때문에 진폭이 크다.

다. 4가지 국면
부동산경기도 일반경기와 마찬가지로 회복, 상향(호황), 후퇴, 하향(불황)의 4개 국면을 반복하는 순환적 경기변동을 나타내며 이러한 4가지 국면 외에 안정시장이라는 국면도 있다.

라. 지역적 변동성
부동산경기는 통상적으로 개별적·지역적 현상이 강하다. 즉, 부동산경기의 변동의 크기와 진폭은 도시마다 다르고 같은 도시라도 지역에 따라 다를 수가 있다.

마. 후순환성
부동산경기는 일반경기에 비해 후순환적이다. 또한 부동산경기는 비교적 경기회복이 느리고, 경기후퇴는 빠르게 진행된다.

3. 부동산경기의 측정지표

가. 건축량
건축량은 공급측면에서의 측정지표로 매우 빈번하게 사용된다. 건축량을 기준으로 할 경우도 건축허가, 착공, 준공, 분양 중에서 어느 것을 기준으로 하느냐에 따라 달라질 수 있다. 일반적으로 건축착공량을 그 지표로 사용하고 있다.

나. 거래량
거래량은 수요측면의 지표로서의 의미를 부여할 수 있다.

다. 부동산의 가격
수요측면에서 부동산가격이 상승하면 부동산경기가 좋다고 하는 것은 옳지 않은데, 이는 부동산경기가 좋아 부동산가격이 상승하는 것이지 부동산의 가격변동 때문에 부동산경기가 좋아지는 것은 아니기 때문이다. 따라서 부동산가격을 사용해 경기를 측정할 때에는 주의해야 하며, 보조지표로 활용되고 있다.

부동산 경기를 측정하기 위한 지표		
선행지표	미래의 부동산 경기예측	㉠ 건축허가면적 ㉡ 택지조성량(분양실적) ㉢ 미분양물량, 건설수주동향 등
동행지표	현재의 부동산 경기상황	㉣ 건축착공량(공급지표) ㉤ 부동산거래량(수요지표) ㉥ 부동산가격(보조지표)
후행지표	이전의 부동산 경기상황	㉦ 건축완공량

4. 비순환적 경기변동

가. 계절적 변동

(1) 의의
계절적 변동이란 1년을 단위로 하여 적어도 1년에 한 번씩 정기적으로 나타나는 경기변동을 말한다.

(2) 내용
계절적 변동은 계절이 가지는 속성과 그에 따른 인간의 관습으로 인해 일어나기 때문에 적어도 2년에 한 번 이상은 일정한 기간을 두고 정기적으로 나타난다. 일반적으로 겨울철에는 부동산 경기가 다른 계절보다 둔화되는 성질이 있으며 봄·가을 이사철에 주택거래건수 증가, 방학동안 대학가 근처의 원룸 등에 공실이 생기는 것이 그러하다.

나. 추세적 변동

(1) 의의

추세적 변동(장기적변동)은 50년 이상의 장기적인 기간으로 측정되며, 어느지역의 재개발 또는 신개발 등으로 나타나거나 경제성장으로 인한 건축허가량의 증가가 이에 해당된다.

(2) 내용

일반경기의 추세적 변동의 주기는 50~60년이고, 부동산경기의 추세적 변동은 약 50년이기 때문에 부동산경기의 추세적 변동은 일반경기의 추세적 변동보다는 기간이 짧고 지역적으로 불규칙하게 나타나는 경향이 있다.

다. 무작위적 변동

(1) 의의

무작위적 변동이란 예기치 못한 사태로 인해 초래되는 비주기적 경기변동현상을 지칭한다.

(2) 내용

무작위적 변동은 정책에 의해 야기될 수도 있고, 자연재해 그리고 노동자들의 파업 등과 같은 사태도 이 같은 무작위적 변동을 일으키는 요인이 된다. 부동산활동 중에서도 특히 건축활동은 정부정책의 변화나 노동자의 파업, 자연재해 등에 민감하게 반응하고 있다.

III. 부동산경기의 순환국면별 특징

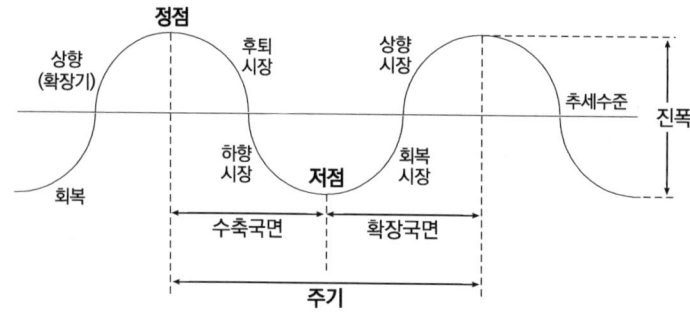

1. 회복시장

가. 시장 우위자

회복시장은 매수자시장에서 매도자가 주도하는 매도자시장으로 바뀌면서 매도인 중시현상의 태도로 바뀐다.

나. 가격판단

회복시장에서 거래사례비교에 의한 판단을 할 경우에는 과거의 거래사례가격은 새로운 거래의 하한가격이 되기도 한다.

다. 시장상황

회복시장은 부동산거래가 늘고 가격이 상승하기 시작하는 단계로서 전체적인 건축허가·신청건수가 점차 증가하기 시작한다. 금리는 낮아지고 자금의 여유가 생기게 되면 부동산거래가 활기를 띠기 시작하며 공실률이 감소하고, 부동산 투자 또는 투기의 징후를 나타내기 시작한다.

2. 상향시장

가. 시장 우위자

상향시장은 매도자가 주도하는 매도자시장으로서 매도인 중시현상의 태도가 회복시장과 더불어 유지된다.

나. 가격판단

상향시장에서는 거래사례비교에 의한 판단을 할 경우에는 과거의 거래사례가격은 새로운 거래의 하한가격(각격의 하한선)이 되기도 한다.

다. 시장상황

상향시장에서는 금리와 공실률이 최저에 이르고, 건축허가신청건수가 증가할 뿐만 아니라 그 증가율이 계속 상승하기도 한다.

3. 후퇴시장

가. 시장 우위자

후퇴시장은 매수자가 주도하는 매수자시장으로서 매수인 중시현상의 태도로 바뀐다.

나. 가격판단

후퇴시장에서는 종전의 거래사례가격은 새로운 거래의 가격시점에서는 상한가격이 된다.

다. 시장상황

후퇴시장에서는 건축허가 신청 건수가 줄어들고, 금리가 높아져 자금의 여유가 없어지게 된다. 이에 따라 부동산거래가 활기를 잃어감에 따라 공실률이 증가하고, 부동산경기는 침체의 징후를 보이기 시작한다.

4. 하향시장

가. 시장 우위자

하향시장은 매수자가 주도하는 매수자시장으로서 매수인 중시현상이 후퇴시장과 더불어 유지된다.

나. 가격판단

하향시장에서는 종전의 거래사례가격은 새로운 거래의 가격시점에서는 상한가격이 된다.

다. 시장상황

하향시장은 금리가 가장 높은 시점이기 때문에 공실률은 최대로 높고, 건축허가·신청건수는 최저에 달한다.

5. 안정시장

가. 의의

안정시장이란 일반부동산과는 달리 안정적 경기변동을 하는 시장으로서 부동산가격이 안정되어 있거나 가벼운 상승을 지속하는 유형의 시장이다.

나. 유형

안정시장의 유형에는 위치가 좋고 규모가 작은 주택이나 도심지의 택지, 점포 등이 있다.

다. 내용

안정시장은 부동산시장에서만 고려되고, 가벼운 가격상승을 지속하는 유형의 시장이므로 불황에 강한 유형의 시장이다. 이에 따라 안정시장에서의 거래사례가격은 새로운 거래에 있어서 신뢰할 수 있는 기준이 되기도 한다.

라. 안정시장과 경기순환의 관계

안정시장은 경기순환에 의해 분류되는 것은 아니지만 경기와 전혀 무관하다고 할 수는 없다. 왜냐하면 안정시장이 경기변동의 영향을 덜 받는 특성을 가지면서도 부동산시장의 경제적 환경 변화에 어느 정도 연동되기 때문이다.

IV. 거미집이론

1. 의의

에치켈의 이론으로서 공급의 시차를 도입한 동태이론이라고 볼 수 있다. 거미집이론은 부동산의 가격변동에 대한 공급의 시차를 고려하여 균형의 변동과정을 동태적으로 분석한 것을 말한다. 공급자는 금년도 예상가격이 예전 가격과 같아지리라고 예상하는 것으로서 언제나 현재의 시장가격에만 반응한다는 것을 전제로 하는 모형이다.

2. 기본가정

가. 수요

수요⇨ 시차가 존재하지 않는다. 금년도의 수요량은 금년도의 가격에 의해서 결정된다. 따라서 부동산 가격이 변화하면 수요량은 즉각적으로 변화하기 때문에 소비자들은 가격 변화를 바로 인식하고 구매 결정을 바꾼다.(= 상대적으로 탄력적이다.)

나. 공급

공급 ⇨ 시차가 존재한다. (생산에는 일정한 기간이 필요하기 때문이다.) 공급량은 일정한 생산기간이 경과한 후 변동이 가능하다. 한 번 생산이 시작되면, 그 기간 동안 공급량을 조정할 수 없으며, 생산이 완료된 시점에서만 시장에 공급된다. (= 상대적으로 비탄력적이다.) 미래의 공급결정은 현재의 가격에만 의존한다는 것을 기본가정으로 한다.

3. 장기에 걸친 균형점의 이동

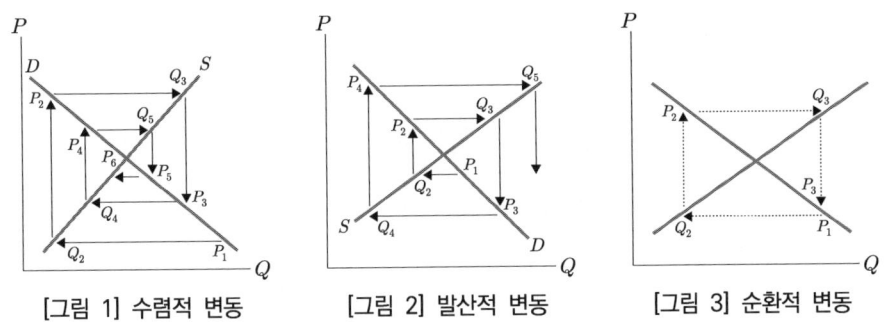

[그림 1] 수렴적 변동 [그림 2] 발산적 변동 [그림 3] 순환적 변동

가. 수렴형

수렴형은 수요의 가격탄력성이 공급의 가격탄력성보다 큰 경우, 수요곡선의 기울기 절댓값보다 공급곡선의 기울기의 절댓값이 더 큰 경우이다.

나. 발산형

발산형은 공급의 가격탄력성이 수요의 가격탄력성보다 큰 경우, 수요곡선의 기울기 절댓값이 공급곡선의 기울기의 절댓값보다 더 큰 경우이다.

다. 순환형

순환형은 수요의 가격탄력성과 공급의 가격탄력성이 같고, 수요곡선의 기울기 절댓값과 공급곡선의 기울기의 절댓값이 같은 경우이다.

PART 3

부동산시장론

Life Turning Point
WEPASS

2026년 위패스 공인중개사
1차 부동산학개론

Chapter1. 부동산 시장
Chapter2. 주택의 여과과정과 주거분리
Chapter3. 부동산 시장과 효율적시장이론
Chapter4. 부동산 지대이론
Chapter5. 부동산 도시공간구조론
Chapter6. 부동산 입지론

부동산 시장

I. 시장의 개념

부동산시장이란 부동산을 매매하거나 임대차를 하려고 한다면 부동산 시장은 부동산권리의 교환, 가격결정, 경쟁적 이용에 따른 공간배분 등의 역할을 수행함과 동시에 부동산 상품에 대한 수요와 공급에 의하여 가격이 형성되고 매매 또는 임대차가 이루어지는 추상적 시장 또는 구체적 시장이다.

II. 부동산시장의 특성 및 기능

1. 특성

가. 시장의 국지성

(1) 의의

시장의 국지성이란 부동산 시장은 부동성과 개별성으로 인해 공간의 적용범위가 한정되는 경향이 있으며 각 지역은 고유한 시장을 형성한다. 이에 따라 국지성은 부동산시장이 지역별로 여러 개의 부분시장으로 나누어질 수 있다는 것을 의미하며 이러한 경우를 시장의 세분화라 한다.

(2) 내용

부동산시장은 지역의 사회적, 경제적, 행정적 변화에 따라 영향을 받으며, 수요와 공급도 그 지역 특성의 영향을 받는다. 또한 부동산시장에서는 어떤 특정한 지역에 국한되는 시장의 지역성 혹은 지역시장성이 존재한다.

나. 부동산상품의 비표준화성

부동산은 개별성의 특성에 의해 부동산시장을 복잡·다양하게 하며, 상품의 표준화를 불가능하게 하기 때문에 부동산시장에는 동질적인 재화가 존재하지 않는다.

다. 거래의 비공개성

(1) 의의

거래의 비공개성이란 부동산 시장에서 부동산 상품의 거래는 개별적으로 이루어지는 경우가 많고 개별성이라는 특성으로 인하여 거래와 관련된 정보가 공개되지 않거나 불완전한 경우가 많은 것을 말한다.

(2) 영향

거래의 비공개성으로 인한 부동산 거래비용의 증가는 부동산 수요자와 공급자의 시장 진출입에 제약을 줄 수 있어 불완전경쟁시장의 요인이 될 수 있으며, 이와 더불어 부동산시장에서는 정보의 비대칭성으로 인해 부동산 가격의 왜곡현상이 나타나기도 한다.

라. 시장의 비조직성

부동산시장은 개별성이라는 특성과, 시장의 지역성, 부동산 상품의 비표준화성, 부동산 거래의 비공개성 등으로 인하여 부동산 상품별 시장의 비조직화가 불가능하다. 왜냐하면 부동산시장에는 도매업자나, 소매업자와 같은 유통기구가 존재하지 않기 때문이다.

마. 수급조절의 곤란성

부동산 공급에는 상당한 시간이 소요되기 때문에 수요가 급증하더라도 공급이 적시에 이루어지지 못하는 경우가 많다. 부동산시장은 시장의 상황이 변해도 수요와 공급의 조절이 쉽지 않고, 이를 조절하는데도 많은 시간이 걸리므로 단기적으로 가격의 왜곡이 발생할 가능성이 높다.

바. 매매의 장기성

부동산시장에서의 거래는 다른 시장 상품과는 달리 불황 시에는 팔려고 해도 잘팔리지 않기 때문에 유동성, 환금성이 부족하여 매도기간의 장기성이 있고, 매수의 경우에도 대부분 고가의 상품이어서 구매력을 축적하는 데에 장기간이 필요하여 매수기간의 장기성이 있다.

사. 법적 제한의 과다

부동산은 부증성 등 특수한 성격을 가진 재화이기 때문에 사회 전체의 이익이나 도시계획 등 다양한 목적으로 법적 제한이 부과된다. 따라서 부동산 시장의 자율적 기능이 약화되고, 가격이 왜곡되는 등 시장이 불완전하게 된다. 또한 정부의 규제가 많을수록 공급과 수요의 자유로운 조정이 어렵다.

2. 기능

가. 교환의 기능

부동산시장은 매도자와 매수자가 합의에 의해 부동산과 현금이 교환되는 기능을 수행하기도 하며, 부동산과 부동산·소유권과 임차권 등이 교환되기도 한다.

나. 공간 및 자원배분의 기능

부동산 시장은 현금을 원하는 매도자와 공간을 원하는 매수자의 선호도에 따라 부동산의 소유권을 할당하고 공간을 배분하는 기능을 수행한다.

다. 정보제공의 기능

부동산시장은 부동산 활동주체에게 정보 제공하게 되며, 거래에서 지불된 부동산 실제가격은 이후에 유사부동산의 가격형성에 영향을 미치게 된다.

라. 가격창조의 기능

가격창조의 기능이란 부동산시장은 매수인의 제안가격은 시간이 지남에 따라 상승하게 하고 매도인의 제안가격은 시간이 지남에 따라 낮아지게 하는 경향이 있어 서로 공통된 가격수준에서 거래가격이 결정되게 한다. 따라서 매도인의 제안가격과 매수인의 제안가격이 일치하는 점에서 부동산가격이 형성된다.

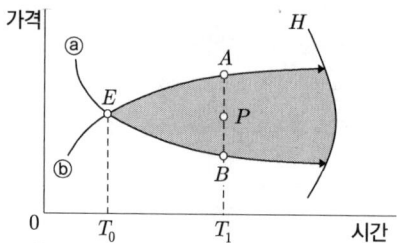

주택의 여과과정과 주거분리

I. 주택의 여과과정의 개관

1. 개념
주택의 여과과정 이론은 시간이 경과하면서 주택의 질과 주택에 거주하는 가구의 소득이 변화함에 따라 발생하는 가구의 이동관계를 나타낸다. 주택의 여과효과 또는 주택순환과정이라고도 불린다.

2. 하향여과

가. 의의
하향여과란 상위계층(고소득층)이 사용하던 기존주택이 하위계층(저소득층)의 사용으로 전환되는 경우를 말한다.

나. 내용
하향여과는 주택의 질이 나빠져 주택가격이 하락하는 경우에 주로 발생하고, 인근지역이 쇠퇴기일 경우에 많이 나타나게 된다. 주택개량비용보다는 주택개량이후 주택가치 상승분이 더 작은 경우가 일반적이다. 그리고 해당 주택은 주로 저소득층이 입주하여 생활하게 된다.

3. 상향여과

가. 의의
상향여과란 하위계층(저소득층)이 사용하던 기존주택이 수선되거나 재개발되어 상위계층(고소득층)의 사용으로 전환되는 경우를 말한다.

나. 내용
상향여과는 낙후된 주거지역이 재개발되어 상위계층이 유입된 경우로서 주택의 질이 좋아져 주택가격이 상승하는 경우에 주로 발생한다. 인근지역이 성장기일 경우에 많이 나타나며 주택개량비용보다는 주택개량이후 주택가치 상승분이 더 큰 경우가 일반적이다. 그리고 해당 주택은 주로 고소득층이 입주하여 생활하게 된다.

4. 결과
주택의 여과과정이 원활하게 작동하는 안정적인 주택시장에서는 주택여과효과가 긍정적으로 작동하면 주거의 질을 개선하는 효과와 주택공급량의 증가에도 기여하게 된다. 또한 공가(空家)는 여과과정의 중요한 구성요소이다. 왜냐하면 가구의 주거지 이동이 가능하도록 이전 주택이 비워져 이동의 연결고리를 형성하여 주택여과과정이 원활하게 순환되도록 하기 때문이다.

II. 주거분리와 주택의 상·하향여과

1. 주거분리의 개념

가. 의의
주거분리란 도시 내에서 소득계층이 분화되어 고소득층주거지역과 저소득층주거지역이 서로 분리되는 현상을 말한다.

나. 원인
주거분리현상은 도시 전체적인 측면에서 뿐만 아니라 지리적으로 인접한 인근지역(근린지역)에서도 일어난다. 주거분리는 주택 소비자가 정(+)의 외부효과 편익은 추구하려 하고, 부(-)의 외부효과 피해는 피하려는 동기에서 비롯된다.

다. 시간적 변화
고소득층주거지역이 계속 고소득층주거지역으로, 저소득층주거지역이 계속 저소득층주거지역으로 남아 있는 경우가 있을 수 있다. 고소득층주거지역이었던 곳이 하향여과를 통해 저소득층주거지역으로 바뀌거나 저소득층 주거지역 이었던 곳이 상향여과를 통해 고소득층 주거지역으로 바뀌기도 한다.

2. 상향여과와 하향여과 과정

가. 침입과 천이

(1) 침입
침입이란 한 지역에 다른 형태의 토지이용이나 거주자가 새롭게 유입되는 현상을 말한다.

(2) 천이
천이란 침입의 결과에 따라 원래 지역이 서서히 새로운 모습으로 바뀌는 경우를 말한다.

나. 하향여과
고소득층주거지역에서 주택개량비용이 주택개량 이후 주택가치 상승분보다 더 큰 경우(부의 외부효과가 있는 경우)에는 사람들은 비용을 들여 계속 주택을 개량(보수)하는 것 보다는 현재 상태로 두고 차라리 추가적비용을 들여 좀 더 질적 수준이 높은 고소득층주거지역으로 이주하는 것이 이익이다. 따라서 고소득층주거지역은 저소득층이 침입하여 저소득층주거지역으로 천이(계승)된다.

다. 상향여과
저소득층주거지역에서 주택개량비용보다 주택개량 이후 주택가치 상승분이 더 큰 경우(정의 외부효과가 있는 경우)에는 재개발의 대상이 되며 개량비용과 지가 상승분 등을 감당할 수 있는 고소득층이 이주해온다. 저소득층주거지역은 고소득층이 침입하여 고소득층주거지역으로 천이된다.

3. 고소득층과 저소득층간의 주거분리

| 고소득층 주거지역 | 경계지역 | 저소득층 주거지역 |

가. 기본가정
어떤 지역이 고소득층 주거지역과 저소득층 주거지역으로 나누어지며 경계지역에는 어느 계층도 살고 있지 않다고 가정한다.

나. 저소득층 가구의 선호도
저소득층 가구들이 가능한 고급주택지역에 가까이 위치하려고 한다면, 이중에서 가장 선호도가 높은 지역은 고소득층 주거지역이 되며 가장 선호도가 낮은 지역은 저소득층 주거지역이 된다.

다. 경계지역 주택가격 및 임대료 변화
경계지역 왼쪽에 있는 고소득층 주거지역에 가까운 저소득층 주택의 가격이나 임대료는 할증되어 거래되고, 경계지역 오른쪽에 있는 저소득층 주거지역에 가까운 고소득층 주택의 가격이나 임대료는 할인되어 거래될 것이다.

부동산 시장과 효율적시장이론

I. 효율적 시장이론

1. 효율적 시장가설
효율적 시장가설이란 자산가격이 그 자산의 가치에 관한 이용 가능한 정보를 즉각적으로 충분히 반영하고 있다는 가설이다.

2. 개념

가. 시장의 효율성
부동산시장이 새로운 정보를 얼마나 지체 없이 부동산가치에 반영하는가 하는 것을 의미한다.

나. 효율적 시장
새로운 정보가 부동산가치에 지체 없이 반영하는 시장을 말한다. 또한 효율적 시장은 본질적으로 제품의 동질성과 상호간의 대체성이 있는 시장이라고 본다.

II. 효율적 시장이론의 여러 가설

강성효율시장 : 과거·현재·미래정보

중강성효율시장 : 과거·현재정보

약성효율적시장 : 과거정보

효율성	반영 정보수준	초과이윤 획득 가능 여부		
		과거 추세적 정보 (기술적 분석)	현재 공표된 정보 (기본적 분석)	공표되지 않은 미래정보
약성	과거 추세적 정보	×	○	○
준강성	현재 공표된 정보	×	×	○
강성	공표되지 않은 미래 정보	×	×	×

1. 기술적분석과 기본적분석

가. 기술적분석
기술적분석이란 가치에 대한 과거의 추세적 정보를 분석하는 경우에 해당한다.

나. 기본적분석
기본적분석이란 가치에 대한 공개된 정보를 토대로 분석하는 경우에 해당한다.

2. 약성 효율적 시장

가. 의의
약성 효율적 시장이란 현재의 부동산가격에는 과거의 추세적 정보가 충분히 반영되고 있는 효율적 시장이다.

나. 기술적 분석 활용여부
약성 효율적 시장에서 가치에 대한 과거의 추세적 정보를 분석하는 기술적 분석을 한다고 하여도 정상이윤(이익)을 초과하는 초과이윤(이익)을 획득할 수없는 시장이다.

다. 초과이윤 획득 가능여부
만약 약성 효율적 시장에서 과거의 추세적 정보 이상의 현재 공표된 정보나 공표되지 않은 미래정보가 존재한다면 초과이윤(이익)을 획득할 수는 있을 것이다.

라. 결론
약성 효율적 시장에서는 과거의 정보(역사적 자료)를 분석해도 초과이윤을 얻을 수 없다.

3. 준강성 효율적 시장

가. 의의
준강성 효율적 시장이란 현재의 부동산가격에 과거의 추세적 정보는 물론이고 현재 공표된 정보가 공표되자마자 충분히 반영되고 있는 효율적 시장으로서 준강성 효율적 시장의 개념은 약성 효율적 시장의 개념을 포함하고 있다.

나. 기본적 분석 활용여부
가치에 대한 공개된 정보를 토대로 분석하는 기본적 분석을 한다고 하여도 정상이윤(이익)을 초과하는 초과이윤(이익)을 획득할 수없는 시장이다.

다. 초과이윤 획득 가능여부
만약 준강성 효율적 시장에서 과거의 추세적 정보와 현재 공표된 정보 이상의 공표되지 않은 미래정보가 존재한다면 초과이윤(이익)을 획득할 수는 있을 것이다.

라. 결론
준강성 효율적 시장은 과거의 추세적 정보뿐만 아니라 현재 새로 공표되는 정보가 지체 없이 시장가치에 반영되므로 공식적으로 이용 가능한 정보를 기초로 기본적 분석을 하여 투자해도 이윤을 얻을 수 없다.

4. 강성 효율적 시장

가. 의의
강성 효율적 시장이란 현재의 부동산가격에 과거의 추세적 정보와 현재 공표된 정보는 물론이고 공표되지 않은 미래정보까지 충분히 반영되고 있는 효율적 시장이다.

나. 분석의 활용여부

강성 효율적 시장이란 가치에 대한 어떠한 분석을 한다고 하여도 정상이윤(이익)을 초과하는 초과이윤을 획득할 수 없는 시장이다.

다. 초과이윤 획득 가능여부

강성 효율적 시장에서는 누구든지 어떠한 정보로도 초과이윤(이익)을 얻을 수 없다.

라. 결론

결론적으로 강성 효율적 시장에서는 누구든지 어떠한 정보로도 초과이윤(이익)을 얻을 수 없다. 강성 효율적 시장이야말로 진정한 의미의 효율적 시장이며 완전정보를 가정하는 완전경쟁시장과 부합되는 시장이다. 그리고 완전경쟁시장은 완전정보를 가정하므로 정보비용이 존재하지 않고, 정보의 분석도 불필요하다.

III. 할당효율적 시장

1. 개념

가. 의의

할당 효율적 시장이란 정보의 가치와 정보의 획득비용은 일치하며 초과이윤이 0이 되는 시장이다. 따라서 자원 및 정보가 모든 투자자에게 효율적으로 배분되는 시장으로 모든 투자자가 기회비용보다 낮은 가격에 정보를 획득할 수 없는 시장이다.

나. 할당의 의미

자원이 효율적으로 할당되었다는 말은 자원이 가장 효율적으로 사용되어 어느 투자도 특별히 더 이익을 얻지 못하는 최적의 상태를 말한다. 따라서 부동산투자와 다른 투자대안에 따르는 위험을 감안하였을 때 부동산투자의 수익률과 다른 투자의 수익률이 서로 같도록 자원이 할당되었다는 것을 의미한다.

2. 특징

가. 범위

완전경쟁시장에서 자원이 효율적으로 배분되므로 완전경쟁시장은 항상 할당 효율적 시장이 된다. 또한 할당 효율적 시장이 완전경쟁시장만을 의미하는 것은 아니며, 불완전경쟁시장에도 존재할 수 있다.

나. 부동산시장이 할당 효율적 시장인지 여부

불완전경쟁시장도 우수한 정보로 인해 발생하는 초과이윤과 그 정보를 얻기 위해 지불되는 기회비용이 같다면 할당 효율적 시장이 되기 때문에 부동산 시장도 비록 불완전하지만 할당 효율적 시장이 될 수 있다.

Ⅳ. 부동산가치와 정보비용

1. 할당 효율적 시장과 정보비용

완전경쟁시장과 같은 강성 효율적 시장에서는 정보비용이 존재할 수 없지만, 약성 효율적 시장이나 준강성 효율적 시장에서는 정보비용이 존재하게 된다. 할당 효율적 시장이란, 자원의 할당이 효율적으로 이루어지는 시장으로서, 어느누구도 기회비용보다 싼 값으로 정보를 획득할 수 없는 시장이다.

2. 정보가 부동산의 가치에 미치는 영향

문제조건	㉠ 최혜승이 경기도 A시에 토지를 가지고 있는데, 1년 후 그 근처가 개발된다는 정보가 있다. ㉡ 1년 후 개발될 가능성은 80%로 알려져 있다. 이 토지의 1년후 예상가격은 개발이 되는 경우라면 4억원, 개발되지 않는 경우라면 2억원이다. ㉢ 투자자의 요구수익률은 연 20%이다. 단, 제시된 가격은 개발정보의 실현여부에 의해 발생하는 가격차이만을 반영하고, 주어진 조건에 한한다.

가. 불확실한 상황에서의 대상토지의 현재가치와 이에 따른 거래가격

$$PV = \frac{4억원 \times 0.8 + 2억원 \times 0.2}{1 + 0.2} = 3억원$$

개발될 확률 80%와 그렇지 않을 확률 20%라고 할 때 투자자들은 대상토지를 얼마에 사려고 할 것이며, 토지소유자는 얼마에 팔아야 하는지 대상토지의 현재가치는 위와 같이 계산할 수 있으며, 대상토지의 현재가치는 3억원이다.

나. 확실한 상황에서의 대상토지의 현재가치와 이에 따른 거래가격

(1) 확실한 상황에서의 대상토지의 현재가치

그러나 개발된다는 것을 확실히 알게 되었다면 토지소유자는 결코 현재가치 3억원(1년 후의 가격은 4억원이다.) 이하로는 팔려고 하지 않을 것이다. 1년 후 개발된다는 것을 확실한 경우의 현재가치는 다음과 같이 계산된다.

$$PV = \frac{4억원 \times 0.8 + 2억원 \times 0}{1 + 0.2} = 333,000,000원$$

* 백만원 단위 미만은 절사한다.

(2) 정보가치

확실하게 개발되는 경우 대상토지의 현재가치는 333,000,000원이다. 그러므로 이를 알 수 있는 정보의 가치는 약 3,300만원(= 3.33억 − 3억)이 된다.

정보가치 = (확실한 상황의 현가) - (불확실한 상황의 현가)

ID## 부동산 지대이론

I. 지대와 지가

1. 의의

가. 지대

지대란 일정기간 동안 토지사용으로 지불되는 임대료로서 유량(flow)개념이다.

나. 지가

지가란 일정시점에서의 토지자체 매매가격으로서 저량(stock)개념이다.

2. 관계

지가란 매 기간의 지대를 현재가치로 환원한 값이라고 볼 수 있다. 지대가 상승하면 지가는 상승하고, 지대가 하락하면 지가는 하락하므로 지대와 지가는 비례관계에 있다. 할인율이 상승하면 지가는 하락하며, 할인율이 하락하면 지가는 상승하므로 할인율과 지가는 반비례관계에 있다.

$$지가(V) = \frac{지대(R)}{r} \quad (단, \ r : 이자율 \ 또는 \ 할인율)$$

II. 지대이론

1. 리카도의 차액지대설

가. 토지의 비옥도와 생산성 차이

리카도는 토지의 비옥도가 지대를 결정하게 되는데, 지대가 발생하는 이유는 비옥한 토지의 양이 상대적으로 희소하고 토지에 수확체감의 법칙이 작용하고 있기 때문이라고 하였다. 즉, 토지의 비옥도 차이 및 비옥한 토지의 희소성, 수확체감의 법칙의 작용을 발생 원인으로 보았다.

나. 지대 발생의 경제적 원인

인구 증가로 곡물 수요가 증가하면 곡물 가격이 상승하고, 이에 따라 토지 수요가 증가하여 지대가 상승한다. 곡물 수요 증가는 재배면적을 확대하게 하며, 이 과정에서 비옥도와 위치에서 우등지와 열등지가 발생한다.

다. 한계지 개념

한계지(최열등지)는 경작되고 있는 토지 가운데 생산성이 가장 낮은 토지를 말하며, 한계지에서는 생산물의 가격과 생산비가 일치해 지대가 발생하지 않는다. 지대는 한계지를 기준으로 한 생산성 차이에 의해 결정된다.

라. 차액지대의 의미와 특성

어떤 토지의 지대는 그 토지의 생산성과 한계지의 생산성과의 차이에 의해 결정되므로 리카도의 지대를 차액지대라고 한다. 지대가 곡물가격을 결정하는 것이 아니라 곡물가격에 의해서 지대가 결정되기 때문에 지대는 생산비의 일부가 아니라 불로소득(잉여)이다. 따라서 지대는 잉여이기에 토지생산물의 가격이 높아지면 지대가 높아지고 토지생산물의 가격이 낮아지면 지대도 낮아지게 된다.

마. 이론적 한계

토지의 위치문제를 다소 경시하였으며, 한계지에서는 지대발생을 설명하지 못한다는 문제점이 있다.

2. 튀넨의 위치지대설

가. 개요

(1) 개념

튀넨은 토지의 비옥도가 동일하더라도 위치에 따라 지대의 차이가 날 수 있다고 하였다. 이처럼 지대의 결정이 토지의 비옥도만이 아닌 위치에 따라 달라지는 위치지대(location rent)의 개념을 통해 현대적인 입지이론의 기초를 제공하였다. 이를 튀넨의 위치지대설 또는 입지교차지대설, 고립국이론이라고 하며, 이는 농업입지이론 중의하나이다.

(2) 수송비의 역할

튀넨은 위치의 중요성을 강조하기 위하여 소비지나 도시 중심지와의 접근성에 따른 수송비를 고려하였는데, 수송비는 오로지 거리에 비례한다고 보았다. 또한 도시중심지로부터 먼 거리에서 생산된 생산물에 비해 가까운 거리에서 생산된 생산물이 수송비가 절감되며, 그 절감된 부분이 곧 지대가 된다고 보았다. 즉, 접근성에 따른 수송비절약액이 곧 지대라고 보았다.

```
지대 = 매상고 - 생산비 - 수송비
지대 = 매상고 - 생산비 - (단위 거리당 수송비 × 거리)
```

나. 내용

(1) 지대 결정의 기본 원리

매상고와 생산비가 일정하다면 지대는 수송비에 의하여 결정된다. 수송비와 지대는 반비례관계에 있으며, 수송비의 절약분이 지대를 형성하므로 결국 지대는 수송비의 절약분이라는 것이다. 따라서 한계지대곡선은 우하향하는 형태를띠게 된다.

(2) 도심 접근성과 지대 변화

```
도심 가까울수록 수송비 ↓ → 지대 ↑ → 토지 이용 ↓, 자본 이용 ↑  (집약적 이용)
도심 멀수록 수송비 ↑ → 지대 ↓ → 토지 이용 ↑, 자본 이용 ↓  (조방적 이용)
```

(3) 토지 이용과 자본 이용의 관계

도심과 가까운 토지를 이용할 경우 지대가 높기 때문에 생산자는 토지의 이용을 줄이고 다른 생산요소인 자본재의 이용을 늘리게 된다. 따라서 가장 많은 지대를 지불하는 입지주체가 도심(중심지)과 가장 가깝게 입지한다.

(4) 토지 이용 양태와 공간 구조

토지이용의 양태(樣態)는 수송비에 의하여 결정된다고 하고, 중심시장으로부터의거리에 의한 동심원 지대 모델을 제시하였다. 즉 수송비의 차이에 따라 토지이용방식이 달라진다.

다. 한계지대곡선

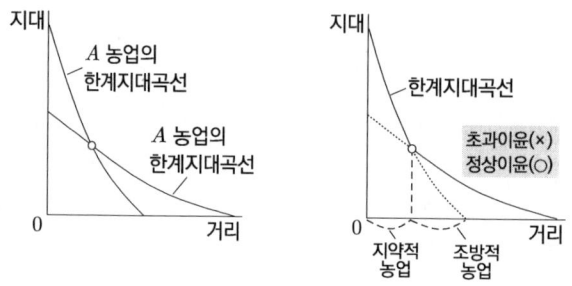

(1) 집약적 농업

중심지에 가깝게 입지하고 한계지대곡선의 기울기는 가파르다.

(2) 조방적 농업

중심지에서 멀리 입지하고 한계지대곡선의 기울기가 완만하다.

3. 마르크스의 절대지대설

가. 자본주의 경제와 토지 사유화

자본주의 경제에 있어서 모든 토지가 사유화되어 있으므로 타인의 사유재산을 사용하기 위해서는 그 사용료(지대)를 지불하여야 한다.

나. 한계지(열등지)의 지대발생 여부

토지소유자는 우등지는 물론 열등지에 대해서도 지대를 요구하므로 지대는 토지의 위치나 비옥도, 토지 생산물의 수송비 절약분, 생산력과는 전혀 관계없이 토지를 소유하고 있다는 독점적 지위만으로도 토지소유자는 지대를 요구하므로 토지의 비옥도나 생산력에 관계없이 지대가 발생하게된다. 따라서 한계지에서도 지대가 존재한다.

다. 의미

지대는 생산력과는 전혀 무관하게 강제적으로 요구되는 것이므로 이는 곧 절대지대라고 할 수 있다.

라. 결론

마르크스의 절대지대설에 따르면 한계지(최열등지)에서도 토지소유자가 요구하면 지대는 발생한다.

4. 파레토의 경제지대설

가. 경제지대의 개념
경제지대란 생산요소가 실제로 얻고 있는 수입에서 전용수입을 초과하는 부분으로 생산자(공급자)잉여를 의미한다.

나. 파레토의 경제지대 개념
파레토는 토지뿐만 아니라 노동이나 기계설비처럼 공급의 희소성이 있는 모든 상품에는 지대가 발생한다고 하였으며, 이러한 파레토의 지대를 경제지대라고 한다. 따라서 공급의 희소성이 클수록 즉 공급이 비탄력적일수록 경제지대는 커진다.

다. 전용수입의 의미
전용수입이란 어떤 생산요소가 다른 용도로 전용되지 않도록 하기 위해 지급해야하는 최소한의 금액으로 생산요소의 기회비용을 의미한다. 이러한 전용수입을 이전수입이라고도 한다.

라. 공급탄력성과 경제지대의 관계

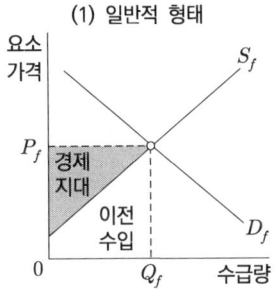
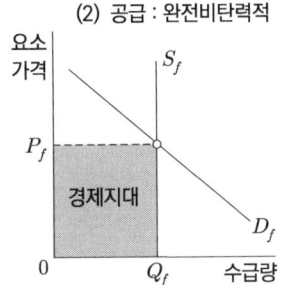
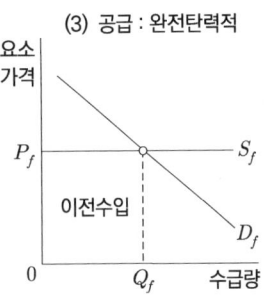

(1) 일반적 형태 (2) 공급 : 완전비탄력적 (3) 공급 : 완전탄력적

(1) 총수입과 경제지대, 전용수입의 관계
총수입은 일정하다는 가정하에 전용수입이 클수록 경제지대는 작아지며, 전용수입이 작을수록 경제지대는 커진다. 이러한 전용수입과 경제지대의 크기는 공급의 탄력성에 따라 다르게 나타난다.

(2) 공급탄력성의 영향
공급곡선이 수직에 가까울수록, 즉 공급이 비탄력적일수록 경제지대는 커지고, 전용수입은 작아진다. 공급곡선이 수직 즉, 공급이 완전비탄력적이면 총수입은 경제 지대가 된다.

(3) 토지의 특수성
토지의 물리적 공급은 완전비탄력적이므로 토지로부터 얻는 수입은 경제지대가 되며, 이러한 경제지대는 지대라고 할 수 있다.

마. 경제지대의 자원배분상 의미
경제지대 그 자체는 효율성에 직접적인 문제를 일으키지 않지만, 경제지대를 추구하는 행위는 자원의 낭비를 초래할 수 있다.

5. 마샬의 준지대설

가. 개념 및 이론적 배경

준지대(quasi-rent)설은 한계생산이론에 입각하여 리카도(D. Ricardo)의 차액지대설을 재편성한 이론이고, 준지대(quasi-rent)란 공장설비 등과 같이 단기적으로 고정된 생산요소에 대한 보수 즉, 생산을 위하여 사람이 만든 기계나 기구들로부터 얻는 소득을 말한다.

나. 발생 원인과 공급 특성

준지대는 단기적으로 생산요소의 공급이 상대적으로 고정되어 있기 때문에 발생하는 지대이다. 고정된 생산요소의 공급량은 단기적으로 변동하지 않으므로 다른 조건이 동일하다면 준지대는 고정된 생산요소에 대한 수요에 의하여 결정된다.

다. 토지 외 생산요소의 소득 특성

토지 이외의 고정된 생산요소에 귀속되는 소득은 다른 조건이 동일하다면 단기적으로는 지대의 성격을 지니지만, 장기적으로는 비용의 성격을 지닌다. 이러한 이유로 마샬은 토지 이외의 고정된 생산요소에 귀속되는 소득을 준지대라고 하였다.

라. 사례

토지에 대한 개량공사로 인하여 추가적으로 발생하는 일시적인 소득은 준지대의 대표적인 사례라고 할 수 있다.

마. 경제적 계산

준지대는 총수입에서 총가변비용을 차감한 값이다. 총수입이 총가변비용보다 적다면 기업은 생산을 하지 않을 것이므로 준지대는 음(-)이 될 수는 없다.

바. 초과이윤과 준지대의 관계

초과이윤이 발생하는 경우 준지대는 총고정비용에 초과이윤을 가산한 값으로 측정되며, 손실이 발생하는 경우 준지대는 총고정비용에서 손실을 차감한 값으로 측정된다. 따라서 준지대는 총고정비용보다 클 수도 있고 작을 수도 있다.

사. 단기와 장기 특성

초과이윤이 발생하여도 고정된 생산요소의 존재로 인하여 단기에는 다른 기업의 진입이 불가능하기 때문에 초과이윤은 고정된 생산요소에 대한 보수로 볼 수 있다. 장기에는 고정된 생산요소가 존재하지 않으므로 준지대도 장기에는 존재하지 않는다.

6. 알론소의 입찰지대설

가. 개관

(1) 의의

입찰지대는 기업주의 정상이윤과 투입 생산비를 지불하고 남은 잉여에 해당하며, 단위 면적의 토지에 대해 토지이용자가 지불하고자 하는 최대금액(최대지불용의액)으로 초과이윤이 0이 되는 수준의 지대를 말한다.

(2) 경제적 해석
초과이윤이 0이 되는 수준의 지대라는 것은 정상이윤을 초과하는 초과이윤이 0이라는 것이며 현재 손실이라는 것을 의미하지는 않는다. 적어도 정상이윤은 얻을 수 있음을 의미한다.

나. 전제조건
튀넨의 고립국이론(수송비절약액=지대)을 도시공간에 적용하여 확장, 발전시킨 것으로서, 운송비(수송비)는 도심지로부터 멀어질수록 증가하고, 재화의 평균생산비용은 동일하다는 가정을 전제한다.

다. 알론소의 입찰지대설 내용

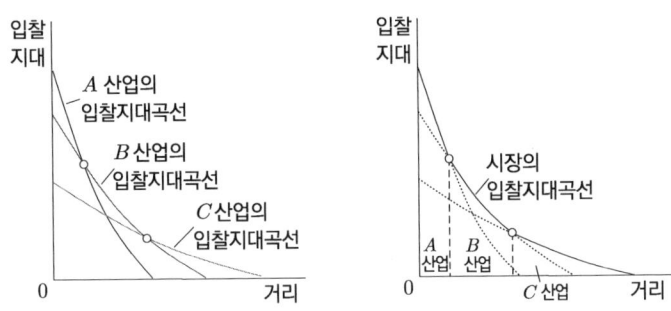

(1) 정의
입찰지대곡선이란 입지주체가 거리에 따라 지불할 수 있는 가장 높은 지대를 연결한 곡선을 말한다.

(2) 곡선형태
생산요소 간의 대체가 일어날 경우, 일반적으로 입찰지대곡선은 우하향하면서 원점을 향해 볼록한 형태를 지니게 된다.

(3) 기울기
입찰지대곡선의 기울기는 토지이용량에 대한 한계수송비 즉, 생산물의 단위당 한계수송비를 토지이용자의 토지이용량으로 나눈 값이다.

(4) 용도의 공간배치와 경쟁
단일 도심 토지에서 상업용 토지이용이 도심 부근에 나타나는 것은 상업용 토지이용이 단위토지면적당 생산성이 높고 생산물의 단위당 한계수송비가 크기 때문이며, 도심지역의 이용 가능한 토지는 외곽지역에 비해 한정되어 있어 토지이용자들 사이에 경쟁이 치열해지므로 가장 높은 지대를 지불할 의사가 있는 용도에 따라 토지이용이 이루어진다.

(5) 기울기와 입지 경향
입찰지대곡선의 기울기가 상대적으로 가파른 업종일수록 중심지에 가까이 입지하려는 경향이 있다.

III. 지가이론
1. 헤이그의 마찰비용이론

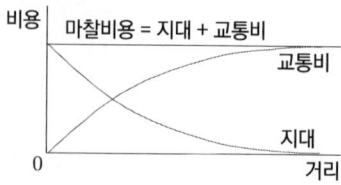

가. 도시 지대 변동
도시의 지대는 공간의 마찰비용에 따라 달라지는데, 중심지로부터 멀어질수록 교통비가 증가하여 지대는 감소하게 된다. 결론적으로 도심에 가까울수록 지대는 커지고 외곽으로 갈수록 작아진다.

나. 교통수단과 공간 마찰비용
교통수단이 좋을수록 공간의 마찰이 적어지며, 이용공간의 마찰비용은 교통비와지대의 합이다.
(마찰비용 = 교통비 + 지대)

다. 교통비 절약액과 지대
토지는 고정되어 있으므로 교통비의 절약액이 지대라고 하였으며, 교통비의 중요성을 강조했다.

라. 마찰비용
토지의 이용자가 부담하고 지불해야하는 마찰비용은 교통비와 지대의 합이다.

2. 기타이론
가. 마샬의 지가이론
마샬은 토지의 유용성에 대한 화폐가치의 총액을 지가라고 하였다. 택지의 가격은 위치의 가치와 농업지대의 합으로 나타난다고 하여 위치의 중요성을 강조하였고, 공업지의 가치는 비용의 절약, 상업지의 가치는 매출액의 증가로 나타난다고 하였다.

나. 허드의 지가이론
허드는 지가는 접근성에 따라 다르다고 하였다. 즉 지가의 바탕은 경제적 지대이며, 지대는 위치에, 위치는 편리에, 편리는 접근성에 의존하므로 지가는 접근성에 따라 달라진다고 하였다.

다. 하우레이의 인간생태학적 이론
토지경제학자들이 경제학과 도시계획적 측면에 관심을 보인데 대하여 생태학자들은 사회적 측면에 관심을 보였다. 생태학자들은 지가를 잠재 토지 이용자의 호가과정의 소산이라고 규정짓고 그 과정에서 토지이용의 균형유형이 결정된다고 한다.

부동산 도시공간구조론

I. 버제스의 동심원이론
1. 개요

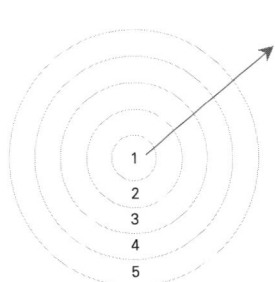

외각으로 갈수록
접근성, 지대, 인구밀도가 낮아짐.

1. 중심업무지구
2. 전이지역(점이지대, 천이지대)
3. 노동자주거지대(저소득층 주거지역)
4. 중산층 주거지대(고급주거지대)
5. 통근자지대(외각통근지역)

동심원이론은 1920년대 미국의 시카고 시(市)를 대상으로 한 도시공간구조이론으로, 도시공간구조에 관한 최초의 연구이다. 동심원이론은 거주지 분화현상의 연구를 통하여 도시팽창이 도시내부구조에 미치는 영향을 설명하고 있다(단핵이론).

2. 내용
가. 도시 공간구조의 접근
동심원이론은 도시의 공간구조를 도시생태학적 관점에서 접근하였으며, 도시의 공간구조 형성을 침입, 경쟁, 천이라는 생태학적 변화과정으로 설명하고 있다.

나. 구성
동심원의 형태로 중심업무지구, 천이지대(점이지대), 저소득층 주거지대, 고소득층 주거지대, 통근자지대 등 5개의 동심원지대로 분화되면서 도시가 성장한다는 이론이다.

다. 튀넨의 고립국 이론과의 연관성
도심으로부터 거리에 따라 농업경영조직이 다르게 형성되어 [도심으로 갈수록 집약적 농업이 입지, 도심에서 멀어질수록 조방적 농업이 입지] 동심원의 형태로 여러 개의 농업지대가 형성된다는 튀넨(J. H. von Thünen)의 고립국 이론을 응용한 것이다.

라. 거리와 도시문제의 변화
도심(중심지)에서 멀어질수록 접근성이나 지대, 인구밀도 등이 낮아지고 범죄나 빈곤, 질병 등의 도시문제가 감소하는 경향이 있다.

3. 동심원이론의 지역의 분화
가. 중심업무지구
도심지역으로서 도시의 중심에 위치하여 도시의 중추적인 기능을 하며, 주로 사무용건물, 백화점, 극장, 호텔, 은행, 공공건물 등이 위치해 있다.

나. 천이지대

도심지역을 둘러싸고 있는 지역으로서 주거지로서의 매력이 쇠퇴하여 상업과 소기업이 중심업무지구로부터 진입이 시작되어 조만간 중심업무지구로 전환될 지역이지만 당장은 빈민지대로 전락할 가능성을 내포하고 있다. 주로 노후화건물, 경공업(내부쪽), 서민주택(외부쪽) 등이 위치해 있다.

다. 노동자 주거지대

주로 공장노동자나 단순기능인과 같은 근로자들이 사는 지역으로서 천이지대보다는 주택가격이 비싼 편이며, 주로 천이지대로부터 직장 가까이 살려는 동기가 많고 비교적 낮은 수입으로 살아가는 소득계층이 거주하는 지역이다.

라. 중산층 주거지대

대다수가 소규모자영업인, 전문직 종사자, 경영인 등의 중산층이 거주하는 지역이다.

마. 통근자지대

도시외곽의 작은 규모의 도시나 부락으로서, 거주자의 대부분이 중심지에 위치한 직장에 출퇴근하는 사람들이 위치해 있다.

4. 문제점

토지이용의 형태를 지나치게 단순화하였으며, 시카고 시(市)만을 대상으로 한 연구이므로 도시공간구조에 대한 일반성이 결여되었다. 도시는 교통망에 따라 변할 수 있다는 점을 간과하고 있다. 수송비가 도심에서 각 방향으로 같을 수가 없으므로 현실의 토지이용은 동심원구조가 될 수 없다.

II. 호이트의 선형이론

1. 개요

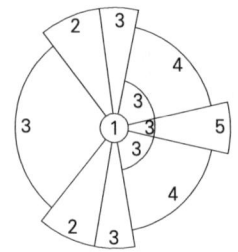

1. 중심업무지구(CBD)
2. 도매경공업지구
3. 저급주택지구
4. 중급주택지구
5. 고급주택지구

미국의 도시경제학자 호머 호이트(Homer Hoyt)가 1930년대 말에 버제스의 동심원이론을 보완하여 발표한 것으로서, 도시거주지분포가 교통망을 따라 원형의 모양을 변형하면서 부채꼴 모양으로 확산되어 간다는 것이다. 버제스의 동심원이론과 함께 단핵이론에 해당한다.

2. 내용

가. 도시 공간구조의 기본 배치

중심업무지구로부터 도매·경공업지구, 저급주택지구, 중급주택지구, 고급주택지 구가 주요 교통노선에 따라 부채꼴 모양으로 확대되면서 배치된다는 이론이다.

나. 공간적 특성

고급주택지구는 고용기회가 많은 기존의 도심지역과 주요 교통노선을 축으로 하여 접근성이 양호한 지역에서 선형으로 발전하고, 저급주택지구는 도심주변이나 도매·경공업지구 인근지역에서 선형으로 발전하며, 중급주택지구는 고급주택지구와 저급주택지구 사이에서 선형으로 발전한다.

다. 유형 결정 요인

도시주거공간의 유형을 결정하는 중요한 요인은 주택가격의 지불능력이며, 주택가격의 지불능력이 높은 상류층은 고용기회가 많은 기존의 도심지역과 주요 교통노선을 축으로 하여 접근성이 양호한 지역에 주거입지를 선정하는 경향이 있다.

라. 변화 요인

교통의 발달, 소득의 증가 등은 도시공간구조의 변화를 야기하는 요인이다.

3. 문제점

주거지입지 결정 및 변화에 설명하는 데에 있어서 고소득층의 고급주택지를 지나치게 강조한 이론이다. 사회·문화적 토지이용의 제약 요인에 대한 고려가 없다.

III. 해리스와 울만의 다핵심이론

1. 개요

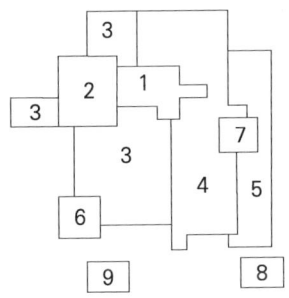

1. 중심업무지구(CBD)
2. 도매 및 경공업지구
3. 저급주택지구
4. 중급주택지구
5. 고급주택지구
6. 중공업지구
7. 외부업무지구
8. 교외주거지구
9. 교외공업지구

해리스와 울만의 다핵이론은 동심원이론이나 선형이론은 산업화된 사회의 도시에 바람직하지 않다고 생각했다. 맥킨지의 대도시 공간구조에 관한 연구를 해리스와 울만이 발전시킨 이론으로서 동심원이론과 선형이론을 결합한 이론이다. 다핵심이론은 하나만의 핵만을 갖는 것이 아니라 여러 요인에 의해 몇 가지 핵을 형성할 수 있다는 것이다.

2. 내용
가. 핵심의 수 증가와 전문화
핵심들은 도시가 팽창하면 할수록 그 수가 많아지고 보다 전문화된다.

나. 토지이용 패턴
도시의 토지이용패턴은 단일 중심지를 핵으로 하여 이루어지는 것이 아니라 수개의 불연속적인 핵심을 중심으로 형성된다. 원초적 핵심을 중심으로 하여 발전하기 시작한 도시의 토지이용은 도시성장과 더불어 점차 여러 개의 핵심지구를 분리하여 분화하게 된다는 것이다. 즉, 도시성장은 하나만의 핵의 중심이 아닌 여러 핵의 전문화된 중심으로 개발이 이루어진다는 것이다.

3. 다핵심이론에서 다핵의 발생요인
가. 유사활동 간의 집중지향성
유사한 활동은 집적이익을 추구하기 위하여 모이게 된다.

나. 이질활동 간의 입지적 비양립성
이질적인 활동은 상호 간의 이해가 상반되므로 모이면 불리하게 된다.

다. 특정위치나 특정시설의 필요성
특정활동은 전문화된 시설을 요구하기 때문에 그러한 시설이 집중된 곳에 모이게 된다.

라. 지대를 지불하는 능력의 차이
특정 활동은 도심지가 유리하나 지대가 지나치게 높아 지불할 능력이 없으므로 다른 지역에 위치하게 된다.

부동산 입지론

I. 상업입지이론

1. 상업입지이론의 개관

가. 의의
상권은 점포의 매출이 발생하는 구역을 정의하는 공간이다. 흔히 시장지역, 고객이 존재하는 지역으로 배후지라고도 하며, 상업지역의 입지조건 중 가장 중요한 요인이다.

나. 상권의 개념
상권이란 대상 상가가 흡인할 수 있는 실질적인 고객이 존재하는 권역으로 상업 활동을 성립시키는 지역조건을 가진 공간적 넓이라고 할 수 있다. 상권은 점포의 매출이 발생하는 구역을 정의하는 공간 개념으로 상품이나 서비스의 종류에 따라 규모가 다르다.

2. 크리스탈러의 중심지이론

가. 개요
크리스탈러의 중심지이론은 재화의 도달거리와 최소요구치의 관계를 통해 도시의 수와 규모, 분포, 기능 등을 설명하는 이론이다. 이러한 크리스탈러의 중심지이론은 취락의 분포유형, 쇼핑형태, 도시의 규모나 분포의 계층유형을 연구하는 데 이용되고 있다.

나. 기본가정

(1) 공간
자연조건이 모두 동일한 평야지역이다. 즉, 동질적인 평면으로 중심지에서 어느 방향으로 이동하든지 이동에 따른 장애물이 없다.

(2) 교통수단과 비용
모든 지역의 교통수단은 동일하고 운송비는 거리에 비례한다.

(3) 인구분포와 경제력
인구는 모든 지역에 균등하게 분포하며, 모든 사람들은 동일한 소득과 구매력, 기호도를 갖고 있기 때문에 재화와 서비스에 대한 수요는 어느 지역이든지 동일하다.

(4) 합리적 소비자 행동
생산자와 소비자 모두 합리적 경제인이므로 소비자는 가장 가까운 거리에 위치한 중심지로 이동하여 재화와 서비스를 구입한다.

다. 중심지의 성립조건

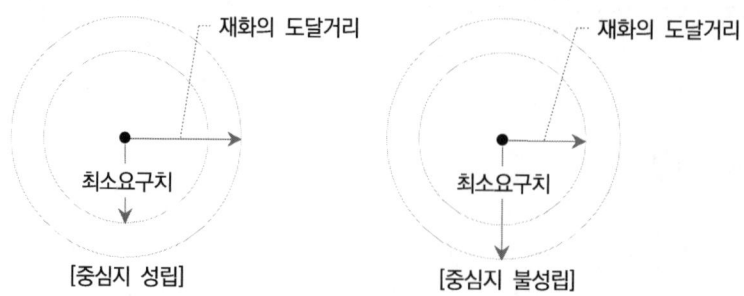

(1) 개념과 기능

중심지란 재화와 서비스를 생산·공급하는 도시의 중심을 말하며, 이러한 중심지가 주변지역에 재화와 서비스를 제공하는 기능을 중심지 기능이라고 한다.

(2) 최소요구치

최소요구치란 중심지 기능이 유지되기 위해 필요한 최소한의 상권의 범위, 즉 중심지 기능이 유지되기 위해 필요한 최소한의 수요를 말한다. 이는 중심지 규모에 따라 달라진다.

(3) 재화의 도달범위

재화의 도달범위란 중심지가 재화와 서비스를 공급할 수 있는 최대의 지역범위를 말한다. 중심지 기능의 영향을 받는 공간적 한계 거리로 중심지로부터 판매량 또는 수요량이 0이 되는 지점까지의 거리를 말한다. 이는 교통의 발달 정도에 따른 구매자의 이동범위와 일치하게 된다.

(4) 중심지 성립 조건

중심지가 성립하기 위해서는 최소요구치보다 재화의 도달범위가 커야 한다.

라. 배후지의 형성과정

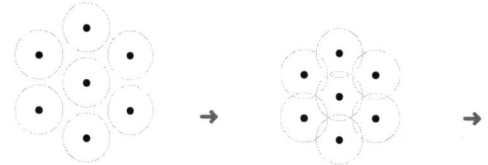

배후지의 형성과정은 최초에는 서비스를 제공받지 못한 지역이 존재하다가 불필요한 경쟁이 중복이 된다. 이후에는 모든 지역이 서비스가 공급되고 경쟁이 최소화되는 단계에서는 배후지가 육각형모양이 된다고 본다.

마. 주요내용

(1) 중심지 계층의 구분

중심지 계층 간의 포섭원리로서 중심지는 중심성의 상대적 크기에 따라 고차 중심지와 저차 중심지로 구분되며, 고차 중심지일수록 규모가 더 커지고 다양한 중심기능을 가지며 중심지 간의 거리가 더 멀다. 다음으로 저차 중심지일수록 중심지 간의 거리는 가깝고, 저차 중심지에서 고차 중심지로 갈수록 중심지의 수는 피라미드형을 이룬다.

(2) 교통 발달과 중심지 변화

자동차교통이 발달하면 고차 중심지는 발달하고 저차 중심지는 쇠퇴하게 되며, 인구밀도가 증가하고 경제활동이 활발해지면 수요가 증대되어 새로운 중심지가 형성되고 중심지의 간격은 좁아진다.

3. 레일리의 소매인력법칙

가. 내용

$$유인력 = \frac{인구수}{거리^2}$$

(1) 기본 원리

레일리의 소매인력법칙이란 2개 도시의 상거래 흡인력은 두 도시의 인구에 비례하고, 두 도시의 분기점으로부터 거리의 제곱에 반비례하여 형성된다.

(2) 중심지 간 상호작용

중심지의 형성과정보다 중심지간의 상호작용에 더 초점을 두고 있으며 고차중심지와 저차중심지가 서로 마주하고 있을 때에 상권의 경계는 인력이 더 센쪽이 범역확대를 꾀하는 곳에서 결정된다.

(3) 상권의 경계 결정

상권의 경계(분기점)는 규모가 큰 도시에서 멀고 규모가 작은 도시에 가깝게 결정되며 인력은 도시의 규모가 클수록 커지며 거리가 멀수록 작아진다. 마지막으로 서로 마주하는 도시간에 고차원기능일수록 인력이 더 강하게 작용하고 저차원기능일수록 인력의 작용이 약하다.

나. 사례

A도시 160,000명 ——4km(x)—— C도시 9,000명 ——2km(y)—— B도시 20,000명

(1) 상거래흡인력(구매지향력)

$$A도시 \ 상거래흡인력 = \frac{160,000}{4^2} = 10,000, \quad B도시 \ 상거래흡인력 = \frac{20,000}{2^2} = 5,000$$

(2) 구매지향비율

$$A도시\ 구매지향비율 = \frac{A도시의\ 흡인력}{(A도시의\ 흡인력) + (B도시의\ 흡인력)} = \frac{2}{3}$$

$$B도시\ 구매지향비율 = \frac{B도시의\ 흡인력}{(A도시의\ 흡인력) + (B도시의\ 흡인력)} = \frac{1}{3}$$

(3) 각 도시에 갈 고객 수

$$A도시 = 9000 \times \frac{2}{3} = 6,000명, \quad B도시 = 9000 \times \frac{1}{3} = 3,000명$$

4. 컨버스의 분기점 모형

가. 내용

컨버스는 경쟁하는 두 도시에 각각 입지해 있는 소매시설 간 상권의 경계지점을 확인할 수 있도록 레일리의 소매인력법칙을 수정했다. 컨버스의 분기점모형은 레일리의 소매인력법칙을 응용한 것으로 두 도시 간의 구매 영향력이 같은 분기점의 위치를 설명하는 모형이다.

나. 산식

$$A로\ 부터의\ 분기점 = \frac{A와\ B간의\ 거리}{1+\sqrt{\frac{B의면적}{A의면적}}}, \quad B로\ 부터의\ 분기점 = \frac{A와\ B간의\ 거리}{1+\sqrt{\frac{A의면적}{B의면적}}}$$

5. 허프의 확률적 상권모형

가. 개요

(1) 기본가정

허프는 대도시에서 쇼핑센터를 결정하는 확률모형을 제시했다. 특정지역의 쇼핑센터에 갈 확률은 소비자와 쇼핑센터와의 거리, 경쟁하고 있는 쇼핑센터의 수, 쇼핑센터의 크기(점포의 면적) 등으로 결정된다는 것을 가정하고 확률모형으로 설명하고 있다.

(2) 레일리·컨버스 이론과의 차이점

레일리와 컨버스의 이론들은 단지 두 지역(또는 상점) 간의 상호작용만을 설명하지만, 허프의 모형은 셋 이상의 지역(또는 상점) 간의 상호작용도 설명이 가능하도록 수정·보완한 이론이다.

나. 내용

소비자는 가장 가까운 곳에서 상품을 선택하려는 경향이 있다. 중심의 크기가 같다면 거리가 가까운 곳에서 상품을 구매한다. 같은 거리이면 중심지가 큰 곳에서 상품을 수매한다. 적당한 거리에 고차원 중심지가 있으면 인근의 저차원중심지를 지나칠 가능성이 커진다.

다. 확률적 상권모형의 소비자에 대한 유인력

$$\text{특정매장의 고객의 유인력} = \frac{\text{매장면적}}{\text{거리}^{\text{마찰계수}(\lambda)}}$$

(1) 공간 및 비공간 요인 반영
소비자들의 특정 상점의 구매를 설명할 때 실측거리, 시간거리, 매장규모, 상권의 규모와 같은 공간요인뿐만 아니라 효용이라는 비공간요인도 고려하고 있다.

(2) 시장점유율 및 매출액 산정
허프의 확률적 상권모형이론은 한 지역에서 각 상점의 시장점유율을 간편하게 추산할 수 있으며, 해당지역의 여러 쇼핑센터 중에서 특정쇼핑센터의 예상매출액(매장의 매출액)을 산정할 수도 있다.

(3) 고객 유인력과 거리마찰계수
특정 매장의 고객의 유인력은 매장규모에 비례하고 거리의 마찰계수승에 반비례한다. 마찰계수란고객이 특정점포를 이용하는 데에 따른 고객의 부담정도를 나타내는데, 고객이 특정 점포를 이용하는 데에 따른 시장의 교통조건 등의 방해요소 그리고 쇼핑물건의 특성에 따라 달라지며 이러한 부담이 커질수록 거리의 공간마찰계수는 커지며 다른 조건이 같다면 고객의 유인력은 작아진다.

(4) 교통조건과 공간마찰계수
교통조건이 나쁠 경우 공간(거리)마찰계수가 커지고 전문품점의 경우는 일상용품점보다 공간(거리)마찰계수가 작다. 왜냐하면 전문품점은 거리나 교통비를 크게 고려하지 않기에 거리에 대한 저항이 작다.

(5) 상권 경쟁의 한계
고정된 상권을 놓고 경쟁함으로써 제로섬(zero-sum)게임이 된다는 한계가 있다.

라. 사례

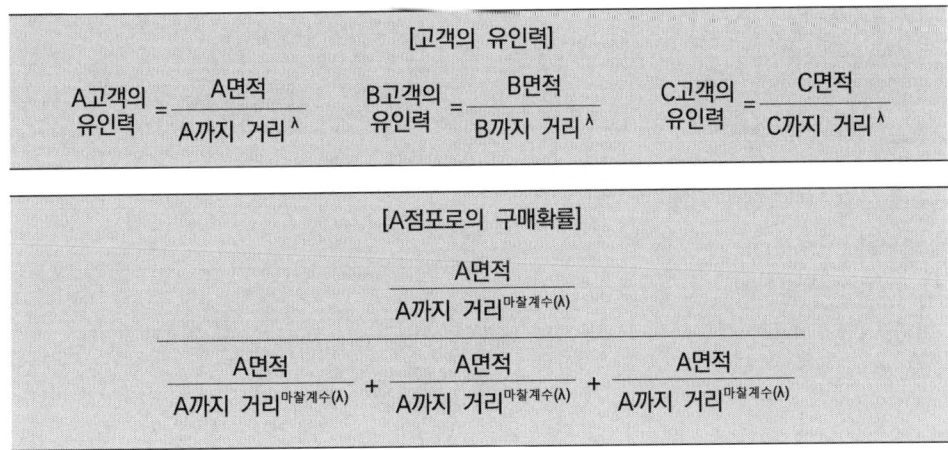

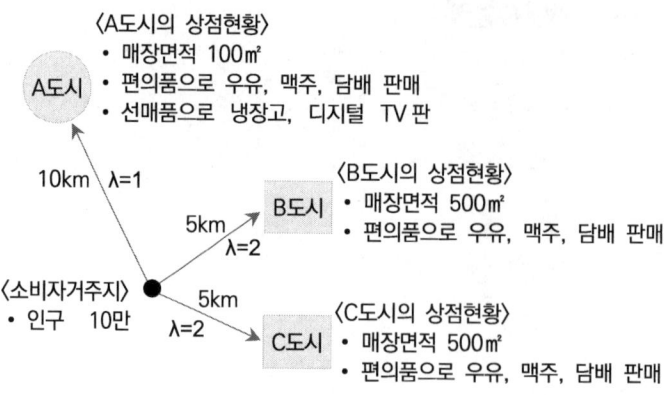

이때 소비자거주지 10만명 중에서 30%만이 주변도시를 이용한다. B도시를 이용하는 고객의 수는 얼마인가?

$$\text{B도시로 고객이 갈 확률} = \frac{\frac{500}{5^2}}{\frac{100}{10^1} + \frac{500}{5^2} + \frac{500}{5^2}} = \frac{20}{50} = \frac{2}{5}$$

10만명 중에서 30%인 3만 명중에서 $\frac{2}{5}$인 12000명이 B도시를 이용하게 된다.

6. 넬슨의 소매입지이론

넬슨은 특정 점포의 경영주체가 최대의 이익을 얻을 수 있는 매출액을 확보하기 위하여 어떠한 장소에 입지하여야 하는가에 대한 8가지 원칙을 제시하였다. 이를 점포입지의 8대원칙이라고 하며, 특히 양립성을 강조하고 있는데, 양립성이란 보완재를 취급하는 서로 다른 인접점포 간에 고객을 주고받는 현상을 의미한다.

점포입지의 8대원칙	
㉠ 양립성	㉤ 상거래방식에 대한 적합지점
㉡ 현재의 지역후보의 적합지점	㉥ 집중흡인력
㉢ 잠재적 발전성	㉦ 경합성의 최소화
㉣ 고객의 중간유인	㉧ 용지의 경제학

II. 공업입지이론

1. 공업입지이론의 개관

가. 수송비

(1) 수송비 결정요인

수송비는 원료와 제품의 무게, 원료와 제품이 수송되는 거리에 의해 결정되어진다.

(2) 중량감소산업과 중량증가산업

중량감소산업	제조과정에서 중량이 점차 감소되는 원료를 사용하는 산업이라면 원료의 중량보다 제품의 중량이 감소하여 중량감소산업이라고 볼 수 있다. 이는 원료산지와 가까운 곳에 공장이 입지하는 것이 유리하다는 것을 의미한다.
중량증가산업	중량의 변화가 거의 없는 원료를 사용하는 산업이라면 원료의 중량보다 제품의 중량이 증가하여 중량증가산업이라고 볼 수 있다. 시장과 가까운 곳에 공장이 입지하는 것이 유리하다는 것을 의미한다.

(3) 원료

보편원료	어느 지역에서나 쉽게 구할 수 있으며 지역별 가격차이가 없으므로 수송비가 거의 들지 않는다(수돗물, 전기 등).
국지원료 (편재원료)	특정지역에만 국지적으로 존재하는 편재원료를 사용할 경우에는 지역별 가격차이가 크고 이동거리에 비례하여 수송비가 증가한다(철광석, 석회석 등).

(4) 원료지수(MI)

$$원료지수 = \frac{국지원료\ 중량}{제품중량} \qquad 원료지수 = \begin{bmatrix} >1 : 원료지향형\ 입지 \\ =1 : 자유지향형\ 입지 \\ <1 : 시장지향형\ 입지 \end{bmatrix}$$

원료지수 > 1	제조과정에서 원료의 무게가 감소될 경우에는 원료지수는 1보다 크며 이는 원료산지와 가까운 곳에 입지하는 것이 유리하다는 것을 의미한다.
원료지수 = 1	원료지수가 1일 경우 이론상으로는 원료산지와 가까운 곳에 입지하든 시장과 가까운 곳에 입지하든지 수송비 차이가 없게 된다.
원료지수 < 1	제조과정에서 원료의 투입에 따라 제품의 무게가 늘어나는 경우에는 원료지수가 1보다 작게 나타나며 이는 시장과 가까운 곳에 입지하는 것이 유리하다는 것을 의미한다.

나. 노동력

노동집약적 산업, 미숙련공을 많이 사용하는 산업, 값싼 노동력을 필요로 하는 산업, 노임지수가 크게 나타나는 산업 등은 노동력이 풍부하여 임금이 저렴한 지역에 입지하는 것을 선호한다. 이를 노동지향형이라고 한다. 섬유공업, 의류공업, 신발공업, 가내 수공업 등이 해당된다.

다. 집적력

운송비의 비중이 적고 기술연관성이 높으며 계열화된 산업, 기술, 정보, 시설, 원료 등의 공동이용을 통해 비용절감효과를 얻을 수 있는 산업 등은 집적지역에 입지함으로써 비용절감효과를 얻을 수 있기 때문에 집적지역에 입지하는 것을 선호한다. 이를 집적 지향형이라고 한다. 석유화학공업, 자동차공업 등이 해당된다.

2. 공업입지의 유형

가. 시장지향형 입지
생산과정에서 제품의 중량이나 부피가 더 커지는 산업을 말한다(맥주 등). 가공 후 완제품이 쉽게 부패할 가능성이 있는 산업(제빵산업 등) 보편원료를 많이 사용하는 산업(수돗물을 사용하는 산업)

나. 원료지향형 입지
원료지향형 입지는 시장지향형 입지와 반대되는 개념이다. 생산과정에서 원재료의 중량이나 부피가 감소하는 산업(시멘트), 가공 전 원료가 쉽게 부패할 가능성이 있는 산업(생선 통조림산업), 편재원료(국지원료)를 많이 사용하는 산업(석회석, 철광석).

다. 자유지향형 입지
제품수송비 비중이 매우 작아 수송비가 입지선정에 거의 영향을 미치지 않는 고도의 대규모 기술집약 산업인 전자산업은 교통비나 노동비에 크게 구애받지 않으며, 첨단산업 종사 연구원들이 높은 삶의 질과 문화욕구를 요구해 대도시 근처에 입지하는 경향이 있다.

라. 노동지향형 입지
노동집약적이어서 생산비 중에서 임금이 차지하는 비중이 큰 산업이다. 미숙련공을 많이 사용하는 산업일수록 지역적으로 노동력이 풍부한 지점에 입지하는 경향이 크다. 섬유, 의류, 신발 산업 등이 대표적이다.

3. 원료지향형입지와 시장지향형입지의 비교

원료지향형입지	시장지향형입지
중량감소산업(시멘트공업 등)	중량증가산업(맥주·음료공업 등)
원료수송비 > 제품수송비	원료수송비 < 제품수송비
편재원료(국지원료) 사용공업	보편원료(물, 공기)사용공업
원료지수(MI) > 1	원료지수(MI) < 1
원료가 부패하기 쉬운 공업(통조림)	제품이 부패하기 쉬운 공업(빵)

4. 베버의 최소비용이론

가. 개요
독일의 경제학자인 베버는 비용최소화의 원리에 입각하여 비용이 가장 적게 드는 지점, 즉 최소비용으로 제품을 생산할 수 있는 곳을 최적의 공업입지라고 주장하였으며, 이를 최소비용이론이라고 한다. 베버는 공업입지에 관한 이론을 처음으로 체계화하였고, 운송비의 관점에서 특정 공장이 원료지향적인지 시장지향적인지를 판단하기 위해 원료지수(MI) 개념을 사용하였다.

나. 내용

(1) 최적공업입지 결정 요인
산업입지에 영향을 미치는 요인인 수송비(운송비), 노동력, 집적력 등을 고려하여 최적의 공업입지를 결정하는 이론으로 수송비를 가장 중요한 요소로 보았다. 하지만, 항상 최소수송비지점이 최적입지가 되는 것은 아니다. 최소수송비지점이 꼭 최소비용지점이 되는 것은 아니기 때문이다.

(2) 최소운송비 입지
다른 비용이 일정할 경우 생산 및 판매에 있어 드는 수송비의 합이 최소인 지점이 최적입지이며, 이를 최소운송비 입지라고 한다. 수송비는 원료와 제품의 무게와 원료와 제품이 수송되어지는 거리에 비례한다.

(3) 최소노동비 입지
다음 단계로 최소노동비 지점을 고려하는데, 저렴한 노동력이 있는 지점 이란 수송비 증가폭을 노동비 절감으로 상쇄시킬 수 있는 지점을 말한다.

(4) 집적력 고려
마지막으로 집적력, 즉 집적의 이익을 유발시킬 수 있는 지점을 고려하였다. 집적 이익이란 여러 공장이 한 지역에 집적함으로서 얻는 이익을 말한다.

(5) 최종 입지 결정
결국 최적의 공업입지는 최소수송비(운송비)지점 ⇨ 저렴한 노동력이 있는 지점 ⇨ 집적이익을 유발시킬 수 있는 지점을 종합적으로 고려해서 결정한다. 기업은 수송비, 인건비, 집적이익 등을 고려하여 전체 비용이 최소가 되는 지점에 입지하는데 그렇다고 각 요인이 최소가 되는 지점에 입지하는 것은 아니다.

5. 베버의 최소비용이론과 입지삼각형

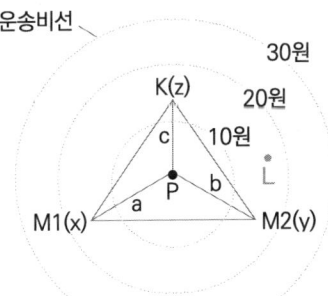

k : 소비시장
M1, M2 : 원료산지
a, b : 원료산지로부터 공장입지까지 거리
c : 공장입지로부터 소비시장까지 거리
x, y : 원료의 무게
z : 완제품의 무게
P : 공장입지
L : 노동비절감 입지

가. 내용

(1) 비용최소화 입지모형

운송비와 노동비를 고려한 비용최소화의 관점에서, 최적 공장입지를 구하는 모형이다. 총운송비 관점에서는 원료의 중량과 제품의 중량을 비교하고 거리를 고려하여 비용최소화입지를 찾을 수 있다. 운송비 변수만을 고려할 때, 최적 공장입지는 [ax + by + cz] 값이 최소인 지점으로 결정된다.

(2) 등운송비선과 입지 변화

현재 공장입지가 최소수송비 지점인 P지점인 경우이다. 여기서 최소수송비 지점인 공장입지 P지점으로부터 거리가 멀어짐에 따라, 수송비가 점진적으로 증가하는 것을 나타낸다. 점선의 타원형은 등운송비선(등비용선, 등수송비선)으로 최소수송비 지점으로 부터 기업이 입지를 바꿀 경우, 이에 따른 추가적인 수송비의 부담액이 동일한 지점을 연결한 곡선을 의미한다.

(3) 최종 입지 결정 요인

공장입지는 다른 조건이 동일하다면 인건비, 제품 및 원료의 중량과 거리에 따른 수송비, 집적의 이익 등에 의해서 결정되는데 수송비, 인건비가 최소가 되며 집적의 이익이 최대가 되는 지점에 입지한다. 한편, 임계등비용선은 노동비 절감액과 수송비 증가액이 동일한 등비용선이다.

나. L지점 이동여부

전제조건 : 운송비는 10원과 20원 사이로 증가(편의상 17원으로 가정)	
노동비가 10원 절감되는 경우	운송비는 17원 증가 ⇨ 불리 ⇨ 이동(×)
노동비가 17원 절감되는 경우	운송비는 17원 증가 ⇨ 임계등비용선
노동비가 20원 절감되는 경우	운송비는 17원 증가 ⇨ 유리 ⇨ 이동(○)

6. 뢰쉬의 최대수요이론

가. 배경

베버의 최소비용이론은 비용최소화의 원리에 입각하여 공급측면을 강조하고 있다. 이러한 베버의 최소비용이론은 너무 생산비에만 치우쳐 있다는 점에 이의를 제기하고 뢰쉬는 이윤극대화를 위해 수요 측면을 강조하였다.

나. 최적입지 결정 기준

기업의 궁극적인 이윤극대화를 위해서는 시장확대가능성이 가장 큰 지점, 즉 수요를 최대로 하는 지점이 최적지점이 된다고 주장하였다.

다. 거리와 수요의 관계

다른 조건이 일정할 때 중심지에서 거리가 멀수록 수요량이 적어지는 이유는 소비자가 부담해야 하는 비용이 제품가격과 수송비로 구성되므로 결국 수송비를 소비자가 부담해야 하기 때문이라고 보았다.

PART 4

부동산정책론

Life Turning Point
WEPASS

2026년 위패스 공인중개사
1차 부동산학개론

Chapter1. 부동산문제
Chapter2. 부동산정책

부동산문제

I. 부동산 문제

1. 의의

부동산 문제란 올바르지 못한 부동산 활동으로 인하여 부동산과 인간과의 관계가 악화된다. 이처럼 부동산과 인간과의 관제 악화에 따른 제반 문제를 부동산 문제라고 한다. 부동산 문제는 크게 토지문제, 주택문제 등으로 구분된다.

2. 특징

부동산 문제의 특징은 악화성향, 비가역성, 지속성, 복합성 등의 특성을 가지며, 한번 문제가 발생하면 시간이 흐르면서 악화되고 원상회복이 어렵다. 인구와 소득 증가로 주택 수요가 지속적으로 늘어나면서 양적·질적 문제도 함께 심화된다. 또한 부동산문제가 복합적으로 작용하며, 해결을 위해 다양한 정책 수단과 복합적 접근이 필요하다.

3. 부동산 문제의 내용

가. 토지문제

토지는 자연물로서 물리적인 절대량을 우리 인간의 힘으로 늘릴 수 없다는 부증성이라는 특성을 지니고 있다. 이로 인하여 여러 가지 토지문제가 발생되는데, 토지 문제에는 물리적 토지문제, 경제적 토지문제, 토지이용의 비효율성에 따른 문제, 토지 소유의 지나친 편중현상에 따른 문제, 토지투기 문제 등이 있다.

나. 주택문제

주택은 우리 인간들의 삶과 생활을 영위하는 터전이며, 추위와 더위 등 외부의 위험으로부터 보호 받을 수 있는 안식처의 역할을 한다. 또한 가족의 건강한 휴식과 안락한 생활을 영위토록 하는 장소로서의 기능을 가진다. 이러한 주택문제에도 양적 주택문제와 질적 주택문제 등이 있다.

II. 부동산 정책

1. 의의

부동산 문제를 해결 또는 개선함으로써 부동산과 인간과의 관계를 개선하고자 하는 정부의 공적인 노력을 부동산 정책이라고 한다.

2. 내용

정부의 부동산 정책은 크게 토지정책과 주택정책, 조세정책 등으로 구분된다. 이러한 부동산 정책은 현재 공포되어 시행되고 있는 다양한 법령(법률, 시행령, 시행규칙 등)에 근거하고 있다.

Ⅲ. 정부의 부동산 시장 개입

1. 부동산 시장 개입의 필요성

가. 개관

정부는 경제적 기능과 정치적 기능을 수행하기 위하여 부동산 시장에 개입하게 된다. 즉, 시장기능으로 달성하기 어려운 소득재분배, 공공재의 공급 등을 달성하기 위하여 부동산 시장에 개입하지만 이러한 정부의 시장 개입은 정부가 의도하지 않은 부작용이 나타나는 등 오히려 실패할 가능성도 있다. 이를 정부의 실패라고 하며, 사회적으로 후생손실을 초래하는 결과를 가져온다.

나. 기능

(1) 경제적 기능

정부는 경제적 기능을 수행하기 위하여 부동산 시장에 개입하게 된다. 이는 부동산 시장의 실패현상을 수정하여 자원의 최적배분을 달성하고 효율성을 추구하기 위함이다.

(2) 정치적 기능

정부는 정치적 기능을 수행하기 위하여 부동산 시장에 개입하게 된다. 이는 소득재분배, 주거복지증진 등 사회적 목표를 달성하여 효율성과 형평성 등을 추구하기 위함이다. 사회적 목표는 효율성, 형평성 또는 그 밖의 다른 목표일 수도 있다.

다. 정부의 실패

(1) 의의

정부의 실패란 시장의 실패를 교정하기 위한 정부의 시장개입이 오히려 바람직스럽지 못한 결과를 초래하는 것을 말한다. 즉, 정부의 개입으로 인하여 정부의 개입 전보다 자원배분이 더 비효율적이 되거나 소득분배의 불균형이 심화되는 현상을 말한다.

(2) 원인

정부의 실패현상을 초래하는 원인으로는 정보의 부족, 시차의 가변성, 민간부문 반응의 변화, 관료제도의 문제, 정치과정의 문제 등을 들 수 있다.

(3) 효과

정부의 실패가 발생하면 정부의 개입 전보다 자원배분은 더 비효율적이 되므로 사회적으로 후생손실을 초래하는 결과를 가져온다. 또한 정부가 의도하지 않은 부작용이 나타나게 된다. 따라서 시장의 실패가 발생한다고 해서 정부의 개입이 반드시 이루어져야 하는 것은 아니며, 정부개입에 따른 이득이 부작용보다 더 크다는 것이 입증되어야 한다.

2. 부동산 시장의 개입방법

가. 직접적 개입방법

직접적 개입방법이란 공적주체가 부동산시장에서 수요자나 공급자의 역할을 직접 수행하여 부동산가격안정, 주거복지증진 등의 정책목적을 달성하는 방법을 말한다. 한국토지주택공사를 통한 택지공급이나 공공임대주택의 건설공급, 공공분양주택의 건설공급, 토지비축제도, 토지수용, 도시개발사업 등은 직접적 개입방법의 대표적인 사례이다.

나. 간접적 개입방법

간접적 개입방법이란 부동산 관련한 조세제도나 금융지원, 토지에 대한 이용규제·거래규제 등을 통해 경제적 동기를 조성하거나 시장 기능을 조장하는 방법을 말한다. 취득세, 개발부담금, 종합부동산세, LTV(대부비율)나 DTI(총부채상환비율) 등의 확대 및 축소 등은 간접적 개입방법의 대표적인 사례이다.

3. 부동산 시장의 실패

가. 정의

시장의 실패란 시장기구 스스로가 효율적인 자원배분 및 공평한 소득분배를 실현하지 못하는 경우를 말한다. 부동산 시장도 시장의 불완전성 등으로 인하여 자원의 최적배분을 자율적으로 조정하지 못하므로 시장의 실패현상을 초래하게 된다.

나. 정부 개입의 이론적 근거

시장의 실패가 발생하면 자원의 배분이 효율적으로 이루어지지 못하므로 정부의 시장개입을 필요로 한다. 따라서 시장의 실패는 정부의 시장개입에 대한 이론적인 근거가 된다.

4. 부동산 시장의 실패원인

가. 불완전경쟁

공급자의 독과점으로 인해 부동산 시장의 자원의 효율적 배분을 어렵게 한다. 즉, 부동산은 개별성의 특성이 있어 공급독점을 유발할 수 있기 때문에 시장의 기능을 저해하여 자원의 효율적 배분을 어렵게 한다.

나. 정보의 비대칭성

정보의 비대칭성이란 거래 당사자들 사이에 정보수준의 차이가 존재하는 상황을 의미한다. 부동산에 대한 정보의 비대칭성이 존재함으로써 부동산 거래질서가 문란해질 수 있으며, 초과이윤이 발생하는 등 자원의 효율적 배분을 어렵게 한다.

다. 외부효과

부동성, 인접성으로 인한 외부효과 발생은 자원의 효율적 배분을 어렵게 한다. 토지소유자의 입장에서 효율적인 토지이용이라고 할지라도 주변 토지이용과의 공간적 부조화가 생길 수 있기 때문이다.

라. 규모의 경제

규모의 경제란 생산을 늘리면 늘릴수록 장기적으로 평균비용이 감소하는 현상을 말한다. 이러한 규모의 경제가 존재할 경우 타 기업의 시장진입을 방해하기 위하여 과대생산이 이루어지므로 자원의 효율적 배분을 어렵게 한다.

마. 공공재

(1) 의의
공공재란 공공의 목적으로 생산된 재화나 서비스를 말한다. 공공재의 예시로서 국방, 치안, 도로, 가로등, 산림이나 명승지 등 자연이 잘 보존된 토지 등이 공공재에 해당되며, 이러한 공공재는 소비의 비경합성과 비배제성이라는 특성이 있어 자원의 효율적 배분을 어렵게 한다.

(2) 비경합성과 비배제성
소비의 비경합성이란 한 사람이 그것을 소비하더라도 다른 사람이 소비할 수 있는 기회가 줄어들지 않는다는 특성을 말하며, 이처럼 공공재는 공동으로 소비할 수 있어 서로 경쟁할 필요가 없다. 또한 공공재는 대가를 지불하지 않은 사람이라도 이용에서 배제할 수 없는 소비의 비배제성이라는 특성도 지닌다.

(3) 무임승차의 문제
소비의 비배제성으로 인해 개인들은 공공재의 생산비용을 부담하지 않으면서도 생산이 이루어지면 최대한 이용하려고 하며, 이러한 현상을 무임승차문제라고 한다. 이로 인해 공공재에는 무임승차문제가 발생하여 자원의 효율적 배분이 어려워진다.

(4) 정부에 의한 공급
공공재의 최적공급이 시장기구에 의하여 이루어지지 않기 때문에 공공재는 일반적으로 정부가 세금이나 공공의 기금으로 공급하는 경우가 많다.

(5) 공공재와 외부효과
공공재가 제공되면 개인이 부담하는 비용보다 사회 전체가 얻는 편익이 더 크기 때문에 외부경제, 정(+)의 외부효과를 유발하는 경우가 많다.

(6) 시장에 맡길 경우의 문제
공공재의 생산을 사적시장에 맡길 경우 과소생산되므로 자원의 효율적 배분이 어렵다.

Ⅳ. 외부효과

1. 의의
외부효과(외부성)란 어떤 경제활동과 관련하여 시장의 메커니즘을 통하지 않고 거래당사자가 아닌 제3자에게 의도하지 않은 혜택이나 손해를 가져다주면서도 이에 대한 대가를 받지도 지불하지도 않는 상태를 말한다. 이러한 외부효과는 부동산의 부동성과 인접성(연속성)이라는 특성 때문에 발생하며, 생산과정에서 발생하는 경우도 있고 소비과정에서 발생하는 경우도 있다.

2. 외부경제

소비의 '외부경제'에 따른 수요의 증가

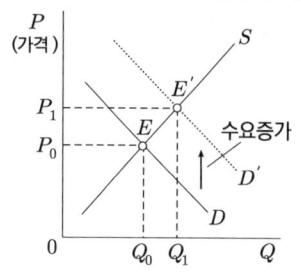

- 만약 주변에 생태공원이 조성되었다면 생태공원은 주거지역에 외부경제효과를 주는 셈이며 주거지역은 쾌적한 주거환경을 갖추어 주택가치하락 위험이 없어 그 지역의 주택수요는 증가한다.

가. 의의

외부경제란 어떤 경제활동과 관련하여 시장의 메커니즘을 통하지 않고 거래당사자가 아닌 제3자에게 의도하지 않은 혜택을 가져다주면서도 이에 대한 대가를 받지 않은 상태를 말한다. 또는 정(+)의 외부효과, 긍정적인 외부효과라고도 부른다.

나. 내용

(1) 사례

인근지역에 대규모 생태공원 등이 들어서면 아파트시장에 정(+)의 외부효과가 발생한다.

(2) 영향

아파트시장에 정(+)의 외부효과가 발생하면 아파트에 대한 수요가 증가하여 수요 곡선이 우측으로 이동하게 된다.

(3) 특성

정(+)의 외부효과는 비용을 지불하지 않은 사람도 이익을 누릴 수 있지만, 생산과정에서 외부경제를 발생시키는 재화를 사적시장에 맡기면 사회적 최적생산량보다 적게 생산되어 자원배분의 비효율성이 초래된다는 점에서 시장만으로는 효율적인 공급이 어려워진다.

(4) 정부개입의 필요성

사회적 편익이 사적 편익보다 큰 경우에는 정부의 부동산 시장 개입이 필요하다.

(5) 사회적 현상

정(+)의 외부효과를 일으키는 KTX역사 처럼 지역주민의 편익, 복리증진 등이 예상 될 경우 서로 유치할려고 하는 핌피현상이 일어난다.

3. 외부불경제

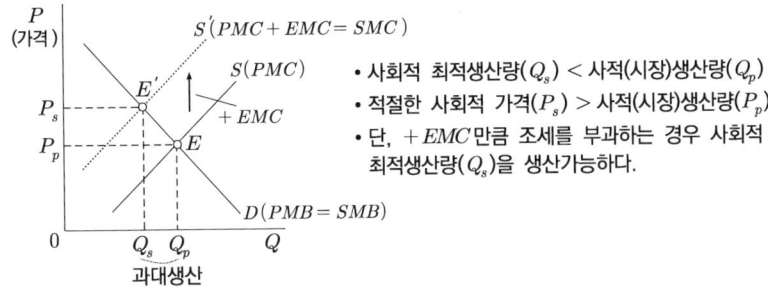

생산의 '외부불경제'에 대한 규제

- 사회적 최적생산량(Q_s) < 사적(시장)생산량(Q_p)
- 적절한 사회적 가격(P_s) > 사적(시장)생산량(P_p)
- 단, $+EMC$만큼 조세를 부과하는 경우 사회적 최적생산량(Q_s)을 생산가능하다.

가. 의의
외부불경제란 어떤 경제활동과 관련하여 시장의 메커니즘을 통하지 않고 거래당사자가 아닌 제3자에게 의도하지 않은 손해를 가져다주면서도 이에 대한 대가를 지불하지 않는 상태를 말한다. 또는 부(−)의 외부효과, 부정적인 외부효과라고도 한다.

나. 내용

(1) 사례
매연을 배출하는 쓰레기 소각장에 대한 규제가 전혀 없다면, 인근지역에 있는 아파트시장에 부(−)의 외부효과가 발생한다.

(2) 해결의 어려움
부(−)의 외부효과가 발생하게 되면 법적 비용, 진상조사의 어려움 등으로 인해 당사자 간 해결이 곤란한 경우가 많다.

(3) 자원배분
생산과정에서 외부불경제를 발생시키는 재화의 공급을 사적시장에 맡길 경우, 그 재화는 사회적인 최적생산량보다 과다하게 생산되는 경향이 있다. 따라서 자원배분의 비효율성을 초래한다.

(4) 규제
부(−)의 외부효과를 발생시키는 공장에 대해서 부담금을 부과하면, 생산비가 증가하여 이 공장에서 생산되는 제품의 공급이 감소하게 된다. 또한 토지이용 행위에서 발생하는 외부불경제는 토지이용규제의 명분이 된다. 따라서 용도지역지구제와 같은 토지이용규제는 부(−)의 외부효과를 억제하기 위한 수단으로 이용된다.

(5) 영향
부(−)의 외부효과가 발생하는 경우 세금부과나 규제 등을 통해 자원배분의 비효율성을 감소시킬 수 있고, 부(−)의 외부효과에 대한 규제는 부동산의 가치를 상승시키는 효과를 가져올 수 있다.

(6) 사회적 현상
핵 폐기물 처리장 처럼 부(−)의 외부효과를 일으키는 시설이 들어올 경우 지역주민들이 유치를 기피하는 님비현상이 일어난다.

chapter 02 부동산정책

Ⅰ. 토지정책

1. 용도지역 · 용도지구제도

가. 개관

(1) 용도지역의 개념

용도지역이란 토지의 이용 및 건축물의 용도·건폐율·용적률·높이등을 제한함으로써 토지를 경제적·효율적으로 이용하고 공공복리의 증진을 도모하기 위하여 서로 중복되지 않게 도시·군관리계획으로 결정하는 지역을 말한다.

(2) 용도지구의 개념

용도지구란 토지의 이용 및 건축물의 용도·건폐율·용적률·높이 등에 대한 용도지역의 제한을 강화 또는 완화하여 적용함으로써 용도지역의 기능을 증진시키고 미관·경관·안전 등을 도모하기 위하여 도시·군관리계획으로 결정하는 지역을 말한다.

(3) 목적 및 기능

용도지역·지구제는 국토의 계획 및 이용에 관한 법률에 근거하여 현재 시행되고 있는 제도로서 지역적 특성에 맞는 용도를 지정하여 다른 용도의 이용을 배제함으로써 어울리지 않은 상반 또는 상충되는 용도(외부불경제)를 분리하고 어울리는 용도(외부경제)를 인접시켜 토지공간을 보다 효율적으로 이용하게 하기 위한 제도이다.

(4) 법적·행정적 성격

용도지역·지구제는 토지이용계획에서 토지의 기능을 계획에 부합되는 방향으로 유도하기 위하여 마련한 법적·행정적 장치라 할 수 있다.

(5) 정책적 의의

용도지역·지구제는 사적시장이 외부효과에 대한 효율적인 해결책을 제시하지 못할 때 정부에 의해 채택되는 부동산정책의 한 수단이다.

(6) 중복 지정 가능성

용도지구는 하나의 대지에 중복지정 될 수 있다.

나. 효과

용도지역·지구제를 실시하게 된다면 토지이용에 수반되는 부(-)의 외부효과등의 사회적 후생손실을 제거하거나 감소시키게 된다. 따라서 단기적으로 그 지역에 대한 주택의 수요가 증가하게 되고 주택가치는 상승하게 된다.

다. 지구단위계획구역

지구단위계획구역이란 도시·군계획 수립 대상지역의 일부에 대하여 토지 이용을 합리화하고 그 기능을 증진시키며 미관을 개선하고 양호한 환경을 확보하며, 그 지역을 체계적·계획적으로 관리하기 위하여 「국토의 계획 및 이용에 관한 법률」에 따라 도시·군관리계획으로 결정·고시된 구역을 말한다.

2. 토지공개념제도

가. 의의

토지공개념이란 토지의 사적소유는 인정하지만 그 이용이 공공복리에 적합하여야한다는 것이다. 따라서 토지의 이용에 있어 국가 정책적 차원에서 공익과 사익의 조화를 기하고 공공복리를 우선시킴으로써 유한한 국토자원의 효율적인 이용과 균형을 추구하고자 하려는 토지 정책적 개념이다.

나. 3대 제도

(1) **택지소유상한제** (택지소유상한에 관한 법률 - 1998년 폐지됨)

국민의 주거생활안정을 도모하기 위해 택지소유 상한면적을 초과하여 소유하는 개인이나 택지의 소유가 금지되어 있는 법인은 초과소유부담금이 부과되었다.

(2) **토지초과이득세** (토지초과이득세법 - 1998년 폐지됨)

양도소득세제의 위약점을 보완하면서 유휴토지의 공급을 촉진하여 지가의 안정을 유도하고자 하는 목적으로 도입된 제도였다.

(3) **개발부담금제** (개발이익 환수에 관한 법률 - 현재 존속중)

우리나라는 개발부담금부과대상사업이 시행되는 지역에서 발생되는 개발이익은 법률에 따라 개발부담금으로 징수하고 있다.

3. 개발이익환수제도

가. 개념

개발이익이란 개발사업의 시행이나 토지이용계획의 변경, 그 밖에 사회적·경제적 요인에 따라 정상지가상승분을 초과하여 개발사업을 시행하는 자(이하 "사업시행자"라 한다)나 토지 소유자에게 귀속되는 토지 가액의 증가분을 말한다. (= 종래의 규제가 완화됨에 따라 발생한 이익을 의미)

나. 개발부담금

국가는 공공기관의 개발사업 등으로 인하여 토지소유자의 노력과 관계없이 정상지가상승분을 초과하여 개발이익이 발생한 경우, 이를 개발부담금으로 환수할 수 있다.

4. 토지은행제도(토지비축제도)

가. 개관

(1) 개념

토지은행제도란 미래용도를 위해 정부가 미리 싼값에 미개발토지를 대량 매입하여 공공자유보유 또는 공공임대보유형태로 비축하였다가 토지수요의 증가에 대응하여 이 비축된 토지를 수요자에게 적절한 때에 이를 매각하거나 공공용으로 사용하는 제도이다.

(2) 목적과 법적근거

토지은행제도는 정부 등이 사전에 토지를 비축하여 토지시장의 안정과 공공사업 등을 원활하게 추진하기 위한 직접적인 공적개입수단으로서 「공공토지의 비축에 관한 법률」에 따라 토지비축제도가 시행되고 있다.

(3) 필요성과 수행기관

정부는 한국토지주택공사를 통하여 업무를 수행할 수 있으며, 필요성에 따라 토지의 공적 기능이 확대됨에 따라 커질 수 있다.

나. 목적

토지은행제도의 목적은 공익사업용지의 원활한 공급과 토지시장의 안정에 기여하는 것을 목적으로 한다.

다. 장점

토지은행제도는 개인 등에 의한 무질서하고 무계획적인 토지개발을 막을 수 있어서 효과적인 도시계획 목표의 달성에 기여할 수 있다. 또한 공공재나 공공시설을 위한 토지를 값싸게 제때 공급이 가능하며, 개발이익을 사회에 환원할 수 있다. 더불어, 토지비축제도는 사적 토지소유의 편중현상으로 인해 발생할 수 있는 토지보상비 등의 고비용 문제를 완화시키는 역할도 한다.

라. 단점

토지은행제도는 막대한 토지 매입비가 필요하고, 적절한 투기 방지 대책 없이 대량으로 토지를 매입할 경우 지가 상승을 유발할 수 있다. 또한 매입한 토지를 비축하는 기간동안 토지를 정부가 관리해야 하는 문제도 있다.

5. 토지거래허가제도

가. 허가구역의 지정

토지거래허가제도란 토지의 투기적인 거래가 성행하거나 지가(地價)가 급격히 상승하는 지역과 그러한 우려가 있는 지역에 대해서는 5년 이내의 기간을 정하여 토지거래계약에 관한 허가구역으로 지정할 수 있다.

나. 허가권자

시장 · 군수 · 구청장

6. 개발권양도제도(TDR)

개발권양도제도란 토지의 소유권과 상부의 미이용공간에 대한 용적률의 개발권을 분리하여, 개발권상실의 우발손실에 대한 보상을 시장기구를 통해서 다른 곳의 개발에 따른 우발이익으로 보상하려는 데 있다. 개발제한으로 인해 규제되는 보전지역에서 발생하는 토지 소유자의 손실을 보전하기 위한 제도이고, 개발권양도제도는 현재 우리나라에서는 시행되고 있지 않다(개발손실보상제).

7. 토지선매

토지선매란 토지거래허가구역 내에서 토지거래계약의 허가신청이 있을 때 공익목적을 위하여 사적 거래에 우선하여 국가, 지방자치단체, 한국토지주택공사, 그 밖에 대통령령으로 정하는 공공기관 또는 공공단체가 그 매수를 원하는 경우에는 이들 중에서 해당 토지를 매수할 자(선매자)를 지정하여 그 토지를 협의 매수하게 할 수 있게하는 제도이다.

8. 개발제한구역

개발제한구역이란 국토교통부장관은 도시의 무질서한 확산을 방지하고 도시 주변의 자연환경을 보전하여 도시민의 건전한 생활환경을 확보하기 위하여 도시의 개발을 제한할 필요가 있거나 국방부장관의 요청으로 보안상 도시의 개발을 제한할 필요가 있다고 인정되면 개발제한구역의 지정 및 해제를 도시·군관리계획으로 결정할 수 있는 구역을 말한다.

9. 정리

시행중인 정책	시행하지 않는 정책
㉠ 용도지역·지구제도	㉥ 택지소유상한에 관한 법률
㉡ 개발이익환수제	㉦ 토지초과이득세
㉢ 주택거래신고제	㉧ 공한지세
㉣ 부동산실명제	㉨ 종합토지세
㉤ 토지거래허가구역	

II. 주택정책

1. 임대료규제정책

가. 규제임대료가 균형임대료보다 낮을 경우

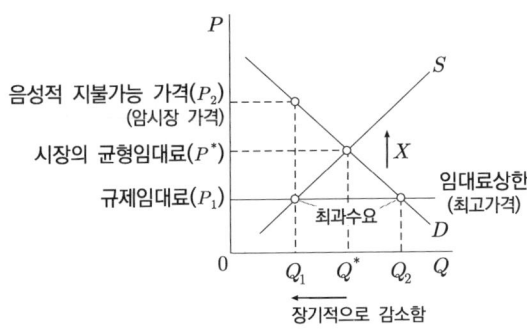

(1) 초과수요 증가

임대료규제정책에서 균형임대료는 시장의 균형임대료이며, 임대료 한도는 P_1으로 되어 있다면 이 상황에서 $Q_1 - Q_2$ 만큼의 초과수요가 된다.

(2) 공급량 감소

임대료규제정책은 정부가 정하는 규제임대료의 한도가 시장의 균형임대료보다 낮은 수준을 유지하면서 지속되면 공급되는 임대부동산의 양은 감소하여 Q_1 수준에 이른다.

(3) 투자기피

임대료규제정책을 시행하게 된다면 임대주택소유자가 받게 되는 규제임대료가 적정이윤을 보장해 주는 것보다 낮기 때문에 투자자들은 임대주택에 신규 자금을 투자하는 것을 기피하게 된다. 또한 기존의 임대부동산도 다른 용도로 전환하게 된다.

(4) 임대부동산 질적 하락 및 주거이동 저하

임대료규제정책은 개량을 위한 지속적인 투자를 기피하여 질적인 저하를 가져올 수 있고, 기존임차인은 낮은 임대료수준에서 계속 기존 임대주택에 거주하려고 하며 상대적으로 음성적인 지불을 하기 어려운 저소득층 임차인들의 주거이동을 더욱 저하 시키게 된다.

(5) 암시장의 형성

임대료규제정책의 결과로서 초과수요에 따른 공급량의 부족과 기존임차인들의 이동저하가 맞물려서 신규로 진입할 임대자들은 높은 임대료를 지불하고 구할 수 밖에 없는 상황에 놓이게 된다. 이에 따라 임대료 규제가 지속된다면 장기적으로 음성적 거래가 발생할 수 있다.

나. 규제임대료가 균형임대료보다 높을 경우

균형임대료보다 임대료 상한이 높을 경우 균형임대료와 공급량에 아무런 영향을 미치지 않는다.

2. 임대료보조정책

가. 의의

임대료보조정책은 저소득층의 주택문제를 해결하기 위해서 일정수준 이하의 저소득층에게 정부가 임대료의 일부를 보조해주는 것을 말한다. 주택보조방식은 크게 생산자에게 보조하는 방식과 소비자에게 보조하는 방식으로 나눌 수 있다. 임차인의 임대료에 대한 부담을 줄여줄 수 있으며, 저소득층의 주거 여건 개선에 기여할 수 있다.

나. 수요측 보조금

(1) 개요

일정수준 이하의 저소득층에게 정부가 무상으로 임대료 일부를 직접적으로 보조하는 형태이다. 보조를 받는 임차인 입장에서는 실질소득이 상승하는 효과를 가져와 보다 많은 임대주택 서비스를 소비할 수 있을 뿐만 아니라 다른 여건이 동일하다면 다른 재화의 소비도 증가할 수 있게 된다.

(2) 단기적효과

임차인에게 임대료를 보조하게될 경우 임대부동산의 공급가격이 하락함과 동시에 실질소득을 상승시키는 효과가 발생하게 된다. 이에 따라 임대주택에 대한 수요가 증가하고, 시장임대료는 상승하게 된다.

(3) 장기적효과

장기적으로는 주택신축에 대한 제한이 없다면 신규 임대주택공급자가 진입하여공급이 증가하거나 또는 고급주택들이 하향여과되어 공급이 증가한다. 임대료는 낮아져서 초과이윤은 소멸되어 임대인들은 정상이윤만을 얻게 된다.

다. 공급측 보조금

주택시장에서 단기에 당장 공급증가의 효과가 나타나기 힘들지만 장기적으로 주택공급을 증가시키게 된다. 주택공급 증가가 주택의 시장가격(임대료)을 하락시켜 임차인의 부담은 낮아지고, 결론적으로 주택소비를 증가시키는 효과를 기대하는 유형이다.

라. 예시

주택바우처(임대료 보조방식)	주거급여
㉠ 주택바우처는 저소득층의 임대료가 소득의 일정 수준을 넘을 경우 임대료의 일부를 쿠폰 형태의 교환권으로 지원하는 방식으로 정부가 저소득층의 전·월세 임대료를 일부 보조해 주는 주택제도를 말한다.	㉡ 주거급여는 국민기초생활 보장법상 수급자에게 주거안정에 필요한 임차료 등을 지급하는 것이다. ㉢ 소비자보조방식의 일종이다.

3. 임대주택공급정책

가. 개념

(1) 임차인 보호 기능

임대주택공급정책이란 정부의 직접적 개입에 해당하며, 공공부문이 시장임대료보다 낮은 수준의 임대주택을 공급하여 사적시장의 임대료를 낮추도록 함으로써 임차인을 보호하는 방법중 하나이다.

(2) 지원 방식과 효과

정부가 건설보조금을 지급하는 생산자보조방식으로 시행되는 공공임대주택은 생산비를 낮춰 임대주택 공급을 늘리고 임료를 하락시켜 소득재분배 효과를 기대할 수 있다.

나. 국내 공공임대주택의 종류

영구임대주택	공공주택사업자가 국가나 지방자치단체의 재정을 지원받아 건설, 매입 또는 임차하여 최저소득 계층의 주거안정을 위하여 50년 이상 또는 영구적인 임대를 목적으로 공급하는 공공임대주택을 말한다.
장기전세주택	국가나 지방자치단체의 재정이나 주택도시기금의 자금지원을 지원받아 20년이상 전세계약의 방식으로 공급하는 공공임대주택을 말한다.
분양전환 공공임대주택	일정기간 임대 후 분양전환할 목적으로 공급하는 공공임대주택을 말한다.
민간매입 임대주택	민간임대주택에 관한 특별법에 따른 임대사업자가 매매 등으로 소유권을 취득하여 임대하는 민간임대주택을 말한다.
행복주택	국가나 지방자치단체의 재정이나 주택도시기금의 자금을 지원받아 대학생, 사회초년생, 신혼부부 등 젊은 층의 주거안정을 목적으로 공급하는 공공임대주택
통합공공 임대주택	국가나 지방자치단체의 재정이나 주택도시기금의 자금을 지원받아 최저소득 계층, 저소득 서민, 젊은 층 및 장애인·국가유공자 등 사회 취약계층 등의 주거안정을 목적으로 공급하는 공공임대주택이다.
기존주택 전세임대주택	국가나 지방자치단체의 재정이나 주택도시기금의 자금을 지원받아 기존주택을 임차하여 국민기초생활 보장법 에 따른 수급자 등 저소득층과 청년 및 신혼부부 등에게 전대(轉貸)하는 공공임대주택을 말한다.

공공주택 특별법령상 공공임대주택에 해당되는 주택	공공주택 특별법령상 공공임대주택에 해당되지 않는 주택
㉠ 영구임대주택 ㉡ 국민임대주택 ㉢ 분양전환공공임대주택 ㉣ 행복주택 ㉤ 통합공공임대주택 ㉥ 장기전세주택 ㉦ 기존주택매입임대주택 ㉧ 기존주택전세임대주택	㉨ 공공지원민간임대

4. 분양가상한제

가. 의의

분양가상한제의 목적은 주택가격을 안정시키고 무주택자의 신규주택 구입 부담을 경감시키기 위해서이다. 분양가격을 시장가격 이하로 규제하는 분양가상한제는 분양가규제를 통해 주택가격을 안정시키기 위한 목적으로 시행되고 있는 최고가격제의 일종에 해당한다.

나. 분양가상한제 적용주택과 미적용주택

(1) 분양가상한제 적용주택

분양가상한제 적용주택에는 사업주체가 일반인에게 공급하는 공동주택 중 공공택지 또는 주택가격 상승 우려로 심의를 거쳐 지정된 공공택지 외의 택지에서 공급되는 주택의 경우에는 분양가격 이하로 공급하여야 한다.

(2) 분양가상한제 미적용주택

분양가상한제는 도시형 생활주택, 경제자유구역위원회가 외자유치 촉진과 관련이 있다고 인정한 경제자유구역 내 공동주택, 그리고 관광특구 내 50층 이상 또는 높이 150미터 이상의 공동주택에는 적용되지 않는다.

다. 분양가격

산출방법	국토교통부장관이 매년 고시하는 기본형건축비에 가산비용과 택지비를 적용하여 산출한다.
택지비	택지비(공공 : 공급가격 / 민간 : 감정평가액) + 택지비가산비
건축비	기본형 건축비 + 건축비가산비
분양가격	택지비 + 택지비가산비 + 기본형 건축비 + 건축비가산비

라. 전매제한

주택법령상 분양가상한제 적용주택 및 그 주택의 입주자로 선정된 지위에 놓일경우 전매를 제한할 수 있다.

마. 효과

분양가상한제는 주택건설업체의 수익성을 낮추는 요인으로 작용하여 주택공급을 감소시킬 수 있다. 분양가상한제는 장기적으로 민간의 신규주택 공급을 위축시킴으로써 주택가격을 상승시킬 수 있다. 또한 주택의 질이 하락하는 문제점과 사회적 후생손실을 야기하게 된다.

5. 선분양제도와 후분양제도

구분	선분양제도	후분양제도
의의	선분양제도란 주택이 완공되기 전에 소비자에게 분양하고 계약금·중도금등을 완공 이전에 납부하도록 하여 건설자금에 충당할 수 있게 하는 제도이다.	후분양제도란 주택을 일정한 절차에 따라 건설한 후 분양하는 방식이다.
장점	㉠ 선분양제도는 준공 전 분양대금의 유입으로 사업자의 초기자금부담을 완화할 수 있다.	㉧ 소비자측면에서 후분양제도는 선분양제도보다 부실시공 및 품질저하에 대처할 수 있다.

	ⓒ 선분양제도는 주택공급의 증가로 주택시장 활성화에 도움이 된다. ⓒ 선분양제도는 주택가격 하락에 대한 공급자의 시장위험이 감소한다.	ⓐ 후분양제도는 완제품을 비교하여 선택할 수 있어서 최적의 선택이 가능하다. ㉠ 후분양제도는 가수요감소로 투기억제 효과를 발휘한다.
단점	ⓔ 선분양제도는 분양권 전매를 통하여 가수요를 창출하여 부동산시장의 불안을 야기할 수 있다. ⓑ 선분양제도는 분양권 매매차익이 발생할 수 있어서 투기발생가능성이 높다. ⓗ 선분양제도는 완제품을 비교하여 선택할 수 없어서 최적의 선택이 곤란하다. ⓢ 선분양제도는 시장위험은 수요자에게 전가된다. ⓞ 선분양제도는 부실공사 등으로 인한 주택의 품질이 저하된다.	ⓔ 후분양제도는 건설자금조달이 곤란하다. ⓜ 후분양제도는 건설업체 부도가능성이 확대된다.

Ⅲ. 부동산 조세정책

1. 개념

부동산조세는 국가 등이 그 직무수행상 필요한 경비를 충당하기 위하여 또는 어떤 정책목적을 위하여 권력으로 사인 또는 사적 단체에 대하여 강제성에 의하여 과징하는 것이라고 한다.

2. 기능

부동산조세는 소득재분배와 부동산 자원의 효율적 배분, 지가 안정에 기여하며, 조세 부과를 통해 투기 수요를 억제하고 가격 안정을 도모한다. 또한 주택공급 확대, 호화주택 건축 억제, 주택가격 안정 등 다양한 주택문제 해결의 수단으로 기능한다.

3. 유형

구분	취득단계	보유단계	처분단계
국세	㉠ 상속세 ⓒ 증여세 ⓒ 인지세	ⓑ 종합부동산세	ⓞ 양도소득세
지방세	ⓔ 취득세 ⓗ 등록면허세	ⓢ 재산세	ⓩ 지방소득세

가. 취득단계
취득세감면은 부동산 거래의 활성화에 기여할 수 있다. 취득세율을 낮추면 주택수요가 증가할 수 있다.

나. 보유단계
주택의 보유세 감면은 자가소유를 촉진할 수 있다. 재산세는 소유자에게 부담되는 세금이지만, 조세의 전가로 인해 임차인에게 전가된다. 임대주택에 재산세 중과되면 세금은 장기적으로 임차인에게 전가될 수 있다.

다. 처분단계
양도소득세를 중과하면 부동산의 보유기간이 늘어나는 현상이 발생할 수 있다. 양도소득세를 중과하면 부동산 보유자로 하여금 거래를 뒤로 미루는 동결효과를 갖고 있다. 이에 따라 동결효과가 발생하면 주택가격이 상승할 수 있다.

4. 조세의 전가와 귀착

가. 전가
조세부담의 전가란 납세의무자에게 부담된 조세가 납세의무자의 부담이 되지 않고 다른 사람에게 이전되는 것을 말한다. 즉, 조세부담이 떠넘겨짐을 의미한다.

나. 귀착
조세의 사실상 부담이 최종적으로 어떤 사람에게 귀속되는 것을 말한다.

5. 탄력성과 조세의 귀착

가. 탄력성의 상대적 크기에 따른 조세부담의 부담의 크기

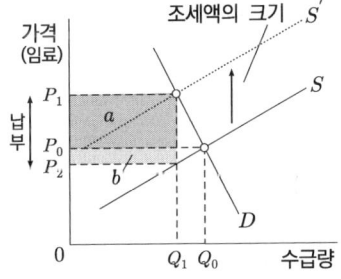

(1) 문제상황
재산세가 부과됐을 때 세부담의 귀착문제에서 수요자가 부담하는 부분과 공급자가 부담하는 부분의 정도는 수요의 가격탄력성과 공급의 가격탄력성의 상대적 크기에 따라 다르게 나타나는 것을 알 수 있다.

(2) 가격탄력성에 따른 조세 부담

위에 있는 그림을 통해서 보면 수요가 공급에 비해서 보다 비탄력적(그래프가 가파르고 기울기가 크다)인 경우 수요자의 조세부담은 커지게 됨을 알 수 있다. 즉, 상대적으로 비탄력적인 자는 조세부담이 크지만 상대적으로 탄력적인 자는 조세부담이 적다.

(3) 수요자의 가격탄력성에 따른 부담 변화

조세부담의 크기는 상대적으로 수요의 가격탄력성이 작을수록(비탄력적, 기울기가 클수록)수요자 부담 크다. 그러나 상대적으로 수요의 가격탄력성이 클수록(탄력적, 기울기가 작을수록) 수요자 부담이 작다.

(4) 공급자의 가격탄력성에 따른 부담 변화

조세부담의 크기는 상대적으로 공급의 가격탄력성이 작을수록(비탄력적, 기울기가 클수록) 공급자 부담 크다. 반면 상대적으로 공급의 가격탄력성이 클수록(탄력적, 기울기가 작을수록) 공급자 부담 작다.

나. 모든 세금을 부담하거나 부담하지 않는 경우

수요가 완전비탄력적인 경우	수요가 완전탄력적인 경우
가격(임료), 조세액의 크기, $P_1 = P_2$, P_0, a, D, S', S, 0, $Q_0 = Q_1$, 수급량	가격(임료), 조세액의 크기, $P_0 = P_1$, P_2, b, S', S, D, 0, Q_1, Q_0, 수급량
공급이 완전비탄력적인 경우	공급이 완전탄력적인 경우
가격(임료), $S' = S$, 조세액의 크기, $P_0 = P_1$, P_2, b, D, 0, $Q_0 = Q_1$, 수급량	가격(임료), 조세액의 크기, $P_1 = P_2$, P_0, a, S', S, D, 0, Q_1, Q_0, 수급량

수요의 가격탄력성이 완전비탄력적(수직선의 수요곡선)이거나 공급의 가격탄력성이 완전탄력적(수평선의 공급곡선)인 경우 모든 세금은 수요자가 부담하게 된다. 공급의 가격탄력성이 완전비탄력적(수직선의 공급곡선)이거나 수요의 가격탄력성이 완전탄력적(수평선의 수요곡선)인 경우 모든 세금은 공급자가 부담하게 된다.

6. 동결효과(lock in effect)

가. 의의
동결효과란 가격이 오른 주택의 소유자가 양도소득세를 납부하지 않기 위해 주택의 처분을 적극적으로 미룸으로써 공급이 감소하는 효과를 말한다.

나. 내용
양도소득세가 중과되면 주택공급이 동결되는 효과가 나타나는데, 이러한 동결효과로 인해 주택가격이 상승한다. 특히 지가상승에 대한 기대가 확산된 상황에서 양도소득세 중과로 동결효과가 발생하면 지가도 함께 상승하게 된다.

7. 헨리 조지의 토지단일세

가. 개요
토지에서 발생하는 지대수입을 100% 징세한다면 토지가치세의 수입만으로도 재정을 충당할 수 있다고 보기 때문에 토지가치에 대한 조세 이외의 모든 조세를 철폐하자는 것이 토지단일세운동이다.

나. 내용
헨리 조지에 의하면 토지의 부증성으로 인해 토지의 물리적 공급은 완전비탄력적이다. 따라서 토지지대 또는 지가상승분에 과세하는 토지가치세는 전액 지주에게 귀착되고 사용자에게는 조세의 전가가 발생하지 않으므로 거래의 동결효과 및 자원배분의 비효율성, 경제순손실(사회적 후생손실)이 발생하지 않는 조세이다.

PART 5

부동산투자론

Life Turning Point
WEPASS

2026년 위패스 공인중개사
1차 부동산학개론

Chapter 1. 부동산투자이론
Chapter 2. 부동산투자분석

chapter 01

부동산투자이론

Ⅰ. 부동산투자의 개관

1. 정의

투자란 불확실한 장래의 수익을 얻기 위해 확실한 현재의 소비를 희생하는 것을 말한다. 즉, 투자란 장래의 불확실한 현금수입과 현재의 확실한 현금지출을 교환하는 행위이다.

2. 장점과 단점

가. 장점

(1) 가치 보존 및 인플레이션 방어

부동산은 실물자산의 특성과 토지의 영속성으로 인해 가치보존력이 우수하기 때문에 인플레이션 상황에서 화폐가치 하락에 대한 방어수단으로 이용할 수 있다. 또한 물가상승률과 연동하여 상승하는 기간에는 인플레이션을 방어하는 효과를 가진다.

(2) 레버리지 및 세금 혜택

부동산투자자는 저당권과 전세제도 등을 통해 레버리지 활용가능하고, 감가상각과 이자비용을 세금산정 시 비용으로 인정이 가능하다.

(3) 수익 형태

부동산투자자는 매 월 받는 소득이득과 매도 후 매수자에게 받는 자본이득을 누릴 수 있다.

나. 단점

(1) 환금성 및 금융위험

부동산은 낮은 환금성으로 인해 단기간에 현금화할 가능성이 낮으며, 채무불이행 위험과 이자율 상승 등의 금융위험 및 디플레이션에 취약하다.

(2) 행정적·법률적 제약

행정적 규제와 복잡한 법률관계로 인해 자유로운 거래가 어렵고, 한번 정해진 용도는 그 전환이 용이하지 않아 투자에 따른 비가역성이 존재한다.

(3) 거래비용

높은 거래비용 때문에 시장의 진입과 퇴거가 자유롭지 않다.

Ⅱ. 부동산투자의 위험

1. 개관

위험이란 동산투자에서 예상한 결과와 실현된 결과가 달라질 가능성이다. 부동산투자에 따르는 위험은 크게 사업상 위험, 금융적 위험, 법적 위험, 인플레이션위험, 유동성 위험 등으로 분류할 수 있다.

2. 사업상 위험

가. 시장위험
시장수요의 감소 등 시장상황으로부터 유래되는 예상수익의 감소 등을 말한다. 이는 경기침체로 인해 수익성이 악화되면서 야기됨에 따라 나타날 수 있다.

나. 운영위험
운영단계(= 사무실의 관리, 근로자의 파업. 직원의 인건비상승. 영업경비의 변동 등)에서 발생하는 위험을 말한다.

다. 위치적 위험
위치의 고정성(부동성)때문에 사업상 안게 되는 위험을 말한다. 환경이 변하면 대상부동산의 상대적 위치가 변하는 위험이다.

3. 금융적 위험

가. 타인자본 활용
부동산투자에서는 자기자본 외에도 대상부동산을 담보로 하는 대출을 통한 타인자본을 이용하는 경우가 많다. 하지만 타인자본을 활용할 경우 자기자본의 투자수익률을 높여주는 효과가 있기는 하나, 금리상승기에 추가적인 비용부담이 발생하게 된다면 채무불이행에 따른 파산위험이 존재하게 된다.

나. 자기자본 활용
투자금액을 모두 자기자본으로 조달할 경우 금융위험을 제거할 수 있다.

4. 법적 위험
법적 위험이란 정부의 금융·재정정책은 시장이자율을 변화시키는데 이러한 이자율의 변화는 부동산 수요와 공급의 변화를 가져오며 부동산가치에 영향을 미치게 된다.

5. 인플레이션위험
인플레이션 위험이란 일반물가수준이 지속적으로 상승하는 과정을 의미하는데, 이럴 경우 나타나는 화폐가치 하락위험을 말한다.

6. 유동성 위험
유동성 위험이란 투자된 부동산을 현금으로 전환하는 경우 발생할 수 있는 시장가치의 손실가능성을 의미한다. 따라서 투자자가 대상부동산을 원하는 시기에 현금화하지 못할 가능성은 유동성 위험에 해당한다.

III. 부동산투자의 수익

1. 수익률의 종류

가. 기대수익률
기대수익률이란 예상되는 수익률을 의미한다. 즉, 객관적인 수익률을 의미한다.

나. 요구수익률

요구수익률	=	무위험수익률	+	위험할증률	+	예상인플레이션율
최소한의 목표수익률 • 위험조정률 • 투자자본의 기회비용		현재소비의 희생에 대한 대가(시간비용) • 국공채수익률 • 정기예금이자율		미래의 불확실성에 대한 대가(위험비용)		물가상승에 따른 실질가치 보장 • 피셔효과

(위험할증률 + 예상인플레이션율 = 체계적위험)

(1) 정의
요구수익률(주관적 수익률)이란 투자에 대한 위험이 주어졌을 때 투자자가 대상부동산에 자금을 투자하기 위해 충족되어야 할 최소한의 수익률을 의미한다.

(2) 기회비용
투자를 한다는 것은 여러 투자대상 중에서 다른 곳에 투자하는 기회를 포기하는 셈이므로 요구수익률을 투자대안의 기회비용이라고도 한다.

(3) 투자자의 결정
투자자의 입장에서는 요구수익률이 충족되지 않는 한 투자를 하려고 하지 않을 것이다. 투자자를 부동산투자로 유인하려면 국채에 비해 부동산투자가 갖고 있는 위험에 대한 대가, 즉 위험할증률을 가산해준다면 투자자는 부동산에 투자할 의사를 가지게 될 것이다.

(4) 피셔효과와 위험조정할인률
피셔는 투자자의 요구수익률에는 물가상승, 즉 인플레이션에 따른 실질가치 하락 위험인 예상 인플레이션율이 반영된다고 하였는데 이를 피셔효과라 한다. 기대(예상)인플레이션율은 하나의 추가적으로 고려되는 위험할증률이라고 생각할 수도 있다.

구분	의의
무위험률	정부가 보증하는 국채의 실질이자율과 같이 장래에 기대되는 수익이 확실할 경우의 수익률로서 순수한 시간가치에 대한 대가가된다.
위험할증률	투자자는 위험한 만큼 높은 수익을 원하는데, 위험을 감수하는 만큼의 대가를 더하는 것을 위험할증이라 하며 비율로 표시한 것을 위험할증률이라 한다.

다. 실현수익률
실현수익률이란 투자를 통해서 실제로 달성된 수익률을 말하는데 사후적 수익률 또는 역사적 수익률이라고도한다.

2. 기대수익률과 요구수익률의 관계

가. 기대수익률 > 요구수익률 일 경우

(1) 사례

어떤 부동산에 대한 투자자의 요구수익률이 4%인데 대상부동산의 기대수익률이 10%라고 한다면, 기대수익률이 요구수익률보다 높을 경우이므로 많은 투자자들이 이 부동산을 사려고 할 것이다.

(2) 투자수요 변화와 수익률 균형

대상부동산에 대한 투자수요가 증가하면 대상부동산가치가 상승하고, 이는 더 많은 투자비용 투입을 의미하여 기대수익률은 점차 하락하게 된다. 결국 요구수익률과 기대수익률이 같아지는 점에서 균형을 이루게 된다.

나. 기대수익률 = 요구수익률 일 경우

기대수익률이 요구수익률과 일치하는 수준이라면 이는 기대수익률이 투자자의 요구수익률을 충족시키는 셈이므로 투자자는 투자를 하려할 것이며 이때가 곧 시장이 균형을 이루는 경우에 해당한다.

다. 기대수익률 < 요구수익률 일 경우

(1) 사례

어떤 부동산에 대한 투자자의 요구수익률이 10%인데 대상부동산의 기대수익률이 4%라고 한다면, 기대수익률이 요구수익률보다 낮은 경우이므로 많은 투자자들이 이 부동산을 사지 않으려고 할 것이다.

(2) 투자수요 변화의 수익률 균형

부동산 투자안에 대한 투자수요가 줄어들게 되어 대상부동산의 가치가 점점 하락하게 되면, 이는 보다 적은 투자비용으로 투자할 수 있음을 의미하므로 대상부동산에 대한 기대수익률은 점차 증가하게 되고, 이렇게 가치가 충분히 하락하여 기대수익률이 요구수익률과 일치하는 수준에 이르러야만 투자자는 비로소 대상부동산에 투자하려고 할 것이다.

3. 지렛대 효과

가. 개념

레버리지효과란 타인자본을 이용할 경우 부채비율의 증감이 자기자본수익률에 미치는 효과를 말한다.

나. 내용

(1) 기본원리

지렛대 효과는 이자율의 변화에 따라 달라지며 정(+)의 지렛대효과는 낮은 이자율(낮은 비용)의 저렴한 타인자본을 이용하여 자기자본 수익률을 높이는 경우 발생한다.

(2) 개선방안

부(-)의 지렛대효과가 발생하는 경우 이자율을 낮추거나 대출기간을 연장하여 이자비용을 줄임으로써 정(+)의 지렛대효과로 전환할 수 있다.

(3) 한계와 위험

부채를 활용하여 지렛대 효과를 기대할 수 있으나 타인자본 비율이 증가함에 따라 원리금 상환부담도 증가하게 된다.

다. 구분

(1) 정(+)의 지렛대효과

자기자본수익률 > 총자본(종합)수익률 > 저당수익률(차입이자율)

(2) 부(-)의 지렛대효과

자기자본수익률 < 총자본(종합)수익률 < 저당수익률(차입이자율)

(3) 영(0)의 지렛대효과

자기자본수익률 = 총자본(종합)수익률 = 저당수익률(차입이자율)

라. 총자본 및 자기자본수익률의 계산

$$총자본 (자기자본 + 타인자본) 수익률 = \frac{순수익}{총자본 (자기자본 + 타인자본)} \times 100 (\%)$$

$$자기자본수익률 = \frac{순수익 (= 소득수익 + 자본수익) - 이자비용}{자기자본}$$

IV. 위험과 수익의 관계

1. 개념

위험(risk)은 실현된 결과가 예상한 결과로부터 벗어날 가능성을 의미한다.

2. 투자자의 태도

가. 위험회피형

위험을 피하려는 인간행동으로 위험이 커지면 기대수익률을 높게 얻고자 하는 유형을 말한다. 이는 위험을 전혀 감수하려 하지 않겠다는 것이 아니라 동일한 수익률이라면 안전한 투자대안에 해당되는 위험이 작은 쪽을 선택한다는 것이다.

나. 위험선호형

위험을 선호하는 인간행동으로 높은 수익률을 획득할 기회를 얻기 위해 큰 위험을 기꺼이 감수하려는 형이다. 위험이 커지더라도 보상상의 기회가 존재한다면 그 수익률이 적게 상승하더라도 기꺼이 위험을 감수하려는 유형을 말한다.

다. 위험중립형
위험의 크기에 관계없이 기대수익률만으로 의사결정을 한다

3. 위험과 수익의 상쇄관계
위험회피적인 투자자에게 있어서 투자대상의 위험이 커지면 그만큼 요구수익률은 높아지게 된다. 따라서 위험과 수익은 비례관계에 있다고 할 수 있고 이를 위험 – 수익의 상쇄관계라고 한다.

4. 투자가치와 시장가치

투자가치 > 시장가치	투자가치 > 시장가치 → 요구수익률 < 기대수익률 수요↑ → 시장가치↑ 기대수익률↓
투자가치 < 시장가치	투자가치 < 시장가치 → 요구수익률 > 기대수익률 수요↓ → 시장가치↓ 기대수익률↑

가. 투자가치
부동산소유로부터 기대되는 미래의 편익이 특정 의사결정자에게 주는 현재가치를 말한다. (주관적 가치)

나. 시장가치
부동산이 시장에서 매매되었을때(= 공개적인 시장에서) 형성되는 가치를 말한다. (객관적 가치)

다. 결론 (위험과 가치는 반비례관계)
(1) 투자가치와 위험의 관계
투자가치는 위험이 높을수록 하락하게된다.

(2) 투자가치의 개념과 계산
부동산의 투자가치란 미래 예상되는 순수익을 요구수익률로 나누어 현재가치로 환원한 값이다. 요구수익률은 위험과 비례관계에 있으므로 위험이 클수록 요구수익률도 커진다. 따라서 장래기대되는 수익의 흐름이 주어져 있을 때, 동일한 현금수익을 보다 높은 요구수익률로 할인하기 때문에 투자에 대한 위험이 높을수록 부동산의 투자가치는 하락한다.

5. 위험의 처리 및 관리방법
가. 위험의 회피
이것은 투자가 투자할 수 있는 여러 대안 중에서 위험이 있는 투자대안을 제외시키는 것이다. 이 방법은 채권과 같은 무위험수익률(낮은 수익률)을 가져오는 투자안에만 투자해야 한다.

나. 위험의 보유
위험으로 인한 장래의 손실 등을 투자자가 스스로 부담하는 방법이다.

다. 위험의 전가
위험을 다른 사람에게 떠넘기는 것을 말한다.

라. 위험의 통제

보수적 예측방법	㉠ 보수적 예측방법이란 국채나 안정성이 높은 저축을 이용하는 방법이다.
위험조정할인률	㉡ 위험조정할인률이란 장래 기대되는 소득을 현재가치로 환원할 때 사용하는 요구수익률의 크기를 결정하는 데에 있어서, 감수해야 하는 위험의 정도에 따라 위험할증률을 반영해 가는 것이다. ㉢ 높은 위험이 내재된 투자안 일수록 높은 할인율을 적용하여 할인시키는 방법이다.
평균분산결정법	㉣ 평균분산결정법이란 동일한 기대수익을 나타내는 투자안들 중에서는 위험이 가장 작은 투자안을 선택하고 동일한 위험을 가진 투자안들 중에서는 기대수익이 가장 큰 투자안을 선택하는 것을 뜻한다. ㉤ 평균분산결정법은 표준편차가 크면 위험이 크고, 작으면 위험이 작다.
민감도분석 (감응도 분석)	㉥ 민감도분석이란 투자효과를 분석하는 모형의 투입요소가 변화함에 따라, 그 결과치가 어느정도 민감한 영향을 받는가? 분석하는 기법이다. ㉦ 임대료, 영업비, 감가상각방법, 가치상승 등과 같은 투자수익에 영향을 줄수 있는 구성요소들이 부분적 또는 총체적으로 변화했을 때, 투자에 대한 순현재가치(NPV)나 내부수익률(IRR)이 어떻게 변화하는가를 분석하는 것이다.

V. 부동산 투자이론의 계산

1. 기대수익률의 계산

가. 기본가정
다음 표는 특정 투자의 경제상황별 발생가능성(확률)과 투하자본에 대한 순영업소득이 차지하는 비율인 추정 수익률의 크기를 나타내고 있다. 투하자본은 20억원이라고 가정하고, 투자안의 기대수익률은 경제상황별 확률에 해당 투자안의 경제상황별 추정수익률을 곱하여 계산한다.

나. 경제상황별 수익률

경제상황	확률	수익률 (= 순영업소득 / 투하자본) (단위 : 만원)
불황	0.1	8% (= 16,000 / 200,000)
보통	0.8	10% (= 20,000 / 200,000)
호황	0.1	12% (= 24,000 / 200,000)

다. 산식

기대수익률 = 확률 × 수익률

라. 계산

$$기대수익률 = 0.1 \times 0.08 + 0.8 \times 0.1 + 0.1 \times 0.12 = 0.1(10\%)$$

2. 분산(σ^2) 또는 표준편차(σ)의 계산

가. 통계적 정의
위험은 실현소득(순수익)이 기대소득(순수익)과 달라지는 정도를 의미하며 통계학적으로 분산이나 표준편차로 측정된다. 그리고 여기서 표준편차는 분산의 제곱근($\sqrt{분산}$)이다.

나. 계산 방법
분산과 표준편차는 각 경제상황별 추정수익률과 기대수익률의 차이를 제곱한 후, 각 상황이 발생할 확률을 곱해서 모두 합산한 값을 말한다.

다. 표준편차와 위험의 관계
표준편차 값이 클수록 변동성이 심하고 위험이 크게 된다. 이에 따라 표준편차의 값이 작을수록 위험이 작아지게 된다.

라. 위험 측정의 전통적 방법
기대수익률의 분산 또는 표준편차는 투자안의 위험을 측정하는 전통적인 방법이다. 수익률의 분포가 정규분포라면 수익률의 분산이나 표준편차로 위험을 측정할 수 있다.

마. 산식

$$분산(\sigma^2) = \sum 확률 \times [\,(실현소득)\ 실현수익률 - (기대소득)\ 기대수익률\,]^2$$
$$표준편차(\sigma) = \sqrt{분산}$$

3. 평균 – 분산모형

가. 개념
평균분산결정법은 기대수익률의 평균과 분산을 이용하여 투자대안을 선택하는 방법이다. 따라서 평균분산결정법은 수익과 위험을 평가하는 방법이다.

나. 선택기준
동일한 기대수익을 가지는 투자대안 중 가장 낮은 위험의 투자안 선택하는 것을 말하며, 동일한 위험을 가지는 투자대안 중 가장 높은 수익의 투자안 선택하게 된다.

다. 변동계수를 이용한 투자안 평가
평균 – 분산 지배원리로 투자 선택을 할 수 없는 경우 변동계수(변이계수)를 통해 투자안의 우위를 판단할 수 있다.

$$\text{변이계수} = \frac{\text{표준편차}}{\text{기대수익률}}$$

라. 평균 – 분산 지배원리의 적용

평균 – 분산 지배원리로 투자 선택을 할 수 없는 경우 변동계수(변이계수)를 통해 투자안의 우위를 판단할 수 있다. 평균 – 분산 지배원리에 따르면, A투자안과 B투자안의 기대수익률이 같은 경우, A투자안보다 B투자안의 기대수익률의 표준편차가 더 크다면 A투자안이 선호된다.

VI. 포트폴리오이론

1. 개념

포트폴리오이론은 투자 시 여러 종목에 분산투자함으로써 위험을 분산시켜 안정된 수익을 얻으려는 자산투자 이론이다.

2. 용도

가. 포트폴리오 이론과 평균 – 분산법의 한계

포트폴리오의 이론에 의하면, 평균 – 분산법으로 판단하기 어려운 투자대안의 위험과 수익관계를 보다 쉽게 분석할 수 있다. 반면 평균 – 분산법을 통해 A와 B투자안 중에서 선택하고자 할 때 B투자안이 위험도 높고 수익도 높은 경우에는 평균 – 분산법이 합리적인 판단 기준을 제시해주지 못한다.

나. 포트폴리오의 효율성과 평균 – 분산지배원리

이 둘을 적절히 합친 포트폴리오의 위험과 수익을 분석해보면 수익은 동일하더라도 위험은 더욱 작아지는 경우 또는 동일한 위험이라 하더라도 수익은 오히려 더 커지는 경우를 발견할 수 있게 된다. 이 중에서 가장 효율적인 포트폴리오를 도출하는 방법을 평균 – 분산지배원리라고 한다.

다. 투자자의 효용과 최적 포트폴리오 선택

결론적으로 투자자의 효용을 고려하여 자신이 원하는 위험수준에서 최고의 수익률을 나타내는 최적의 포트폴리오를 선택할 수 있다는 모형이다.

3. 포트폴리오 기대수익률

가. 전제조건

각각 구성된 개별자산의 (기대)수익률을 자산의 구성비율로 가중평균한 값을 의미한다. 세 가지 자산에 분산투자하는 경우의 포트폴리오 기대수익률을 아래 자료를 통해 구해보도록 한다. 단, 총투자액은 2,000억원이며 호황의 확률은 40%, 불황의 확률은 60%라고 가정한다.

나. 산식

개별자산의 기대수익률	(시장상황별 예상수익률) × (발생확률)
포트폴리오의 기대수익률	(개별자산 기대수익률) × (포트폴리오 비중)

다. 시장상황별 수익률

구성자산	자산비중	시장상황별 예상 수익률	
		호황(40% 확률)	불황(60% 확률)
아파트	30%(= 600억/2000억)	20%	10%
토지	50%(= 1000억/2000억)	25%	10%
상가	20%(= 400억/2000억)	10%	8%

라. 개별자산의 기대수익률

구분	개별자산별 기대수익률
아파트	$0.4 \times 20\% + 0.6 \times 10\% = 8\% + 6\% = 14\%$
토지	$0.4 \times 25\% + 0.6 \times 10\% = 10\% + 6\% = 16\%$
상가	$0.4 \times 10\% + 0.6 \times 8\% = 4\% + 4.8\% = 8.8\%$

마. 포트폴리오의 기대수익률

$(0.3 \times 14\%) + (0.5 \times 16\%) + (0.2 \times 8.8\%) = 4.2\% + 8\% + 1.76\% = 13.96\%$

4. 효과

포트폴리오에 편입되는 투자안의 수를 늘리면 늘릴수록 비체계적인 위험이 감소되는 것을 포트폴리오효과라고 한다.

5. 체계적위험과 비체계적위험

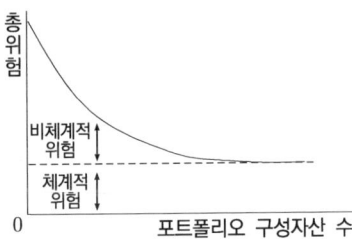

총위험 = (체계적 위험) + (비체계적 위험) = (피할 수 없는 위험) + (피할 수 있는 위험)

구분	체계적 위험	비체계적 위험
의의	회피 불가능한 위험(피할 수 없는 위험)	회피 가능한 위험(피할 수 있는 위험)
원인	㉠ 시장의 전반적인 상황, 시장의 힘에 의해 야기되는 위험이 원인이다. ㉡ 인플레이션, 경기침체, 이자율의 변화 등	㉤ 시장의 개별부동산의 특성으로 부터 야기되는 위험 ㉥ 운영경비, 관련 법제
결과	㉢ 모든 부동산의 수익률이 변동하게 된다.	㉦ 개별부동산의 수익률만 변동하게 된다.
투자	㉣ 포트폴리오를 구성해도 피할 수 없다.	㉧ 포트폴리오를 구성하면 피할 수 있다.

6. 부동산포트폴리오의 분석과 선택

가. 기본가정

(1) 기본요인

투자결정은 기대수익률과 분산이라는 2요인에 의해 이루어진다.

(2) 투자자의 성향과 목표

투자자들은 위험회피형의 투자자로서 기대효용의 극대화를 목표로 한다.

(3) 투자안 선택의 원칙

모든 투자자들은 같은 위험 수준에서 기대수익률이 가장 높은 투자안을, 같은 기대수익률 수준에서는 위험이 가장 낮은 투자안을 선택한다.

나. 무차별곡선

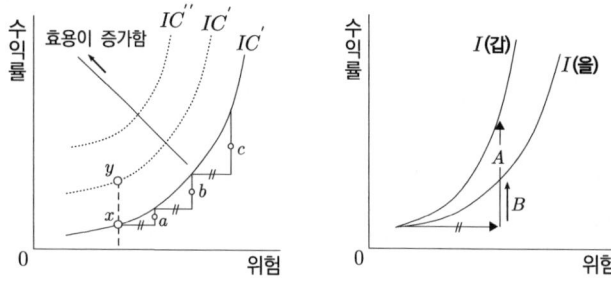

(1) 개념

무차별곡선이란 어느 한 소비자에게 동일한 효용 즉, 효용에 차이가 없는 두 재화의 소비량의 조합점들을 직각 좌표에 나타내어 연결한 선을 의미한다.

(2) 축 설정과 의미

그림에서의 Y축에는 그 값이 커질수록 효용을 증가시키는 수익률을, X축에는 그 값이 커질수록 효용이 감소하는 위험을 나타내고 있다. Y축에는 수익률을 X축에는 위험을 나타내는 좌표에서 위험회피적이며 추가적소비에 따라 효용이 감소하는 경우를 가정하는 경우에 무차별곡선은 아래로 볼록한 형태를 지닌다.

(3) 이동과 효용 수준

무차별곡선은 좌상향으로 이동할수록 더 높은 효용을 나타내게 된다.

(4) 투자자 유형에 따른 무차별곡선의 형태

위험회피형(보수적 투자자)갑의 무차별 곡선의 기울기는 가파르다. 또한 보수적 투자자는 동일한 위험 증가에 대해 더 많은 대가를 요구하게 되며, 위험선호형(공격적 투자자)을의 무차별 곡선의 기울기는 완만하다.

다. 효율적 프론티어(효율적 전선)

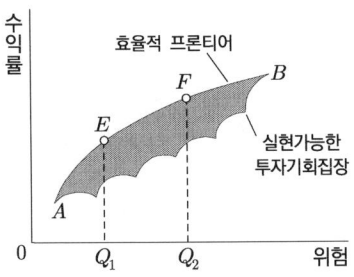

(1) 개념

효율적 프런티어란 평균-분산 지배원리에 의해 모든 위험수준에서 최대의 기대수익률을 얻을 수 있는 포트폴리오의 집합을 말한다.

(2) 정의와 구성

효율적 프런티어는 동일한 위험에서 최고의 수익률을 나타내는 투자대안을 연결한 선이다.

(3) 해석

효율적 프런티어(효율적 전선)의 우상향에 대한 의미는 투자자가 높은 수익률을 얻기 위해 많은 위험을 감수하는 것이다.

(4) 한계

효율적 프런티어에서는 추가적인 위험을 감수하지 않으면 수익률을 증가시킬 수 없다.

라. 최적의 포트폴리오

최적의 포트폴리오는 효율적 프론티어와 무차별곡선이 접하는 점에서 형성된다.

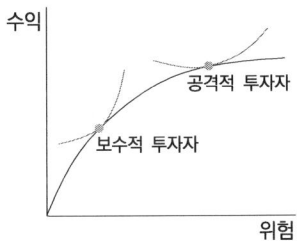

마. 상관계수

(1) 상관계수의 값

효율적인 포트폴리오를 구성하는 방법은 투자자산간에 수익률의 상관정도가 낮을수록 좋다고 볼 수 있다. 상관계수의 값은 -1부터 +1까지의 범위를 지닌다.

상관계수 > 0 (양의 상관관계)	투자자산간에 수익률은 같은 방향성을 갖는다.
상관계수 = 0 (영의 상관관계)	투자자산간에 수익률은 상관관계가 전혀 없다.
상관계수 < 0 (음의 상관관계)	투자자산간에 수익률은 반대 방향성을 갖는다.

(2) 상관계수의 값에 따른 비체계적위험 감소

상관계수 = +1	양의 상관관계 중에서 비체계적위험이 전혀 제거되지 않는 경우에 해당한다.
상관계수 = -1	음의 상관관계 중에서 비체계적위험이 완전히 제거되는 경우에 해당한다.

바. 상관계수의 범위 및 내용정리

(1) 개념과 범위

상관계수는 두 개의 확률변수가 동시에 움직이는 정도를 말하는 것으로서 이에 대한 범위는 -1에서 +1의 범위를 갖는다.

(2) 완전한 음의 상관관계와 위험의 제거

포트폴리오 구성자산들의 수익률분포가 완전한 음의 상관관계(-1)에 있을 경우, 자산구성비율을 조정하면 비체계적 위험을 0까지 줄일 수 있다.

(3) 완전한 정의 상관관계의 한계

두 자산으로 포트폴리오를 구성할 경우. 포트폴리오에 포함된 개별자산의 수익률 간 상관계수가 1인경우에는 분산투자효과가 없다.

(4) 분산투자의 효과와 자산조합의 중요성

여러 자산에 분산투자를 하여 비체계적 위험을 제거하기 위해서는 투자자산간에 수익률의 방향이 반대로 움직이는 자산조합일수록 바람직하다. 또한 투자자산의 수가 많을수록 효율적이다. 투자대안별 수익률 변동이유사한 추세를 보일 것으로 예측되는 부동산에 분산 투자하는 것은 바람직하지 않다.

(5) 상관계수와 위험절감효과의 관계

투자자산의 상관계수가 1보다 작을 경우, 포트폴리오 구성을 통한 위험절감 효과가 나타난다.

부동산투자분석

Ⅰ. 화폐의 시간가치

1. 의의

가. 투자지출 시점과 수익 실현 시점
일반적으로 투자자의 투자의사결정에 따른 투자지출은 현재시점에서 이루어지는데 반하여 이로부터 얻어지는 수익은 미래시점에서 실현된다. 따라서 투자의사결정을 할 경우 미래시점의 가치와 현재시점의 가치의 크기를 비교하여야 한다.

나. 시점 일치의 필요성
화폐의 시간가치에서는 시점을 현재시점으로 일치시켜야할 필요가 있다. 왜냐하면 투자자의 투자의사결정에 따른 투자지출은 항상 현재시점에서 성립되기 때문이다.

다. 투자분석 방법
투자분석의 경우에는 투자에 따른 미래의 현금흐름을 현재가치로 할인한 금액과 현재의 투자금액을 비교하는 유형을 주로 사용한다. (이자율 = 수익률 = 할인율)

2. 미래가치

가. 일시불의 미래가치

(1) 개요

개발지구 내에 위치한 토지의 지가가 매년 10%씩 상승한다면 3년 후에는 얼마가 될까? 매년의 상승분은 10%이지만, 다음 해는 그 전의 해의 몫에서 다시 10%가 상승하게 되므로 복리로 계산해야 한다.

$$\text{토지의 지가} = 1\text{억 원} \times (1+0.1)^3 = \text{약 1억 300만원}$$

(2) 산식

위 식에서의 $(1+0.1)^3$을 3년 기간 동안의 일시불의 내가계수라고 한다. 이것은 일시불을 이자율(r)로 저금을 하였을 경우 n년 후에 찾게 되는 금액(일시불)을 계산하는 계수인 것이다. 일시불의 내가계수는 아래와 같다.

$$\text{일시불의 내가계수} = (1+r)^n$$

나. 연금의 미래가치

(1) 의의

연금의 미래가치란 매년 1원씩 받게 되는 연금을 이자율 r로 계속해서 적립했을 때 n년 후에 달성되는 금액을 의미한다. 연금의 미래가치란 매 기간 말에 지불되는 일정금액(연금)들을 연금의 최종 기말 시점에서의 미래가치(일시불)총액으로 계산한 것을 말한다.

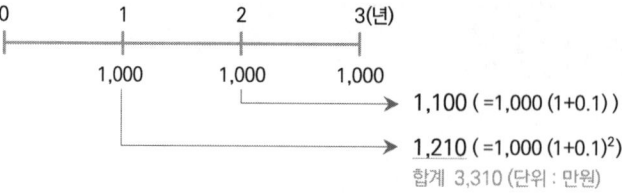

(2) 산식

$$연금의\ 내가계수 = \frac{(1+r)^n - 1}{r}$$

다. 감채기금계수

(1) 의의

감채기금계수란 n년 후에 1원을 만들기 위해서 매 기간마다 적립해야 할 액수를 나타내는 자본환원계수를 의미한다.

(2) 예시

예를 들어 주택을 마련하기 위해 5년 만기로 5,000만원(일시불)짜리 적금을 들었다고 가정하자. 그렇다면 매년 얼마씩을 불입해야 할까? 여기서도 마찬가지로 이자율은 10%라고 가정한다.

(3) 연금의 내가계수와 역수관계

연금의 미래가치가 5,000만원이라는 것을 알고 있는 셈이므로 연금의 내가계수의 역수를 적용하면 쉽게 구할 수 있다. 즉, 감채기금계수는 연금의 내가계수와 역수관계에 있는 셈이다.

(4) 산식

- 감채기금계수 = $\dfrac{r}{(1+r)^n - 1}$
- 감채기금 = 연금의 미래가치 × 감채기금계수

3. 현재가치

가. 일시불의 현재가치

(1) 의의

일시불의 현재가치란 미래의 일정시점에 발생할 일정금액(일시불)을 현재의 일정시점의 일정금액(일시불)의 가치로 계산한 것을 말하며, 줄여서 현가(現價)라고 한다.

(2) 일시불의 미래가치

매년 10%이자율로 일시불 1억원을 은행에 맡겨 놓는다면 3년 후에는 얼마의 목돈이 될까? 일시불의 현재가치는 1억원이지만 3년 후의 미래가치는 다음과 같이 계산 할 수 있다.

$$3년\ 후\ 일시불 = 1억\ 원 \times (1+0.1)^3 = 약\ 1억\ 300만원$$

(3) 일시불의 현재가치

미래의 1억 300만원의 가치는 이자율을 고려하는 경우 현재 1억원의 가치와 동일한 셈이라는 것을 알 수 있다.

$$\text{일시불의 현재가치(1억원)} = \frac{\text{약 1억 300만}}{(1+0.1)^3}$$

(4) 일시불의 내가계수와 역수관계

현재가치는 항상 미래가치보다 작아지기 때문에 현재가치를 구하는 것을 할인한다고 하며, 할인할 때 사용하는 이자율을 특히 할인이라고 한다. 이를 통하여 일시불의 현가계수를 알 수 있으며, 일시불의 내가계수와 역수관계에 있음을 알 수 있다.

(5) 산식

$$\text{일시불의 현가계수} = \frac{1}{(1+r)^n}$$

나. 연금의 현재가치

(1) 의의

연금의 현재가치란 매 기간 말에 수령되는 일정금액(연금)들을 현재 시점에서의 현재가치(일시불)총액으로 계산한 것을 말한다.

(2) 예시

매년 연금으로 1,000만원씩을 3년 동안 받게 되는 경우라고 단순하게 생각하고, 이자율은 10%라고 가정할 때 이 금액을 퇴직시에 일시불로 받게 된다면 얼마나 받게 되는 걸까?

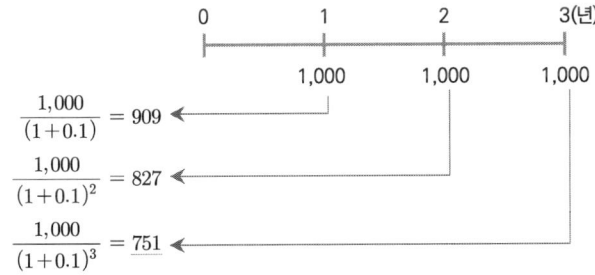

합계 2,487 (단위 : 만원)

(3) 산식

$$\text{연금의 현가계수} = \frac{1-(1+r)^n}{r}$$

다. 저당상수

(1) 의의

저당상수란 1원을 상환하기 위해서 n년 동안 매 기간마다 상환해야 할 액수를 나타내는 계수를 의미한다.

(2) 예시

예를 들어서 결혼 후 신혼집을 마련하기 위해 6억(일시불)을 대출을 받고 10년 동안 원금과 이자(=원리금)를 상환하기로 하였다고 가정하자. 그렇다면 매년 얼마씩을 상환해야 할까?

(3) 연금의 현가계수와 역수관계

연금의 현재가치에 곱해지는 식이 곧 저당상수이다. 즉, 저당상수는 연금의 현가계수와 역수관계에 있는 셈이다. 저당상수는 융자금액에 대한 원리금균등분할상환시 월납입액을 계산하는데 사용한다

(4) 산식

$$저당상수 = \frac{r}{1-(1+r)^n}$$

4. 잔금비율과 상환비율

가. 잔금비율

만기 전에 융자금을 상환하기 위해서는 그 시점에서 미상환된 원금을 계산해야한다. 저당대부액 중 미상환된 원금을 잔금이라 하고 융자원금에서 잔금이 차지하는 비율을 잔금비율이라 한다. (잔금비율) + (상환비율) = 1이므로, 잔금비율은 (1 - 상환비율)이 된다.

나. 상환비율

저당대부액 중 상환된 원금을 상환액이라 하고 융자원금에서 상환액이 차지하는 비율을 상환비율이라 한다. (잔금비율) + (상환비율) = 1이므로, 상환비율은 (1 - 잔금비율)이 된다.

Ⅱ. 현금흐름의 계산

1. 영업 현금흐름

단위당 예상 임대료 × 임대단위수
= **가능총소득**(PGI) − 공실 및 불량부채 + **기타소득**(영업외 수입)
= **유효총소득**(EGI) − **영업경비**(OE)
= **순영업소득**(NOI) − **부채서비스액**(DS)
= **세전현금흐름**(BTCF) − **영업소득세**(TO)
= **세후현금흐름**(ATCF)

가. 가능총소득(PGI)

가능총소득이란 투자부동산으로부터 얻을 수 있는 최대한의 수입을 의미한다. 임대용 부동산이라면 가능총소득은 단위당 예상 임대료에 임대단위수를 곱하여 구한다.

나. 유효총소득(EGI)

(1) 공실 및 불량부채에 대한 대손충당금

임대용 부동산이 전혀 공실 없이 모두 임대되는 것은 어렵고, 또한 임차인이 어김없이 임대료를 지불한다고 보장하기 어렵다. 따라서 공실 및 불량부채에 대한 대손충당금을 고려하여야 한다. 보통 가능총소득의 5%정도를 충당금으로 설정하고 있다

(2) 기타소득

임대료수입 이외에도 주차장 임대료, 유료세탁기 운영수입이나 자판기 운영수입과같은 기타소득이 있을 수 있다.

(3) 유효총소득

가능총소득에서 공실 및 회수불가능 임대수입을 제하고 기타소득을 더하면 이를 유효총소득(EGI)이라 한다.

다. 순영업 소득(NOI)

(1) 영업경비

대상부동산을 운영하는데 드는 유지비, 관리비, 수수료, 재산세, 보험료, 광고비, 전기세, 전화료, 수선비 등을 말한다. 특히 해당부동산의 재산세는 차감하나 영업소득세는 차감하지 않는다.

(2) 영업경비가 아닌 항목

공실 및 대손충당금, 부채서비스액, 감가상각비, 개인업무비용, 소득세 및 법인세, 자본이득세(양도소득세), 취득세

(3) 순영업 소득

유효총소득에서 영업경비를 빼게 되면 순영업소득이 된다.

라. 세전현금흐름(BTCF)

(1) 부채서비스

저당대부에 대한 매기간의 원금상환분과 이자지급분을 합하여 부채서비스액, 저당지불액이라고 한다.

(2) 세전현금흐름

총투자액 중에서 일부라도 타인자본으로 조달하였을 경우는 저당대부에 대한 매년의 원금상환분과 이자지급분을 고려하여야 한다. 이러한 부채서비스액(debt service)을 순영업소득에서 제한 것을 세전현금흐름(BTCF)라고 한다

마. 세후현금흐름(ATCF)

순영업 소득(NOI) + 대체충당금 − 이자지급액 − 감가상각액	세전현금흐름(BTCF) + 대체충당금 + 원금상환액 − 감가상각액
과세대상소득 × 세율 + 기타소득(영업외 수입)	과세대상소득 × 세율 + 기타소득(영업외 수입)
영업소득세	영업소득세

(1) 영업소득세

순영업소득과는 달리 세전현금수지의 경우 부채서비스액(원금과 이자지급분)이 차감된 금액이다.

구분	의의 및 세금공제 대상여부
대체충당금	대체충당금이란 정기적으로 비품 등을 교체하기 위하여 매 기간 일정액씩 영업경비로 처리하여 적립하는 금액을 의미한다. 이것은 비용이 아닌 자본적 지출이라면 자산에 포함되어야 하므로 세금공제대상이라고 볼 수가 없다.
이자지급액	이자지급액은 비용으로서 세금에서 공제되는 대상이다.
원금상환액	원금상환분은 부동산가치를 증가시키는 셈이므로 세금에서 공제되는 대상이 아니다.
감가상각액	감가상각액은 비용으로서 세금에서 공제된다.

(2) 세후현금흐름(ATCF)

세전현금수지에서 해당 사업에 따른 소득에 대한 세금인 영업소득세(소득세, 법인세 등)를 빼게 되면 세후현금흐름(ATCF)이 된다.

2. 지분복귀액 : 매각 현금흐름

매도가격
− 매도경비
= 순매도액
− 미상환 저당잔금
= 세전지분복귀액
− 자본이득세
세후지분복귀액

가. 매도경비
부동산처분과 관계되는 중개수수료, 기타경비 등이다.

나. 순매도액
매도가격에서 매도경비를 뺀 것을 말한다.

다. 세전지분복귀액
순매도액에서 미상환저당잔금을 뺀 것을 세전지분복귀액이라 한다.

라. 세후지분복귀액
세전지분복귀액에서 자본이득세를 뺀 것을 말한다.

III. 부동산투자분석기법

1. 할인현금흐름분석법

가. 개념
할인현금흐름분석법 이란 장래 예상되는 현금유입과 현금유출을 현재가치로 할인하고 그 값을 비교하여 투자여부를 판단하는 방법이다. 이는 순현가법과 수익성지수법 그리고 내부수익률법으로 나누어진다. 그리고 순현가법과 내부수익률법은 투자성과를 측정하거나 의사결정기준을 수립하는 데 폭넓게 사용하는 모형이고 할인현금수지분석법을 기초로 한다.

나. 순현재가치(NPV)법
(1) 의의

순현재가치법이란 장래기대되는 소득의 현재가치 합계와 투자비용으로 지출된 금액의 현재가치 합계를 서로 비교하여 투자결정을 하는 방법을 말한다.

(2) 계산원리

순현재가치법은 보유기간동안 기대되는 세후소득의 현재가치 합과 투자비용으로 지출한 지분의 현재가치 합을 비교하는 방법으로서 화폐의 시간적 가치를 고려한다.

(3) 적용 할인율

순현재가치법의 할인율은 투자자의 요구수익률을 사용한다.

(4) 투자자별 순현가의 차이

투자자의 위험회피 정도가 상이한 바 요구수익률도 상이하며, 이에 따라 동일한 투자안이더라도 투자자별 순현가는 다르게 된다.

(5) 산식

$$\text{순현재가치 (NPV)} = \text{현금유입의 현가} - \text{현금유출의 현가}$$

(6) 의사결정 및 정리

순현가 ≥ 0	편익 ≥ 비용이므로 투자 채택
순현가 < 0	편익 < 비용이므로 투자 기각

순현가가 0이상인 투자안이 복수인 경우에는 순현가가 가장 큰 대안을 선정하고, 가치가산원리의 적용이 가능하다.

다. 수익성지수(PI)법

(1) 의의

수익성지수는 투자로 인해 발생하는 현금유입의 현가를 현금유출의 현가로 나눈 비율이다.

(2) 수익성지수와 순현가의 관계

수익성지수가 1일 경우 현금유입의 현가와 현금유출의 현가가 같아서 순현가는 0이다.

(3) 투자판단 기준

순현가가 0보다 크다면 분자 값이 분모 값보다 크다는 의미이므로 수익성지수 값은 1보다 크게 나타나게 될 것이다. 따라서 수익성지수(PI)값이 1보다 크거나 같을 경우라면 투자결정을 내려야 되는 것이다.

(4) 산식

$$\text{수익성지수(PI)} = \frac{\text{현금유입의 현가}}{\text{현금유출의 현가}}$$

(5) 의사결정 및 정리

수익성지수 ≥ 1	투자 채택, 투자안의 수익률 ≥ 요구수익률
수익성지수 < 1	투자 기각, 투자안의 수익률 < 요구수익률

수익성지수법에서 할인율은 요구수익률을 적용하고, 가치가산원리를 적용할 수 없다.

(6) 순현가가 동일한 두 개 이상의 사업의 비교

수익성지수는 순현가와 다른 모든 조건이 동일한 두 개 이상의 사업을 비교할 때 유익하다. 초기의 현금투자가 적은 사업안이 보다 높은 수익성지수의 값을 나타내기 때문이다. 따라서 순현가가 같다면 수익성지수의 값이 큰 투자안을 선택해야할 것이다.

구분	현금유입의 현가	현금유출의 현가	순현가	수익성지수
A상가 투자안	1억	5천만원	5천만원	2
B상가 투자안	5천만원	3천만원	2천만원	1.67
C상가 투자안	2억	1억 5천만원	5천만원	1.33

(7) 순현가법과 수익성지수법에 의한 의사결정이 다른 경우

아래의 표에 따르면 순현가는 A상가 투자안이 더 높지만 수익성지수는 B상가 투자안이 더 높다는 것을 알 수가 있다. 이때 투자의사결정은 단순히 그 비율이 높다는 것에 의존하지 않고 부를 극대화할 수 있는 순현가법의 기준에 따라 A상가 투자안을 선택하여야 할 것이다.

구분	현금유입의 현가	현금유출의 현가	순현가	수익성지수
A상가 투자안	1억	7천만원	3천만원	1.43
B상가 투자안	5천만원	3천만원	2천만원	1.67

(8) 수익성지수법 정리

순현가가 같다면 초기 현금유출이 작은 수익성지수의 값이 큰 투자안을 선택한다. 상호배타적인 투자안에 있어서 순현가법에 의한 의사결정과 수익성지수법에 의한 의사결정이 서로 다르다면 부를 극대화할 수 있는 순현가법의 기준에 따라 투자안을 선택한다.

라. 내부수익률(IRR)법

(1) 개념

미래의 현금유입의 현가와 현금유출의 현가를 동일하게 하는 할인율(내부수익률)을 구하여, 그 값과 투자자의 요구수익률을 비교하여 투자가치를 평가하는 방법이다.

(2) 내부수익률의 정의

내부수익률은 투자로부터 기대되는 현금유입의 현가와 현금유출의 현가를 같도록 하는 할인율이므로, 순현가를 0이 되도록 하는 할인율이고, 수익성지수법 값이 1이 된다.

(3) 투자판단 기준

내부수익률이 요구수익률보다 크거나 같을 경우에 이 투자안은 채택되는데, 투자자가 요구하는 수익률보다 더 높은 수익률을 가져다 줄 수 있는 투자안이라고 볼 수 있기 때문이다.

(4) 장점

내부수익률법은 사전적으로 요구수익률을 결정하지 않아도 된다는 장점이 있다. 왜냐하면 투자로부터 기대되는 현금유입의 현가와 현금유출의 현가를 같도록 하는 할인율이기 때문이다. 내부수익률법의 내부수익률은 순현재가치법의 요구수익률과는 달리 사후적으로 결정하게 된다.

(5) 의사결정 및 정리

내부수익률 ≥ 요구수익률	투자 채택
내부수익률 < 요구수익률	투자 기각
내부수익률법은 가치가산원리를 적용할 수 없다.	

마. 순현가치법과 내부수익률법의 비교

(1) 개관

만약 어느 투자안을 순현가법과 내부수익률법으로 각각 평가했을 때 그 결과가 상이하게 나타난다면 과연 어느 방법에 따라 의사결정을 해야 하는지의 문제가 생긴다. 이럴 경우에는 보다 우수한 분석기법이라고 인정되는 순현가법의 결과를 선호하게 되는데 그 이유는 아래와 같다.

(2) 재투자수익률의 가정

기간 중에 해당 사업의 내부수익률이 요구수익률에 미치지 못한다하더라도 내부수익률로 계속 재투자가 이루어진다는 것은 이론적으로 무리가 따른다. 따라서 변화가능성이 고려되는 요구수익률로 재투자한다고 보는 순현가법의 가정이 보다 합리적인 것으로 볼 수 있다.

(3) 부의 극대화에 대한 바람직한 준거

순현가법은 모든 투자대상을 기회비용인 요구수익률로 할인한다. 각 투자대상은 투입되는 투자액에 대해 요구수익률을 충족시키고 남은 순현가 분만큼 각각 독립적으로 투자자의 부의 증대에 기여한다. 따라서 순현가법을 사용하여 우선순위를 정했을 경우에는 투자자는 부의 극대화를 달성할 수 있다.

(4) 가치가산의 원리

순현재가치법은 가치가산원리가 적용되나 내부수익률법은 적용되지 않는다.

2. 어림셈법
가. 개관
(1) 의의

어림셈법은 투자기간 전체에서 발생하는 현금흐름을 고려하는 것이 아니라 초년도 세후현금흐름을 산정하는 자료만을 활용하여 투자의 타당성을 분석하는 방법으로 정확성은 다소 낮더라도 계산이 간편하다는 장점이 있어 널리 활용되고 있다. 또한 화폐의 시간가치를 고려치 못한다는 단점이 있으며, 승수법과 수익률법으로 구분된다.

(2) 승수법과 수익률법

승수법은 소득과 투자액을 비교하여 투자의 타당성을 분석하는 방법으로 조소득승수, 순소득승수, 세전현금흐름승수, 세후현금흐름승수가 있다. 승수법에 의한 승수는 소득의 몇 배가 투자액인지를 측정하는 지표로 소득은 분모값, 투자액은 분자값이 된다.

나. 내용

승수법(승수는 낮을수록 유리)	수익률법(수익률은 높을수록 유리)
㉠ 총소득승수 = $\dfrac{총투자액}{총소득}$	
㉡ 순소득승수 = $\dfrac{총투자액}{순영업소득}$	㉤ 종합자본환원율 = $\dfrac{순영업소득}{총투자액}$
㉢ 세전현금흐름승수 = $\dfrac{지분투자액}{세전현금흐름}$	㉥ 세전수익률 = $\dfrac{세전현금흐름}{지분투자액}$
㉣ 세후현금흐름승수 = $\dfrac{지분투자액}{세후현금흐름}$	㉦ 세후수익률 = $\dfrac{세후현금흐름}{지분투자액}$

(1) 조소득승수

총소득승수란 총소득에 대한 총투자액의 배수로 총투자액을 총소득으로 나눈 값이다.

(2) 순소득승수

순소득승수란 순영업소득에 대한 총투자액의 배수(단위는 배)로 총투자액을 순영업소득으로 나눈 값이다. 순소득승수는 자본회수기간이 짧을수록 유리한 투자안이 되기 때문에 순소득승수가 낮을수록 유리한 투자안이 된다. 이러한 순소득승수의 역수가 종합자본환원율이다. 종합자본환원율을 간단히 종합환원율, 자본환원율이라고도 한다.

(3) 세전현금흐름승수

세전현금흐름승수란 세전현금흐름에 대한 지분투자액의 배수로 지분투자액을 세전현금흐름으로 나눈 값이다. 이러한 세전현금흐름승수의 역수가 세전수익률이다.

(4) 세후현금흐름승수

세후현금흐름승수란 세후현금흐름에 대한 지분투자액의 배수로 지분투자액을 세후현금흐름으로 나눈 값이다. 이러한 세후현금흐름승수의 역수가 세후수익률이다.

3. 비율분석법

가. 대부비율

$$대부비율 = \frac{대부액}{총투자액(부동산 가격)}$$

㉠ 대부비율이 높아질수록 투자의 재무레버리지 효과가 커질 수 있다.
㉡ 대부비율이 높아질수록 투자안의 부채비율도 높아진다.

나. 부채비율

$$부채비율 = \frac{타인자본(부채총계)}{자기자본(자본총계)}$$

부채비율은 자기자본에 대한 부채의 비율을 의미한다.

다. 부채감당률

$$부채감당률 = \frac{순영업소득}{부채서비스액}$$

㉠ 부채감당률은 순영업소득이 부채서비스액의 몇 배가 되는가를 나타내는 비율이다.
㉡ 부채감당률은 부채서비스액을 부동산투자에서 창출되는 순영업소득으로 어느 정도 충당할 수 있는지 측정하는 지표이다.
㉢ 부채감당률이 1보다 작다면 부동산투자로부터 나오는 순영업소득으로 원리금을 감당하기에 부족하고, 1보다 크다면 원리금을 지불할 능력이 충분하다고 할 수 있다.

라. 채무불이행률

$$채무불이행률 = \frac{영업경비 + 부채서비스액}{유효총소득}$$

㉠ 채무불이행률이란 차입자가 채무불이행할 가능성을 나타내는 비율의 의미로 사용되고 있다.
㉡ 유효총소득의 영업경비, 부채서비스액 감당 능력을 측정한다.
㉢ 영업경비와 부채서비스액이 유효총소득에서 차지하는 비율이 높을수록 그 만큼 채무불이행의 가능성은 커진다.

마. 총자산회전율

$$총자산회전율 = \frac{총소득}{부동산가치}$$

총자산회전율이란 총투자액에 대한 총소득의 비율을 말한다.

바. 영업경비비율

$$영업경비비율 = \frac{영업경비}{유효총소득}$$

영업경비비율이란 유효총소득에 대한 영업경비비율이다.

사. 비율분석법의 한계

비율분석법의 한계는 추계 잘못으로 인한 비율 자체의 왜곡가능성이 있으며, 비율 자체만으로는 평가 곤란하다. 또한 사용지표에 따라 서로 다른 투자판단이 날 가능성이 있다.

4. 회계적 이익률법과 (단순)회수기간법

가. 회계적 이익률법

$$회계적 이익률법 = \frac{연평균 \ 순수익}{연평균 \ 투자액}$$

㉠ 회계적 이익률 > 목표 이익률 : 투자를 채택한다.
㉡ 회계적 이익률 < 목표 이익률 : 투자를 기각한다.
㉢ 회계적 이익률법은 간단하고 이해하기 쉽다는 장점과 화폐의 시간가치를 무시한다는 단점이 있다.
㉣ 회계적이익률법은 현금흐름을 고려하지 않는 방법이다.

나. (단순)회수기간법

$$(총 \ 투자액) \div (순수익)$$

㉠ 회수기간법이란 기간 초에 투입된 현금유출을 단순히 회수하는 데 걸리는 기간을 의미하고, 계산방법은 현금유출액을 현금유입총액으로 나누어 구한다.
㉡ 회수기간법은 회수기간 이후의 현금흐름을 고려하지 않는다는 단점있다.
㉢ 회수기간법은 화폐의 시간가치를 무시한다.
㉣ 목표 회수기간 > 회수기간 : 투자를 채택한다.
㉤ 목표 회수기간 < 회수기간 : 투자를 기각한다.

5. 화폐의 시간가치를 고려하는지 여부

화폐의 시간가치	고려 (O)	㉠ 할인현금수지분석법 (NPV, PI, IRR)	
	고려 (x)	㉡ 어림셈법	㉢ 비율분석법
		㉣ 회계적 수익률법	㉤ 단순회수기간법

PART 6

부동산금융론

2026년 위패스 공인중개사
1차 부동산학개론

Chapter1. 부동산금융
Chapter2. 부동산증권
Chapter3. 부동산자금조달 형태
Chapter4. 부동산투자회사

chapter 01

부동산금융

Ⅰ. 부동산금융의 개관

1. 개념
부동산금융은 부동산의 개발·취득 등과 관련하여 필요한 자금을 조달하고, 이를 무주택 서민과 주택건설업자에게 대출하여 주택공급을 확대하고 구입을 용이하게 하는 금융활동이다.

2. 기능

가. 주택거래의 활성화기능
부동산금융은 부동산거래의 활성화를 통해 부동산 개발 및 건설 활동을 촉진시키는 기능이 있다. 또한 주택시장이 침체하여 주택거래가 부진하면 수요자 금융을 확대하여 주택수요를 증가시킴으로써 주택경기를 활성화시킬 수 있다.

나. 주택자금조성
부동산금융은 청약조건에 따른 입주자저축 등 수요자들의 주택마련저축을 유도하게 되고 금융기관은 이에 따른 필요한 주택자금을 조성하게 한다.

다. 자가주택의 공급확대

라. 주거안정의 기능
주택금융은 주택시장기구를 조절하는데 기여하고 주택시장의 작동을 원활하게 해주며 주택자금대출을 통한 유효수요 증대는 국민의 주거안정에 기여하게 된다.

3. 분류

가. 주택소비금융과 주택개발금융

(1) 소비금융

주택거래의 활성화를 목적으로 주택을 구입하거나 개량하려는 사람에게 수반되는 자금을 주택을 담보로 하여 지원해주는 금융을 말한다. 실수요자인 소비자에 대한 금융이다. 또한 자금 일시지급, 분할상환, 장기·저리대부의 성격을 갖는다.

(2) 개발금융

주택건설을 촉진할 목적으로 주택건설업자의 건축활동에 수반되는 자금을 지원해주기 위한 금융이다. 공급자인 생산자에 대한 금융으로서 사업위험 고려 분할지급, 사업완료 후 일시상환, 단기·고리대부의 성격을 갖는다.

나. 지분금융

(1) 개요

지분금융은 주식회사가 주식을 발행하거나, 주식회사가 아닌 법인이 지분매각을 통하여 자기자본을 조달하는 지분금융의 예시로서 부동산 신디케이트, 조인트벤처, 부동산투자신탁(부동산투자회사), 자본시장 통합법에 의한 집합투자기구(부동산 펀드), 공모에의한 증자 등이 있다.

(2) 부동산 신디케이트

부동산 신디케이트란 부동산 개발사업을 공동으로 수행하기 위하여 일반투자자들의 자금과 부동산 개발업자의 전문성을 결합한 투자자 집단이 부동산을 취득, 개발 등을 위해서 법인의 형태를 지니는데, 이를 부동산 신디케이트(syndicate)라고 하며, 다수의 소액투자자로 구성된다.

(3) 조인트벤처

조인트벤처란 특정 목적의 부동산 벤처사업을 공동으로 수행하기 위하여 자연인이나 법인의 결합체로 구성된 공동벤처회사를 말한다. 신디케이션은 수많은 소액 투자자로 구성되지만, 조인트벤처는 소수의 개인이나 기관투자자로 구성된다는 차이점이 있다.

다. 부채금융

부채금융이란 저당을 설정하거나 사채를 발행하여 상환의무가 있는 타인자본을 조달하는 것을 부채금융이라고 한다. 부채금융방식에는 저당금융과 신탁금융, 회사채, 주택상환사태, 자산유동화증권(ABS), 주택저당담보부채권(MBS), 신탁증서금융, 자산담보부기업어음(ABCP) 그리고 부채금융을 주로 사용하는 프로젝트금융(PF) 등이 있다.

라. 메자닌금융

메자닌금융이란 주식을 통한자금조달이나 대출이 어려울 때 은행 및 대출기관이 배당우선주, 신주인수권부사채인수권, 전환사채, 후순위대출, 우선주 관련 권리를 받는 대신, 무담보로 자금을 제공하는 금융기법이다. 은행 등 대출기관이 출자전환권을 행사해 대주주가 되더라도 기업경영에는 참여하지 않는다는 조건이 붙는다. 지분 + 부채금융의 중간성격을 지닌다.

II. 부동산 저당대출제도

1. 개념

저당이란 부동산을 담보로 제공하고 필요한 자금을 융통하는 것을 말한다.

2. 저당위험

저당위험에는 채무불이행위험, 조기상환위험, 이자율위험, 유동성 위험이 있다.

3. 용어정리

가. 융자원금, 융자잔고, 융자기간

(1) 융자원금

융자원금이란 처음 융자받은 총액을 말한다.

(2) 융자잔고
융자잔고란 일부를 상환 시에 미상환된 융자원금을 말한다.

(3) 융자기간
융자기간이란 차입자가 융자원금을 상환할 수 있도록 주어진 기간을 말한다.

나. 원리금상환액
원리금상환액이란 융자기간 중에 차입자가 대출자에 약정기간마다 납입하는 원금과이자액의 합계액을 말한다.

다. 대출시 한도설정 비율

(1) 대부비율(LTV)

대출총액 = 부동산가치 × 담보인정비율(LTV)	
내용	㉠ 대부비율이란 담보된 부동산의 시장가치(자기자본 + 타인자본)에 대한 대출금의 비율을 나타낸다. 따라서 담보인정비율은 주택의 담보가치를 중심으로 대출규모를 결정하는 기준이다. ㉡ 대부비율이 높을수록 원리금 상환부담이 크고 채무불이행의 가능성은 그 만큼 커져서 대출자의 위험이 커지므로 대출이자율도 상승한다.

(2) 총부채상환비율(DTI)

$$DTI = \frac{\text{주담대 연간 원리금 상환액} + \text{기타부채 연간 이자 상환액}}{\text{연소득}}$$

내용	총부채상환비율이란 연(월)소득에 대한 주택담보대출 원리금상환액과 기타 부채의 비율을 의미한다.

(3) 총부채원리금상환비율(DSR)

$$DSR = \frac{\text{모든 대출 원리금상환액}}{\text{연소득}}$$

내용	총부채원리금상환비율이란 연(월)소득에 대한 주택담보대출 포함 신용대출 등 차입자의 모든 대출 원리금상환액의 합계의 비율을 의미한다.

(4) 부채감당률(DCR)

$$부채감당률 = \frac{순영업소득}{부채서비스액(= 저당대부액 \times 저당상수)}$$

내용	㉠ 부채감당률은 영업소득을 창출하는 상업용 부동산 등의 대출가능금액을 산정할 때 사용되는 지표로, 부동산의 운영으로부터 예상되는 순영업소득을 원리금 상환액으로 나눈 비율을 의미한다. ㉡ 부채감당률이 1.0 이상인 투자안을 선택하면, 해당 부동산이 대출금 상환에 충분한 수익을 창출할 수 있기 때문에 금융기관은 부동산 대출에 따른 위험을 줄일 수 있다.

4. 이자율

가. 의의

이자율이란 현재시점의 소비를 포기하고 이를 미래시점의 소비로 연기하는 데에 대한 화폐의 시간선호가치를 나타낸다.

나. 실질이자율과 명목이자율

(1) 실질이자율

실질이자율은 모든 투자에 있어서 투자유인을 위한 최소한의 기본적 요구이자율로서,
(실질이자율) = (명목이자율) - (인플레이션율)이다.

(2) 명목이자율

명목이자율은 투자자가 인플레이션에 따른 구매력 손실과 위험할증률을 보상받기 위해 실질이자율에 기대 인플레이션율을 더한 수준으로 형성되기를 요구한다.
(명목이자율) = (실질이자율) + (기대 인플레이션율)이다.

5. 고정금리와 변동금리

가. 고정금리

(1) 개념

고정금리는 전체 대출기간 동안 대출계약 당시 약정한 일정한 이자율이 적용되는 형태이다. 즉, 차입자가 대출기간 동안 지불해야 하는 이자율이 동일한 형태로 시장금리의 변동에 관계없이 대출시 확정된 이자율이 만기까지 계속 적용되는 것이다.

(2) 인플레이션과 고정금리의 관계

고정금리는 인플레이션이 발생할 경우 대출자의 이자율을 조정할 수 없게 된다. 따라서 인플레이션 위험을 대출자가 부담하게 되고, 인플레이션 위험을 미리 금리에 반영할 수밖에 없게 된다. 결론적으로 대출시점의 고정금리 주택 저당 대출이 변동금리 주택 저당 대출의 금리보다 높다.

(3) 실제 인플레이션이 기대인플레이션보다 높은 경우

> ⊙ 대출 시 예상 인플레이션보다 대출이후 실제 인플레이션이 높아지게 된다면 시장금리는 상승하게 된다. 왜냐하면 실질이자율에 예상 인플레이션보다 높은 실제 인플레이션을 더 하였기 때문이다.
> ⓒ 대출금리는 고정된 상태이기 때문에 대출금리보다 시장금리가 높다. 따라서 차입자는 유리하지만 대출자는 불리한 상태이다.

(4) 실제 인플레이션이 기대인플레이션보다 낮은 경우

> ⊙ 대출 시 예상 인플레이션보다 대출이후 실제 인플레이션이 낮아지게 된다면 시장금리는 하락하게 된다. 왜냐하면 실질이자율에 예상 인플레이션보다 낮은 실제 인플레이션을 더 하였기 때문이다.
> ⓒ 대출금리는 고정된 상태이기 때문에 대출금리보다 시장금리가 낮은상태이다. 따라서 차입자는 불리하지만 대출자는 유리하게 된다.
> ⓒ 차입자는 시장금리가 낮아졌기 때문에 조기상환을 통해 위험을 해결할 수 있다.
> ⓔ 대출자는 시장금리가 낮아졌기 때문에 조기상환위험 방지·차입자 전가를 위해서 조기상환수수료를 부과한다.

나. 변동금리

(1) 의의

변동금리대출은 사전에 약정한 방법으로 일정한 기간마다 대출금리를 조정하는 방식이다.

(2) 산정방법

> ⊙ 대출금리 = 기준금리 + 가산금리
> ⓒ 기준금리는 조달금리(COFIX), CD(양도성예금증서)금리 적용한다.
> ⓒ 가산금리는 차입자의 신용도에 따라 차등적용하며, 은행 자체 결정한 금리 적용한다.

(3) 조정주기

변동금리는 시장상황의 변동에 따라 이자율을 주기적으로 조정하는 형태이며, 우리나라의 경우 금융기관마다 또는 약정에 따라 다르나 일반적으로 3개월, 6개월, 12개월 주기로 기준금리를 기준으로 이자율을 변동시키고 있다.

(4) 대출자의 금리변동 위험 회피 및 변동금리 선호

대출자는 금리변동위험 회피를 위해 고정금리보다 변동금리 선호하게 된다. 또한 변동금리는 이자율 변동으로 인한 위험을 대출자가 차입자에게 전가하는 방식으로 금융기관의 이자율 변동위험을 줄일 수 있다.

6. 대출상환방식
가. 원금균등분할상환방법

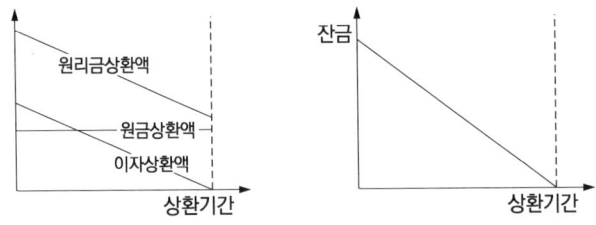

(1) 기본개념

원금균등상환방식은 매기간에 상환하는 원리금상환액과 대출잔액이 점차적으로 감소한다.

(2) 원금상환액 및 이자지급액 변화

원금균등상환방식은 원금상환액이 일정하지만 원금상환에 따른 융자잔고는 점차 작아지므로 이에 따른 이자지급액도 점점 줄어들게 된다.

(3) 특징과 변화

원금균등상환방식은 원금과 이자상환액 합계인 원리금상환액은 초기에 많고, 시간이 경과할수록 후기에 적어지는 특징을 지니게 된다.

(4) 다른 상환방식과 비교

원금균등분할상환방식의 초기 원리금이 이후에 살펴보는 원리금균등분할상환방식과 체증식 분할상환방식의 원리금보다 많다. 하지만 후기로 갈수록 원리금이 적어지며, 첫회 월 원리금 납부 후 만기 이전에 중도상환할 경우 원리금균등분할상환과 체증식분할상환에 비해 미상환 대출잔액이 가장 적게 남는 방식이다.

(5) 원금회수 위험 측면에서의 안정성

원금균등분할상환방식은 대출자측에서 볼 때 원리금균등분할상환방식 보다 원금회수위험이 상대적으로 적어 원금회수측면에서 보다 안전하다.

나. 원리금균등분할상환방법

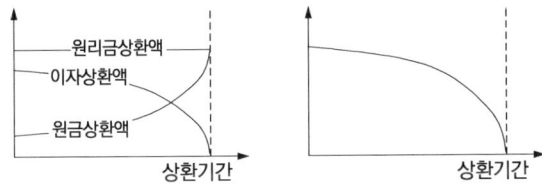

(1) 개념

원리금균등분할상환대출은 전체대출기간 동안 상환되는 원금과 이자의 합계액이 일정한 저당대출이다.

(2) 원리금에서 원금과 이자의 비중 변화

원리금균등분할상환대출은 원리금 상환액이 매기 동일하지만, 초기에는 이자 비중이 높고 원금 비중이 낮으며, 시간이 지나면서 이자는 줄고 원금이 점차 늘어나는 구조다. 따라서 상환 초반에는 이자 부담이 크고, 후기로 갈수록 원금 상환 비중이 커진다.

(3) 원리금균등상환과 원금균등상환 비교

원리금균등상환방식은 앞서 살펴본 원금균등분할상환방식에 비해 대출직후에 원리금의 상환액은 적다. 상대적으로 원리금균등분할상환 방식은 원금균등분할상환 방식에 비해 대출 초기에 소득이 낮은 차입자에게 유리하다.

다. 체증(점증)식분할상환방법

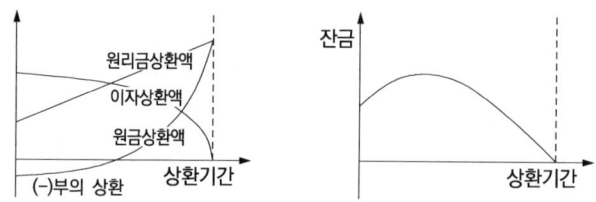

(1) 개념

체증식분할상환방식이란 일정기간 동안 상환액을 특정비율로 증액하여 원리금상환액을 초기에는 적게 부담하고, 시간의 경과에 따라 부담을 늘려가는 방식을 말한다.

(2) 대상

체증식분할상환방식은 장래에 소득이나 매출액이 늘어날 것으로 예상되는 개인과 기업에 대한 대출방식이다.

(3) 초기 상환 부담 및 대출자 입장

체증식분할상환방식은 초기에 차입자의 원금상환부담이 원금균등분할상환방식 및 원리금균등분할상환방식보다 작다. 따라서 대출자 입장에서 원금균등분할상환방식 및 원리금균등분할상환방식에 비해 자금회수가 늦게 이루어진다.

(4) 부(-)의 상환

체증식분할상환방식은 초기에 원리금상환액이 이자 계산액에도 미치지 못하여 오히려 저당잔금이 증가하는 부(-)의 상환이 발생할 수 있다.

(5) 중도상환 및 총 상환액

체증식분할상환방식은 첫회 월불입액 납부 후 만기 이전에 중도상환을 할 경우 원금균등분할상환과 원리금균등분할상환에 비해 미상환 대출잔액이 가장 많이 남는 대출상환방식이다. 다른 상환방식에 비해 원금을 가장 늦게 상환하는 방식이므로 상환이 다 끝난 후에 누적원리금 상환액이 가장 많다.

라. 총정리

구분	원금균등	원리금균등	체증식
매기 원리금상환액	감소	동일	증가
총 이자수입	원금균등 < 원리금균등 < 체증식		
가중평균회수기간 (듀레이션)	원금균등 < 원리금균등 < 체증식		
초기 저당지불액 (원리금상환액, DTI, DSR)크기	원금균등 > 원리금균등 > 체증식		
후기 저당지불액 (원리금상환액, DTI, DSR)크기	원금균등 < 원리금균등 < 체증식		
누적원리금상환액 크기	원금균등 < 원리금균등 < 체증식		

7. 기타 저당대부방법

가. 만기일시상환

만기 일시불상환 저당대출이란 대출기간 중에는 이자만 지불하고 융자원금은 만기에 일시에 상환하는 저당대출이다.

나. 거치식상환

거치식상환이란 거치기간 동안에는 이자만 기불하고 거치가간이 끝나면 원금과 이자를 상환하기로 하는 저당대출이다.

부동산증권

I. 자산의 유동화

1. 자산유동화제도

가. 유동화와 증권화의 개념

(1) 정의

유동화란 유동성이 없는 자산 등을 유동성 있게 변화시키는 것을 말하고, 증권화란 유동성이 없는 자산을 유동화하면서 그 유동성을 부여하는 수단으로서 증권이 이용되는 것을 말한다. 따라서 증권화는 유동화의 한 부분이라고 볼 수 있겠다.

(2) 부동산증권화

부동산증권화란 부동산이라는 자산을 유동화중개기관에 매각하고 중개기관이 이를 담보로 증권을 발행하여 투자자에게 매각하는 경우를 말한다.

(3) 자산유동화증권

자산유동화증권(ABS)은 채권, 부동산, 자동차론, 신용카드채권, 저당대부, 기계설비리스, 기타 재산권 등 현금수지가 보장되는 자산을 담보로 하여 발행되는 부채증권의 일종이다.

나. 근거

자산유동화에 관한 법률(1998)이 제정된 후로 이 법을 바탕으로 금융기관이 보유한 자산을 담보로 증권(자산유동화증권)을 발행할 수 있게 되었고, 이를 투자자에게 매각하여 자금을 조달하는 방식이다. 금융기관은 보유한 자산을 특수목적회사(SPC)에 양도하고 특수목적회사는 이를 담보로 자산유동화증권을 발행하여 자금조달을 하게 된다.

다. 유동화자산과 유동화증권

(1) 자산

유동화자산이란 자산유동화의 대상이 되는 채권, 부동산, 지식재산권 및 그 밖의 재산권을 말한다.

(2) 증권

유동화증권이란 유동화자산을 기초로 하여 자산유동화계획에 따라 발행되는 주권, 출자증권, 사채(社債), 수익증권, 그 밖의 증권이나 증서를 말한다.

라. 자산유동화계획의 등록

자산유동화증권(ABS)은 유동화전문회사, 신탁업자 및 자산유동화업무를 전업으로 하는 외국법인이 자산유동화에 관하여 자산유동화법의 적용을 받으려는 경우 자산유동화에 관한 계획을 금융위원회에 등록하여야 한다.

마. 양도의 방식

(1) 매매 및 교환

유동화자산의 양도는 자산유동화계획에 따라 매매 또는 교환으로 할 수 있다.

(2) 수익권 및 처분권의 귀속

유동화자산의 양도는 자산유동화계획에 따라 유동화자산에 대한 수익권 및 처분권은 양수인이 가지고, 이 경우 양수인이 해당 자산을 처분할 때에 양도인이 이를 우선적으로 매수할 수 있는 권리를 가지는 경우에도 수익권 및 처분권은 양수인이 가진 것으로 본다.

(3) 반환청구권의 부재

유동화자산의 양도는 자산유동화계획에 따라 양도인은 유동화자산에 대한 반환청구권을 가지지 아니하고, 양수인은 유동화자산에 대한 대가의 반환청구권을 가지지 않는다. 즉, 양도인이 유동화자산의 양도 이후에도 유동화자산의 반환을 청구할 수 있다거나 반대로 양수인이 유동화자산의 양수대금에 대한 반환을 청구할 권리가 없다.

(4) 위험 인수 및 예외

유동화자산의 양도는 해당 유동화자산에 대하여 양도인이 일정 기간 그 위험을 부담하거나 하자담보책임을 지는 경우는 제외하고, 자산유동화계획에 따라 양수인이 양도된 자산에 관한 위험을 인수해야한다.

바. 회사의 형태

유동화전문회사는 상법 상 주식회사 또는 유한회사로 한다.

사. 겸업 등의 제한

유동화전문회사는 본점 외의 영업소를 설치할 수 없으며, 직원을 고용할 수 없다.

2. 저당(채권)의 유동화 개관

가. 저당의 유동화

주택자금대출기관의 주택저당대출에 따른 대출자금의 장기 · 고정화를 해소하기 위해 저당대출채권이라는 자산을 유동화중개기관에 매각하고 중개기관이 다수의 저당채권을 모아 저당대출 집합을 만들어 이를 기반으로 증권을 발행하여 여러 투자자에게 매각하여 자금화하는 것을 말한다. 특히 저당담보증권(MBS)을 발행하여 매각하는 경우를 저당(채권)의 증권화라고 한다.

나. 유동화중개기관

유동화중개기관이란 발행기관이 설립한 서류상 회사인 특수목적회사(SPC), 실체가 있는 한국주택금융공사등을 지칭한다.

3. 저당대출시장과 유동화 구조

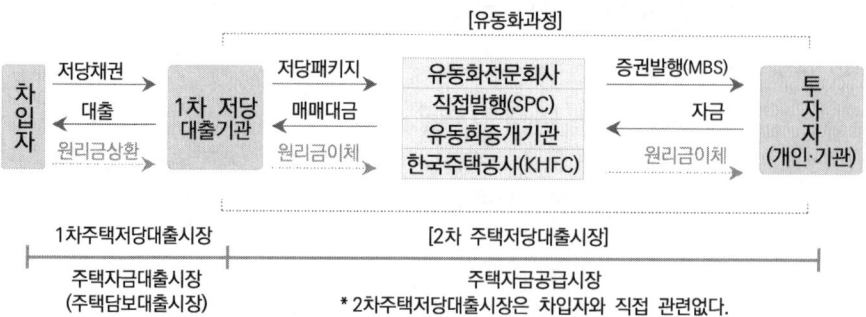

가. 구성 및 구조

(1) 구성

저당대출시장은 차입자와 은행 등의 1차 대출기관으로 구성된 제1차 저당대출시장과 저당채권을 유동화하는 2차 대출기관과 투자자로 이루어진 제2차 저당대출시장으로 구성되어 있다.

(2) 구조

주택금융시장은 제1차 주택저당대출시장으로서 금융기관이 수취한 예금 등으로 주택담보대출을 제공하는 주택자금대출시장, 제2차 주택저당대출시장으로서 투자자로부터 자금을 조달하여 주택자금 대출기관에 공급해 주는 주택자금공급시장 그리고 신용보강이 일어나는 신용보증시장 및 기타의 간접투자시장으로 구분할 수 있다.

나. 1차 주택저당대출시장(주택자금 대출시장)

(1) 개념 및 기능

1차 주택저당대출시장은 저당대출을 원하는 수요자와 저당대출을 제공하는 금융기관으로 형성되는 시장을 말하며, 제1차 주택저당대출시장에서는 차입자는 필요한 자금을 대출받을 수 있다.

(2) 역할과 저당대출채권 처리

1차 대출기관은 저당대출채권을 자산형태로 자신의 포트폴리오 일부로 보유하거나 자금의 여유가 없을 경우에는 2차 저당대출시장에 매각하기도 한다.

다. 2차 주택저당대출시장(주택자금 공급시장)

(1) 역할

2차 주택저당대출시장은 특별목적회사(SPC)를 통해 투자자로부터 자금을 조달하여 주택자금 대출기관에게 공급해주는 시장을 말한다.

(2) 중요성

기존의 1차 대출기관들은 2차 주택저당대출시장을 통해서 충분한 자금이 공급되지 않으면 제1차 주택저당대출시장에서의 지속적인 저당대출을 할 수가 없게 된다.

4. 저당채권 유동화의 효과

가. 소비자
저당채권 유동화의 효과로서 소비자는 주택 매수를 위한 자금차입 기회 확대, 자가소유비중 증가, 대출이자율 하락과 다양한 상품설계에 따라 주택 구입 시 대출받을 수 있는 금액이 증가될 수 있다.

나. 대출기관
저당채권 유동화의 효과로서 주택금융이 확대됨에 따라 대출기관의 자금이 풍부해져 궁극적으로 주택자금대출이 확대될 수 있다. 더불어 저당채권 매각으로 대출채권의 회전율이 높아져 유동성이 증가하고, 이로 인해 유동성 위험이 감소하게 된다.

다. 기관투자자
저당채권 유동화의 효과는 기관투자자들에게 저당채권의 매각으로 인해 대출금의 회전율이 높아져 대출여력이 확대되고, 포트폴리오 구성 자산이 다양해지며 안정적인 수입을 기대할 수 있게 된다.

라. 정부
저당채권 유동화의 효과는 정부가 주택대출자금에 대한 재원확보, 주택보급률 확대, 주택금융의 활성화로 주택건설이 촉진되어 주거안정에 기여할 수 있다.

5. 저당담보증권(MBS)의 종류

가. 지분형MBS – MPTS

(1) 정의

지분형 MBS인 MPTS는 차입자가 채무를 이행하지 않을 경우 담보주택을 처분하여 원리금을 회수할 수 있는 권리인 주택저당채권집합물에 대한 저당대출소유권과 주택저당채권집합물에서 발생하는 원리금수취권을 모두 투자자에게 매각·이전하는 방식으로 발행되는 MBS를 말한다.

(2) 증권수익의 의존성

지분형 MBS인 MPTS는 증권의 수익을 기초자산인 주택저당채권집합물의 현금흐름(저당지불액)에 의존한다.

(3) 투자자에게 위험이전

지분형 MBS인 MPTS는 주택저당채권집합물을 담보로 발행하되 모든 위험이 투자자에게 이전된다.

(4) 이체증권의 특징

지분형 MBS인 MPTS는 발행기관의 모든 권리가 이전되어 초과 담보 제공이 필요 없으므로 수금 및 송금수수료 등을 제외하고서는 바로 투자자에게 지불되기 때문에 이체증권이라고 하기도 한다. 발행기관이 차입자로부터 수령하는 현금흐름과 투자자에게 매각하는 현금흐름이 거의 같아서 주택 저당 총액과 MPTS 발행액이 거의 동일하다.

(5) 콜위험 및 투자자의 위험 부담

지분형 MBS인 MPTS는 저당차입자의 만기 전 변제에 따른 위험(조기상환에 따른 위험)을 콜위험이라고 하는데, 투자자는 원리금수취권을 이전받았으므로 이에 대한 대항능력이 없어서 콜방어를 할 수가 없다.

나. 채권형MBS - MBB

(1) 개념

채권형MBS인 MBB는 주택저당채권집합물에 대한 저당대출소유권과 주택저당채권집합물에서 발생하는 현금흐름에 대한 원리금수취권을 발행기관이 가지면서, 저당대출을 근거로 하여 자기 자신의 부채로 발행하는 MBS를 말한다

(2) 위험 부담

채권형MBS인 MBB는 이자율위험, 조기상환위험, 채무불이행위험의 경우 발행자가 부담하게 된다.

(3) 채무불이행 발생 시 지급 의무

채권형MBS인 MBB는 주택저당대출차입자의 채무불이행이 발생하더라도 MBB에 대한 원리금을 발행자가 투자자에게 지급하여야 한다.

(4) 초과담보 제공의 필요성

채권형MBS인 MBB발행자는 신용보강을 위한 초과담보를 제공하는 것이 일반적이다. 왜냐하면 발행기관은 차입자로부터 수령하는 현금흐름에 대한 원리금수취권을 그대로 투자자에게 이전하지 않고 발행기관 자신의 신용으로 채권을 발행하여 새로운 현금 흐름의 지급을 약속하는 셈이므로 위험이 발행기관에 집중되어 MBB액면가 이상의 담보가 필요하기 때문이다.

(5) MBB 발행액과 투자자 위험

채권형MBS인 MBB는 주택저당총액보다 MBB발행액이 더 작으며, 투자자는 저당차입자의 만기 전변제에 따른 위험(조기상환에 따른 위험)에 직면하지 않아도 되므로 콜방어가 실현된다.

다. 혼합형MBS의 개관

혼합형MBS는 지분형(MPTS)과 채권형(MBB)의 특성이 결합된 형태라고 볼 수 있다. 즉, 주택저당채권집합물에 대한 저당대출소유권은 MBB처럼 발행기관이 가지면서, 현금흐름에 대한 원리금수취권은 MPTS처럼 투자자에게 이전되는 형태이다. 따라서 원리금수취권은 이전되지만 기본적으로 채권의 성격을 가지고 있다는 점에서 이를 지분·채권혼합형 MBS라고도 하고, 크게 MPTB와 CMO로 나눌 수 있다.

라. 혼합형MBS - MBTB

(1) 콜방어

혼합형MBS인 MPTB는 원리금수취권이 투자자에게 이전되므로 MPTS와 마찬가지로 투자자는 콜위험에 직면하게 되고 콜방어도 할 수 없다.

(2) 성격
혼합형MBS인 MPTB는 MPTS와 MBB의 혼합형이다.

(3) 저당대출소유권과 원리금수취권의 귀속
혼합형MBS인 MPTB는 주택저당채권집합물에 대한 저당대출소유권은 발행자가 보유하고, 원리금수취권은 투자자에게 이전한다.

(4) 투자자의 위험 부담
혼합형MBS인 MPTB는 조기상환위험, 이자율 위험은 MPTB투자자가 부담한다.

마. 혼합형MBS - CMO(다계층저당증권)

(1) 발행 및 구조
혼합형MBS인 CMO발행자는 주택저당채권집합물에 대한 소유권을 가지면서 일정한 가공을 통해 위험-수익 구조가 다양한 트랜치의 증권을 발행한다.

(2) 이자율 및 만기 구성
혼합형MBS인 CMO는 트랜치별로 적용되는 이자율과 만기가 서로 다른 것이 일반적이다. 고정이자율이 적용되는 트랜치도 있고, 유동이자율이 적용되는 트랜치도 있다.

(3) 구성
혼합형MBS인 CMO는 상환우선순위와 만기가 다른 다수의 층(tranche)으로 구성된 증권이다.

(4) 콜방어 기능
혼합형MBS인 CMO는 장기투자자들이 원하는 콜방어를 시킬 수 있다.

(5) 조기상환위험 및 콜위험
혼합형MBS인 CMO는 전체 조기상환위험(콜위험)은 MPTS와 같고 계층선택에 따라 조기상환위험이 달라서 선택에 따라 부분적으로 콜방어가 가능하다는 점이 MPTB와는 다르다.

(6) 트랜치 구분과 이자율, 지급순서
혼합형MBS인 CMO는 원금지급순서에 따라 4~5개 정도의 그룹(트랜치 : tranche)으로 구분되며 서로 다른 이자율(고정 또는 변동이자율)을 적용되고, 원금지급순서도 달라진다.

(7) 소유권 및 채권 발행
CMO의 발행자는 주택저당채권의 풀(pool)에 대한 소유권을 가지면서 동풀(pool)에 대해 채권을 발행하는 것이다.

바. 정리

(1) 콜위험
저당차입자의 만기 전 변제(조기상환)에 따라 증권발행자도 조기상환을 하는 경우 이에 따른 증권 투자자가 직면하는 위험을 말한다

(2) CMBS(Commercial Mortgage Backed Security)

금융기관이 보유한 상업용 부동산모기지를 기초자산으로 하여 발행하는 증권이다.

[저당담보증권(MBS)의 종류]

구분	발행기간 이전여부 투자자		종류	투자자 콜위험	투자자 콜방어 여부
	저당권 (저당대출소유권)	원리금 수취권 (현금흐름에 대한 지분권)			
지분형	O	O	MPTS	O	×
채권형	×	×	MBB	×	O
혼합형	×	O	MPTB	O	×
	×	O	CMO	O	O

증권(채권)발행액의 크기 : MPTS > MPTB > MBB

구분	MPTS	MBB	MPTB	CMO
증권성격	지분형	채권형	혼합형	혼합형
저당대출소유권 보유	투자자	발행기관	발행기관	발행기관
채무불이행위험 부담	투자자	발행기관	발행기관	발행기관
원리금수취권	투자자	발행기관	투자자	투자자
조기상환위험(콜위험)	투자자	발행기관	투자자	투자자
투자자 콜방어	불가능	가능	불가능	가능
저당채권 대비 증권발행액	저당채권 = 증권발행액	저당채권 > 증권발행액	저당채권 > 증권발행액	저당채권 > 증권발행액
트랜치 수	1	1	1	다수

II. 한국주택금융공사

1. 소개

한국주택금융공사는 한국주택금융공사법에 의해 2004년 3월 1일 설립되었으며, 주택저당채권 등의 유동화와 주택금융 신용보증 업무를 수행함으로써 주택금융 등의 안정적 공급을 촉진하여 국민의 복지증진과 국민경제의 발전에 이바지함을 목적으로 한다.

2. 업무

가. 보금자리론과 적격대출 공급

무주택자가 금리변동 위험없이 안정적인 대출금 상환이 가능한 10년 이상 장기고정금리 원리금 분할상환 방식의 모기지론인 보금자리론과 적격대출 공급한다.

나. 주택보증 공급

국민들의 주거안정을 위해 금융기관으로부터의 전세자금대출 및 아파트중도금 대출 등에 대한 보증서를 발급해 오고 있으며, 주택건설사업자를 대상으로 하는 아파트 건설자금 대출에 대한 주택보증 지원한다.

다. 주택연금 공급

만 55세 이상의 고령층을 대상으로 보유하고 있는 주택을 담보로 금융기관으로부터의 종신연금 수령을 보장하는 주택연금 업무를 수행함으로써 노후복지향상에 기여한다.

라. 유동화증권(MBS,MBB)발행

금융기관으로부터 주택저당채권을 양도받아 이를 기초로 유동화증권(MBS, MBB)발행, 투자자들에게 판매함으로써 채권시장으로부터 장기저리의 자금을 안정적으로 조달하여 대출재원을 획기적으로 확충한다.

3. 주택연금

가. 개관

주택 소유자가 집을 담보로 제공하고, 내 집에 계속 살면서 평생 동안 매월 연금을 받으실 수 있도록 국가가 보증하는 제도이다.

나. 내용

(1) 역모기지론 특징

주택연금은 금융기관으로부터 연금을 수령한다는 점에서 역(逆)모기지론에 해당된다.

(2) 거주 및 연금 지급 보장

주택연금은 생존기간 동안 가입자, 배우자 모두의 거주 보장, 부부 중 한 명이 사망하더라도 연금 감액없이 동일금액을 계속 지급한다.

(3) 연금 지급 및 보증 구조

주택연금은 주택소유자(연금가입자)의 신청이 있으면 한국주택금융공사가 보증서를 발급하고, 은행을 주택금융공사의 보증서에 의해 연금가입자에게 주택연금을 지급한다.

(4) 담보주택 가격하락 위험 부담

주택연금은 한국주택금융공사가 주택연금 담보주택의 가격하락에 대한 위험을 부담할 수 있다.

(5) 노후생활자금 지급 및 권리 제한

주택연금은 주택소유자(또는 배우자)가 생존하는 동안 노후생활자금을 매월 지급받는 방식으로 연금을 받을 수 있다. 또한 주택연금을 받을 권리는 양도·압류할 수 없다.

다. 자격요건

(1) 가입연령등

주택연금의 자격요건으로서 부부 중 1명이 55세 이상, 부부 중 1명이 대한민국 국민이어야 한다.

(2) 주택보유수

주택연금의 자격요건으로서 부부기준 공시가격 등이 12억원 이하 주택소유자이어야 한다(다주택자라도 합산 가격이 12억이하면 가입 가능, 공시가격 등이 12억원 초과 2주택자는 3년이내 1주택 처분 시 가입이 가능하다).

(3) 거주요건

주택연금의 자격요건으로서 주택연금 가입주택에는 가입자 또는 배우자가 실제로 거주지(주민등록전입)로 이용하고 있어야 한다.

(4) 채무관계자 자격

주택연금의 자격요건으로서 채무관계자(가입자 및 배우자)는 의사능력 및 행위능력이 있어야 가입이 가능하다.

라. 대상주택

(1) 공시가격 12억원 이하 주택

주택연금의 대상주택으로는 공시가격 12억원 이하인 주택이어야 한다.

(2) 노인복지주택

주택연금의 대상주택으로는 「노인복지법」상 노인복지주택이어야 한다.

(3) 주거목적 오피스텔

주택연금의 대상주택으로는 「주택법」상 준주택 중 주거목적으로 사용되는 오피스텔이어야 한다.

(4) 주택용도로 사용하는 면적이 1/2 이상인 복합용도주택

주택연금의 대상주택으로는 주택용도로 사용하는 면적이 1/2 이상인 상가 등 복합용도주택이어야 한다.

마. 담보제공방식

(1) 내용

주택연금은 주택소유자가 소유권을 가지고 공사는 담보주택에 저당권을 설정하는 저당권방식과 주택소유자가 주택을 공사에 신탁(소유권 이전)하고 공사는 우선수익권을 담보로 취득하는 신탁방식이 있다.

(2) 정리

구분	저당권방식	신탁방식
담보제공방법 (소유권)	㉠ 근저당권 설정(가입자)	㉣ 신탁등기(공사)
배우자 승계	㉡ 저당권방식은 소유권 이전등기 절차가 필요하다.	㉤ 신탁방식은 소유권 이전 없이 자동승계가 된다.
임대차	㉢ 저당권방식은 보증금 있는 임대차에서 담보제공을 할 수 있다.	㉥ 신탁방식은 보증금 있는 임대차에서 담보제공을 할 수 있다.

바. 연금가입자 사망 시 주택 처분 및 일시상환

(1) 일시상환

주택연금을 받는 연금가입자가 사망할 경우 주택처분가격을 일시상환 하게 된다.

(2) 연금지급총액과 주택처분가격과의 관계

정산방법
㉠ 주택연금을 받는 연금가입자가 사망할 경우 주택처분가격이 연금지급총액보다 작으면 부족분에 대해서는 상속인에게 청구하지 않는다.
㉡ 주택연금을 받는 연금가입자가 사망할 경우 주택처분가격이 연금지급총액보다 클 때에는 남은부분을 상속인에게 배당된다.

부동산자금조달 형태

I. 프로젝트 파이낸싱의 개관

1. 개념

프로젝트 파이낸싱이란 대출금융기관이 대출받는 기업의 신용이 아닌 당해 사업의 수익성과 사업에서 유입될 현금을 담보로 필요한 자금을 대출해 주고 사업진행 중에 유입되는 현금으로 원리금을 상환받는 금융기법이다. 따라서 당해 사업은 특별히 독립된 프로젝트회사를 설립해 운용하고 사업이 끝나면 해산해 버린다.

2. 미래 현금흐름 기반 자금 조달

프로젝트 파이낸싱은 특정 프로젝트로부터 향후 일정한 현금흐름이 예상되는 경우, 사전 계약에 따라 미래에 발생할 현금흐름과 사업자체자산(사업성, 수익성을 기초)을 담보로 자금을 조달하는 금융기법이다.

II. 특징

1. 원리금 상환 부담의 한정

프로젝트 파이낸싱은 원리금상환에 대한 부담을 해당 프로젝트의 내재가치와 예상된 현금흐름의 범위내로 한정시킴으로서 개인적인 채무가 없는 비소구 또는 일정범위로 제한하는 제한적 소구금융의 특징을 갖고 있다.

2. 자금 관리 방식과 현금흐름 통제

프로젝트 파이낸싱의 자금은 금융기관이 위탁관리계좌인 에스크로우계정(escrow account)을 통해 부동산 개발사업의 현금흐름을 통제한다. 반면 일반대출의 자금은 차입자가 관리한다.

3. 프로젝트와 사업주 리스크분리

프로젝트 파이낸싱은 출자자인 개발사업주와 개발사업의 현금흐름을 분리시킬수 있어 개발사업주가 파산하더라도 해당 프로젝트사업에 직접적인 영향 미치지 않으며, 프로젝트사업의 실패가 개발사업주의 도산으로 이어지는 것이 아니다.

4. 금융기관의 위험 관리 방안

금융기관은 프로젝트 파이낸싱 방식으로 진행되는 부동산 개발사업에서 시행사의 개발이익보다 공사비 등이 우선적으로 지급되도록 관리하여 위험을 감소시킨다.

III. 장점

1. 위험분배
프로젝트 금융은 다양한 사업주체가 참여하고 이해당사자간에 위험배분이 가능하다.

2. 금융 조건 및 수익성
프로젝트 금융은 일반적으로 기업대출보다 금리 등이 높아 사업이 성공할 경우 해당 금융기관은 높은 수익을 올릴 수 있다.

3. 정보 비대칭성과 사업성 검토
프로젝트 금융의 경우 금융기관은 해당 개발사업에 대한 사업성 검토에만 집중하면 되기 때문에 정보의 비대칭성 문제가 줄어든다.

4. 부외금융
프로젝트 금융은 사업주와 별도의 법인인 프로젝트회사에 의해 수행되므로 사업시행자의 재무상태표에 부채 기재되지 않는 부외금융이다. 따라서 사업주의 모기업의 신용도가 아닌 해당 사업에 대한 신용으로서 자금조달이 가능하게 되므로 사업주는 부외금융효과를 누릴 수 있어 채무수용 능력이 제고된다.

5. 세제혜택
일정한 법정 요건 갖춘 프로젝트회사는 법인세 감면을 받을 수 있다.

IV. 단점

1. 높은 비용의 발생
프로젝트 금융은 일반적인 금융보다는 비교적 높은 비용이 소요된다. 왜냐하면 발생되지 않은 미래의 현금흐름에 기초한 대출이고, 금융대출자에게 지급되는 고금리 및 수수료 등 때문이다.

2. 복잡한 계약과 추진과정
프로젝트 금융은 계약과정과 추진과정에서의 복잡성으로 인해 많은 시간이 소요되거나 이해관계인 사이에 이견이 있을 경우 사업지연에 따른 추가비용이 발생할 수도 있다.

3. 높은 금리 및 수수료 요구
프로젝트 금융은 프로젝트의 위험을 고려하여 금융기관은 상대적으로 높은 금리 및 수수료를 요구하게된다. 왜냐하면 프로젝트 부실화 될 경우 또는 채무불이행의 위험이 증가할수록 해당 금융기관 부실위험이 상승하기 때문이다.

부동산투자회사

I. 부동산투자회사 및 부동산투자회사법의 개념

1. 개요

부동산투자회사란 자산을 부동산에 투자하여 운용하는 주된 목적으로 부동산투자법에 규정에 의하여 설립된 회사를 말한다. 이 회사의 종류는 자기관리부동산투자회사, 위탁관리부동산투자회사 및 기업구조조정부동산투자회사가 있다.

2. 목적

부동산투자법은 부동산투자회사의 설립과 부동산투자회사의 자산운용 방법 및 투자자 보호 등에 관한 사항을 정함으로써 일반 국민이 부동산에 투자할 수 있는 기회를 확대하고 부동산에 대한 건전한 투자를 활성화하여 국민경제의 발전에 이바지함을 목적으로 한다.

II. 총칙

1. 종류

가. 자기관리 부동산투자회사

자기관리 부동산투자회사란 실체회사로서, 자산운용 전문인력을 포함한 임직원을 상근으로 두고 자산의 투자·운용을 직접 수행하는 회사를 말한다.

나. 위탁관리 부동산투자회사

위탁관리 부동산투자회사란 명목회사로서, 자산의 투자·운용을 자산관리회사에 위탁하는 회사를 말한다.

다. 기업구조조정 부동산투자회사

기업구조조정 부동산투자회사란 명목회사로서, 「부동산투자회사법」에서 명시한 부동산을 투자대상으로 하며 자산의 투자·운용을 자산관리회사에 위탁하는 회사를 의미한다.

2. 부동산투자회사의 법인격

부동산투자회사는 주식회사로 하며, 부동산투자회사법에서 특별히 정한 경우를 제외하고는 상법의 적용을 받는다.

III. 설립

1. 설립

부동산투자회사는 발기설립의 방법으로 하여야 하며, 현물출자에 의한 설립은 할 수 없다.

2. 설립자본금

자기관리 부동산투자회사의 설립 자본금은 5억원 이상으로 하며, 위탁관리 부동산투자회사 및 기업구조조정부동산투자회사의 설립 자본금은 3억원 이상으로 한다.

3. 자기관리 부동산투자회사의 설립보고

자기관리 부동산투자회사는 그 설립등기일부터 10일 이내에 대통령령으로 정하는 바에 따라 설립보고서를 작성하여 국토교통부장관에게 제출하여야 한다. 자기관리 부동산투자회사는 설립등기일부터 6개월 이내에 인가를 신청하여야 한다.

4. 위탁관리 및 기업구조조정 부동산투자회사의 등록

위탁관리 부동산투자회사 및 기업구조조정 부동산투자회사가 업무를 하려면 국토교통부장관에게 등록하여야 한다. 등록을 하려는 자는 국토교통부장관에게 등록신청서를 제출하여야 한다.

5. 최저자본금

부동산투자회사의 자본금은 영업인가를 받거나 등록을 한 날부터 6개월이 지난 후, 자기관리 부동산투자회사의 경우에는 70억원 이상으로 위탁관리 부동산투자회사 및 기업구조조정부동산투자회사의 경우에는 50억원 이상이어야 한다.

6. 자기관리 부동산투자회사 주요 출자자의 적격성 심사

국토교통부장관은 자기관리 부동산투자회사가 최저자본금을 준비하였음을 확인한 경우 또는 주요 출자자의 적격성 심사가 이루어진 이후 주요 출자자가 변경된 경우에는 지체 없이 주요 출자자(발행주식 총수의 100분의 5를 초과하여 주식을 소유하는 자를 말한다.)의 적격성을 심사하여야 한다.

7. 위탁관리 부동산투자회사의 지점설치 금지

위탁관리 부동산투자회사는 본점 외의 지점을 설치할 수 없으며, 직원을 고용하거나 상근 임원을 둘 수 없다.

Ⅳ. 주식의 발행

1. 주식의 공모

가. 주식 청약 제공 제한

자기관리 및 위탁관리 부동산투자회사는 영업인가를 받거나 등록을 하기 전까지 발행하는 주식을 일반의 청약에 제공할 수 없다.

나. 주식 청약 제공 의무

자기관리 및 위탁관리 부동산투자회사는 영업인가를 받거나 등록을 한 날부터 3년 이내에 발행하는 주식 총수의 100분의 30 이상을 일반의 청약에 제공해야 한다.

2. 주식의 분산

자기관리 및 위탁관리 부동산투자회사는 주주 1인과 그 특별관계자는 주식의 공모를 완료한 이후 부동산투자회사가 발행한 주식 총수의 100분의 50(이하 "1인당 주식소유한도"라 한다.)을 초과하여 주식을 소유하지 못한다.

V. 업무

1. 자기관리 부동산투자회사의 자산운용 전문인력

자기관리 부동산투자회사는 그 자산을 투자·운용할 때에는 전문성을 높이고 주주를 보호하기 위하여 감정평가사 또는 공인중개사로서 해당 분야에 5년 이상 종사한 사람 또는 부동산 관련 분야의 석사학위 이상의 소지자로서 부동산의 투자·운용과 관련된 업무에 3년 이상 종사한 사람을 자산운용 전문인력을 상근으로 두어야 한다.

2. 부동산의 처분에 대한 제한

자기관리 및 위탁관리 부동산투자회사는 부동산을 취득한 후 5년 이내에는 부동산을 처분하여서는 아니 된다. 하지만 부동산개발사업으로 조성하거나 설치한 토지·건축물 등을 분양하는 경우 또는 그 밖에 투자자 보호를 위하여 사유가 있는 경우에는 모든 부동산투자회사는 처분을 할 수 있다.

3. 자산의 구성

자기관리 및 위탁관리 부동산투자회사는 최저자본금준비기간이 끝난 후에는 매 분기 말 현재 총자산의 100분의 70 이상은 부동산(건축 중인 건축물을 포함한다)이어야 하고, 자산의 100분의 80 이상을 부동산, 부동산 관련 증권 및 현금으로 구성하여야 한다.

4. 배당

가. 위탁관리 및 기업구조조정 부동산투자회사

위탁관리 및 기업구조조정 부동산투자회사는 해당 연도 이익배당한도의 100분의 90 이상을 주주에게 배당하여야 한다. 이 경우 이익준비금은 적립하지 아니한다.

나. 자기관리 부동산투자회사

(1) 의무배당

자기관리 부동산투자회사는 해당 연도 이익배당한도의 100분의 50 이상을 주주에게 배당하여야 하며, 이익준비금을 적립할 수 있다.

(2) 주주총회의 특별결의에 따른 경우

자기관리 부동산투자회사가 주주총회의 특별결의를 할 경우에는 해당 연도 이익배당한도의 100분의 50 이상 100분의 90 미만으로 이익배당을한다.

(3) 주주총회의 결의에 따른 경우

자기관리 부동산투자회사가 주주총회의 결의를 할 경우에는 해당 연도 이익배당한도의 100분의 90 이상으로 이익배당을 한다.

VI. 정리

	자기관리	위탁관리	기업구조조정
회사형태	실체회사(상근)	명목회사(비상근)	
운영	직접운영 (직원 O, 지점 O)	자산관리회사에게 위탁운영 (직원 ×, 본점 외 지점 ×)	
설립자본금	5억원 이상	3억원 이상	
최저자본금	70억원 이상	50억원 이상	
자산운용 전문인력	5인(상근직 고용)	AMC(5인)자산관리회사에 위탁운용	
배당	이익의 50/100 이상 의무배당(이익준비금 적립가능)	90%이상 의무배당(이익준비금 적립 불가능)	
주식의 분산	발행주식총수의 100분의 50 초과금지		제한없음
상장	요건충족시		의무 ×
주식공모	㉠ 영업인가를 받거나 등록하기 전(부동산개발사업에 대한 투자비율이 100분의 30을 초과하는 부동산투자회사의 경우 인가·허가 등이 있기전)까지는 발행하는 주식을 일반의 청약에 제공할 수 없다. ㉡ 영업인가를 받거나 등록한 날부터 3년 이내에 발행하는 주식 총수의 100분의 30 이상을 일반의 청약에 제공하여야 한다.		㉢ 의무 ×
자산구성	㉢ 총자산의 100분의 70이상은 부동산(건축 중인 건축물 포함)이어야 한다. ㉣ 총자산의 100분의 80이상을 부동산, 부동산 관련 유가증권 및 현금으로 구성하여야 한다.		㉠ 자산구성에 있어서 총자산의 100분의 70이상은 구조조정 부동산이어야 한다.
처분제한	㉤ 최소 5년 ㉥ 개발사업후 분양시 처분 제한기간없음		㉢ 제한없음
자금차입	㉦ 자기자본의 2배이내(주총 특별 결의시 10배 이내)		
현물출자	㉧ 현물출자에 의한 설립 불가능 ㉨ 현물출자는 영업인가 후 최저자본금 이상일 때 가능		

PART 7

부동산 개발 및 관리론

Life Turning Point
WEPASS

2026년 위패스 공인중개사
1차 부동산학개론

Chapter1. 부동산이용
Chapter2. 부동산개발
Chapter3. 부동산개발의 타당성 분석
Chapter4. 부동산관리
Chapter5. 부동산마케팅

chapter 01

부동산이용

Ⅰ. 토지이용활동과 최유효이용

1. 토지이용활동

토지이용활동이란 토지이용규제의 범위 내에서 그 용도와 목적에 따라 토지를 이용하여 효용성을 추구하고자 하는 행위이다.

2. 최유효이용

가. 의의

최유효이용이란 객관적으로 보아 양식과 통상의 이용능력을 갖는 사람에 의한 합리적·합법적인 최고최선의 이용방법을 말한다.

나. 판단기준

(1) 물리적가능성

물리적가능성이란 물리적으로 대상부동산은 토양의 하중이나 지지력, 지형등에 적합하여야 한다.

(2) 합법적 이용여부

합법적 이용여부란 사적 제한, 용도지역지구제, 건축법상의 규제등 법적인 규제를 충족시키는 범위 내에서의 이용이어야 한다.

(3) 합리적 이용여부(= 경제적타당성)

합리적 이용여부란 대상부동산은 경제적으로 타당한 이용으로서 당해 용도에 대한 소득이나 가치가 총개발비용보다는 커야한다는 기준이다.

(4) 최대의 수익성

최대의 수익성은 대상부동산이 위 3가지의 조건을 만족하는 잠재적 용도 중에서 최대의수익을 올릴 수 있는 이용이어야 최유효이용에 해당한다는 기준이다. 따라서 최유효이용이 되기 위해서는 그것을 지지할 수 있는 객관적인 시장증거가 뒷받침되어야 한다.

부동산개발

Ⅰ. 부동산개발

1. 개관

가. 개념
부동산 개발은 단순한 토지나 건축물 건설 행위를 넘어서, 토지에 노동과 자본 등을 투입해 유용성 및 경제적·사회적 가치를 높이고, 사회적 수요와 환경 변화에 맞춰 토지를 최유효로 이용하는 일련의 활동을 의미한다.

나. 시장적응 과정
부동산 개발은 사회적 수요와 환경 변화에 따른 토지의 최유효이용을 위한 시장 적응 과정이라고 할 수 있다.

다. 구체적 행위
부동산 개발의 구체적인 행위는 토지를 건설공사 또는 형질 변경 등으로 조성하는 행위로서 건축물의 신축, 대수선, 리모델링, 용도변경 혹은 공작물 설치 등 가치와 효용을 증대하는 행위이며, 시공만을 담당하는 단순 건설공사 집행은 개발에 포함되지 않는다.

2. 부동산개발의 주체

가. 공공부문
공공부문은 국가, 지방자치단체, 공공기관(=한국토지주택공사, 지방공사)등이 주체가 되어 사회적 목적 실현을 위해 추진하는 방식을 말한다.

나. 민간부문
민간부문은 토지소유자, 민간기업(건설업자, 부동산투자회사, 부동산펀드등)등 사적인 주체가 이윤을 목적으로 개발을 시행하는 것을 말한다.

다. 민관합동부문
민관합동부문은 민간이 자본과 기술을 제공하고 공공기관이 인·허가 등 행정적인 부분을 담당하는 상호 보완적인 개발을 말한다. 정부와 민간이 상호보완적으로 개발주체가 되는 것으로서 제3섹터 개발이라도 한다.

II. 부동산개발과정의 7단계

1. 아이디어 구상단계	㉠ 아이디어 구상단계에서는 개발 아이디어 및 사업 방향을 설정해서 개발 목적, 지역등을 구체적으로 정한다.
2. 예비적 타당성 분석단계	㉡ 예비적 타당성 분석단계에서는 개발사업으로 예상되는 수입과 비용을 개략적으로 계산하여 수익성을 검토한다.
3. 부지모색 및 확보단계	㉢ 부지모색 및 확보단계에서는 예비적 타당성분석의 결과 해당 개발사업의 타당성이 있다고 판단되면 부지를 모색하고 확보(구입)해야 한다.
4. 타당성 분석단계	㉣ 타당성 분석단계에서는 부동산개발사업의 법적·물리적·경제적 타당성분석이 포함된다. 이중에서 경제적 타당성이 가장 중요하다.
5. 금융단계	㉤ 금융단계에서는 금융기관 대출, 투자자 유치 등 자금조달 실행함과 동시에 시공사, 협력업체 등과의 계약을 체결한다.
6. 건설단계	㉥ 건설단계에서는 건설공사 착수 및 시공과정, 품질 관리, 공정 및 예산 관리, 안전 관리 등을 한다.
7. 마케팅단계	㉦ 개발사업의 성공은 시장성에 달려 있으므로 마케팅은 임대와 처분 형태를 고려하여 개발사업 초기단계부터 이루어져야 한다.

III. 개발주체에 따른 분류

1. 공영개발

가. 개념

공영개발은 공공성과 공익성을 위해 택지를 조성한 후 분양 또는 임대하는 토지개발방식을 말한다.

나. 토지 취득방식

공영개발은 토지 취득방식에 따라 택지개발방식을 구분하면 환지방식, 혼용방식, 매수방식등으로 구분될 수 있다.

2. 민간택지개발

가. 자체개발사업

자체개발사업은 토지소유자가 사업주체가 되어 직접자금조달을 하여 건설을 시행하는 방식이며, 통상적으로 가장 많은 형태이다. 자기자금과 관리능력이 충분하고 사업성이 양호하다면 자체사업이 적합하다. 하지만 사업시행자의 주도적인 사업추진이 가능하나 사업의 위험성이 높을 수 있어 위기관리능력이 요구된다.

나. 지주공동사업

(1) 정의

지주공동사업은 토지소유자와 개발업자가 부동산을 공동으로 시행하는 방식으로서, 일반적으로 토지소유자는 토지를 제공하고 개발업자는 개발의 노하우를 제공하여 서로의 이익을 추구하는 사업을 말한다.

(2) 분양금 공사비 지급(청산)형

분양금 공사비 지급형이란 토지소유자가 사업을 시행하면서 건설업체에 공사를 발주하고 공사비의 지급은 분양 수입금으로 지급하는 것을 말한다.

(3) 사업위탁방식(사업수탁방식)

사업위탁방식이란 토지소유자가 토지소유권을 유지한 채 개발업자에게 사업시행을 맡기고 개발업자는 사업시행에 따른 수수료를 받는 방식을 말한다. 자금의 조달은 토지소유자 또는 개발업자의 주선에 의하여 토지소유자가 조달하며, 개발 후 분양이나 임대를 개발업자가 대행하는 것이 일반적이다.

다. 토지신탁방식(토지개발신탁)

(1) 개념

토지신탁방식은 토지소유자로부터 형식적인 토지소유권을 이전받은 신탁회사가 사업주체가 되어 토지를 개발·관리·처분하고 그 수익을 수익자에게 돌려주는 방식을 말한다. 즉, 신탁회사가 토지소유권을 이전받아 토지를 개발한 후 분양하거나 임대하여 그 수익을 신탁자에게 돌려주는 것을 말한다.

(2) 절차 및 자금조달

토지개발신탁에서 토지소유자는 우선 신탁회사에 토지소유권을 신탁을 원인으로 이전하고, 신탁회사는 토지소유자와의 약정에 의해 수익증권을 발행하며, 이후 신탁 회사는 금융기관으로부터 자금을 차입하여 건설회사에 공사를 발주한다. 또한 부동산신탁사가 건설단계의 부족자금을 조달한다.

라. 컨소시엄 구성방식

컨소시엄 구성방식이란 개발사업에 있어서 사업자금 조달 또는 상호 기술 보완 등 필요에 따라 법인 간에 컨소시엄을 구성하여 사업을 추진하는 방식을 말한다. 대규모 개발사업에서는 법인간에 컨소시엄을 구성하여 사업을 수행하는 것이 적합하며, 출자회사 간 상호 이해조정이 필요하다.

마. 등가교환방식

등가교환방식이란 토지소유자가 제공한 토지에 개발업자가 공사비를 부담하여 부동산을 개발하고, 개발된 부동산을 제공된 토지가격과 공사비의 비율에 따라 나누는 것을 말한다.

3. 민관합동개발사업 (제3섹터)

가. 개관

(1) 의의

민관합동개발사업은 민간이 자본과 기술을 제공하고 공공기관이 인·허가 등 행정적인 부분을 담당하는 상호 보완적인 개발을 말한다. 정부와 민간이 상호보완적으로 개발주체가 되는 것으로서 공사혼합이며 「제3섹터 개발」이라도 한다.

(2) 용어설명

B : Build(준공)	T : Transfer(소유권이전)
O : Operate(운영) / Own(소유)	L : Lease(임대)

나. BTL(Build-Transfer-Lease)

(1) 의의

사회기반시설의 준공과 동시에 해당 시설의 소유권이 국가 또는 지방자치단체에 귀속되며, 사업시행자에게 일정기간의 시설관리운영권을 인정하되, 그 시설을 국가 또는 지방자치단체 등이 협약에서 정한 기간 동안 임차하여 사용·수익하는 방식을 말한다.

(2) BTL방식의 활용 분야

BTL방식은 학교시설, 문화시설 등 시설이용자로부터 사용료를 징수하기 어려운 사회기반시설 건설의 사업방식으로 활용된다.

다. BTO(Build-Transfer-Operate)

사회기반시설의 준공과 동시에 해당 시설의 소유권이 국가 또는 지방자치단체에 귀속되며, 사업시행자에게 일정기간의 시설관리운영권을 인정하는 방식

라. BOT(Build-Operate-Transfer)

민간사업자가 자금을 조달하여 시설을 건설하고, 일정기간 소유 및 운영을 한 후, 사업종료 후 국가 또는 지방자치단체 등에게 시설의 소유권을 이전하는 방식

마. BLT(Build-Lease-Transfer)

민간사업자가 자금을 조달하여 시설을 건설하고, 일정기간 동안 타인에게 임대하고, 임대기간 종료 후 국가 또는 지방자치단체 등에게 시설의 소유권을 이전하는 방식

바. BOO(Build-Own-Operate)

민간사업자가 자금을 조달하여 시설을 건설하고, 준공과 함께 민간사업자가 당해 시설의 소유권과 운영권을 갖는 방식

Ⅳ. 신개발 및 정비사업의 유형

1. 신개발

신개발이란 건축 불가한 토지(농지, 임지)를 건축 가능한 택지로 전환하여 개발하는 것으로서 대표적인 사업은 환지방식, 토지형질변경방식, 신도시개발사업, 택지조성사업 등을 들 수 있다.

2. 정비사업

가. 주거환경정비사업

주거환경정비사업이란 도시저소득 주민이 집단거주하는 지역으로서 정비기반 시설이 극히 열악하고 노후·불량건축물이 과도하게 밀집한 지역의 주거환경을 개선하거나 단독주택·다세대주택이 밀집한 지역에서 정비기반시설, 공동이용시설 확충을 통하여 주거환경을 보전·정비·개량하기 위한 사업을 말한다.

나. 재개발

재개발사업이란 정비사업 중 하나로서, 정비기반시설이 열악하고 노후·불량건축물이 밀집한 지역에서 주거환경을 개선하거나 상업지역·공업지역 등에서 도시기능의 회복 및 상권활성화 등을 위해 도시환경을 개선하는 사업을 말한다.

다. 재건축

재건축사업이란 정비기반시설은 양호하나 노후·불량건축물에 해당하는 공동주택이 밀집한 지역에서 주거환경을 개선하기 위한 사업으로서, 「도시 및 주거환경정비법」에 따른 정비사업 중의 하나를 말한다.

Ⅴ. 토지취득방식에 따른 구분

1. 단순개발방식

단순개발방식이란 전통적인 개발방식으로 지주에 의한 자력개발방식을 말한다. 토지형질변경사업 등이 해당되며, 개발사업 후 토지소유자의 토지소유권에 대한 물리적·공간적 범위에는 변화가 없으므로 토지소유자의 권리는 불변이다.

2. 환지방식

가. 의의

환지는 사업시행 이전의 토지 소유권을 변화시키지 않고, 종전 토지의 위치·지적·이용상황·환경 등을 고려하여 사업시행 이후 새로이 조성된 대지에 기존의 권리를 그대로 이전시키는 개발방식을 말한다.

나. 장점
환지방식은 토지매입비가 없으므로 초기 사업비 부담이 적은 장점이 있다.

다. 단점
환지방식은 토지소유자의 동의를 받아야 하기 때문에 사업속도가 느린 단점이 있다.

3. 매수방식
가. 의의
「공익사업을 위한 토지 등의 취득 및 보상에 관한 법률」에 근거하여 토지 등의 수용 및 사용방식은 공익사업의 효율적인 수행과 공공복리의 증진을 위해 공익사업에 필요한 토지 등을 공익사업의 시행자가 취득하거나 사용하여 시행하는 개발방식을 말한다.

나. 장점
매수방식은 환지방식과 비교하였을 때 행정력으로 사업속도가 빠르다는 장점이 있다.

다. 단점
매수방식은 사업시행자에 의한 수용절차가 필요하고 토지매입과 보상과정에서 사업시행자와 주민의 갈등이 발생할 수 있고, 초기 막대한 토지 구입비용이 들기 때문에 사업비 부담이 크다는 단점이 있다.

4. 혼합방식
혼합방식이란 토지를 매수하고 환지방식을 혼합하여 개발하는 것을 말하며, 도시개발사업과 산업단지개발사업등에 사용한다.

5. 신탁개발방식
가. 의의
신탁개발방식은 신탁법에 따라 신탁자가 일정한 목적에 따라서 재산의 개발, 관리 또는 처분을 시키기 위해서 그 수탁자에게 재산을 형식적으로 소유권을 이전하는 것이며, 토지신탁은 신탁하는 재산이 토지일 경우를 말한다.

나. 예시
신탁개발방식의 예시로서 토지신탁은 신탁회사가 토지소유권을 이전받아 토지를 개발한 후 분양하거나 임대하여 그 수익을 신탁자에게 돌려주는 것을 말한다.

Ⅵ. 부동산개발과정의 위험

1. 개관

가. 개요

부동산개발사업은 그 과정에 내포되어 있는 불확실성으로 인해 위험요소가 존재한다. 또한 부동산개발에 따른 위험은 개발업자에 의해 통제가능한 것도 있지만 통제불가능한 것도 있다.

나. 미래수익의 불확실성

부동산개발사업은 미래의 불확실한 수익을 근거로 개발을 진행하므로 위험성이 수반된다.

다. 통제 불가능한 위험

부동산개발사업 진행시 시장 환경의 변화나 정부의 정책·규제의 변화, 행정의 변화에 따른 사업의 인·허가 지연위험은 사업시행자가 스스로 관리할 수 없는 위험에 해당된다.

라. 통제 가능한 위험

부동산개발사업 진행시 부실공사 하자에 따른 책임 위험 등은 부동산 개발사업의 진행과정에서 시행사 또는 시공사가 관리하고 통제할 수 있는 위험이다.

마. 워포드의 부동산 개발위험

워포드는 부동산 개발위험을 법률위험, 시장위험, 비용위험으로 분류한다.

2. 법률적 위험

법률적 위험이란 개발사업에 있어서 법률적 위험이란 용도지역·지구제와 같은 공법적 규제, 소유권관계와 같은 사법적 측면에서 형성될 수 있다. 이에 따른 위험을 줄이기 위한 하나의 방법으로서 이용계획이 확정된 토지 구입하는 것이다.

3. 시장의 위험

시장의 위험이란 시장의 불확실성이 개발업자에게 가져다주는 부담을 말한다. 부동산개발사업의 추진에는 많은 시간이 소요되므로 개발사업기간 동안 다양한 시장위험에 노출된다. 따라서 개발사업의 초기에는 시장위험이 크고, 개발사업의 완성에 가까워질수록 시장위험은 작아진다.

4. 비용의 위험

비용의 위험이란 개발기간 중 비용의 변동으로 인한 위험을 말하며, 개발사업의 순수익은 생산비용이 증가할 경우 감소할 수밖에 없는데 개발기간 중 재해의 발생, 원자재가격 상승, 인플레이션 등 사업비용이 지속적으로 증가하는 경우 그 비용위험은 더욱 더 커지게 된다.

부동산개발의 타당성 분석

I. 개관

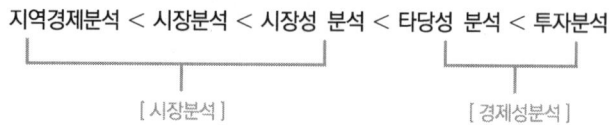

II. 부동산개발의 시장분석과 경제성분석

1. 시장분석

가. 정의

시장분석이란 특정한 개발사업에 대해 개발업자가 최종적인 투자결정을 하기 위해 필요한 자료를 제공하는 것을 목적으로 하며 개발사업이 시장에서의 채택가능성을 분석하는 것을 말한다. 따라서 시장분석에는 개발사업이 가지는 물리적 · 경제적 · 법률적 제약조건에 대한 분석도 포함된다.

나. 역할

적지론 (적합한 용도 결정)	㉠ 적지론이란 주어진 부지를 어떤 용도로 활용할지 결정하는 것을 말한다. ㉡ 적지론의 세부적 내용으로는 법적, 물리적, 경제적, 사회적 제약조건을 분석해 가능한 대안적 사용 제시한다.
입지론 (입지효과 파악)	㉢ 입지론이란 주변 토지 이용이 대상 부지의 용도와 시장성에 미치는 영향 분석을 말한다. ㉣ 입지론은 부동산의 입지적 특성이 개발 성공에 중요한 요소임을 평가한다.
투자대안 선정 지원	㉤ 투자대안 선정 지원이란 투자자에게 개발 및 투자 가능한 대안 제시하는 것을 말한다. 또한 세후 현금흐름 극대화를 목표로 영업수지분석과 시장가치 평가 수행하게 된다.
기존 개발사업의 경쟁력 진단 및 개선	㉥ 기존 개발사업의 경쟁력 진단 및 개선은 기존 사업의 시장 내 위치를 평가하고, 계약 임대료와 시장 임대료 비교, 관리 상태 점검 등을 통해 개선 방향을 도출한다.

2. 경제성 분석

경제성분석은 시장분석에서 개발사업에 대한 최종적인 투자의사 결정을 하는 것으로서 보다 구체적으로 개발사업의 수익성 여부를 평가하는 것이라고 볼 수 있다.

Ⅲ. 부동산개발의 타당성 분석단계

1. 지역경제분석

가. 시장권역 파악
시장권역 파악이란 부동산 개발사업에 영향을 미치는 시장의 공간적 범위(시장권역, 상권 등)를 결정하는 과정을 말한다.

나. 지역경제기반
지역경제기반이란 한 지역 주민의 생계를 유지시키는 경제적 활동의 총체, 혹은 그 지역에 자금을 유입시키는 기반산업을 의미한다.

다. 지역경제기반분석
지역경제기반분석이란 해당 지역의 경제기반이 지역의 고용, 인구, 소득 등 부동산 시장에 어떤 영향을 미치는지 분석하는 것을 말한다. 입지계수를 통해 해당지역 특정산업의 특화도를 파악할 수 있다.

라. 입지계수

입지계수(=LQ)의 산식과 의미
$LQ = \dfrac{\text{당해지역 특정산업 고용비율}}{\text{국가전체 특정산업 고용비율}}$
$LQ = \dfrac{\dfrac{\text{당해지역 특정산업 고용비율}}{\text{당해지역 전산업 고용비율}}}{\dfrac{\text{국가전체 특정산업 고용비율}}{\text{국가전체 전산업 고용비율}}}$
의미: ㉠ LQ > 1 : 지역대표 기반산업(경제기반산업, 수출기반산업) ㉡ LQ = 1 : 전국 평균과 동일(자급적) ㉢ LQ < 1 : 비수출 기반산업

2. 시장분석

가. 개요
시장분석이란 특정 지역의 특정 부동산 유형에 대한 수요와 공급을 분석하는 것을 말한다.

나. 시장세분화와 시장차별화

(1) 시장세분화
시장세분화란 수요자의 특성에 따라 가능사용자를 범주화하여 다른 사람과 구별하는 것을 말한다.

(2) 시장차별화

시장차별화란 공급되는 제품의 특성에 따라 대상부동산을 범주화하여 다른 부동산과 구별하는 것을 말한다.

3. 시장성분석

가. 의의

시장성분석이란 향후 개발된 부동산이 현재나 미래의 시장상황에서 매매되거나 임대될 수 있는지에 대한 경쟁력을 분석하는 것을 말한다.

나. 흡수율분석

흡수율분석이란 시장에 공급된 부동산이 일정 기간 동안 어느 정도 비율로 시장에서 소비(흡수)되었는지를 파악하는 분석 방법을 말한다. 즉, 부동산 개발사업이나 투자에서 해당 부동산이 얼마나 빠르게 매매 또는 임대될 수 있는지를 조사하는 것이다. 흡수율분석의 궁극적인 목적은 과거와 현재의 추세를 토대로 미래의 매매, 임대가능성을 정확하게 예상하는데 있다.

4. 타당성분석

부동산개발사업의 타탕성 분석이란 개발사업에 투자자금을 끌어 들일 수 있을 정도로 충분한 수익이 발생하는지 분석하는 것을 말한다.

5. 투자분석

투자분석이란 부동산 개발에 소요되는 전체 비용(토지 매입, 설계·시공, 금융 등)과 개발을 통해 기대되는 수익(분양대금, 임대수입 등)을 비교·분석하여, 해당 개발사업이 투자할 가치가 있는지 여부를 판단하는 절차를 말하며, 대상개발사업을 위험과 수익의 상쇄관계에서 다른 투자대안과 비교 분석하여 최종적 투자여부를 결정한다.

부동산관리

Ⅰ. 부동산관리활동

1. 개관

부동산관리는 소유자의 목적에 따라 대상 부동산을 운영·유지하는 활동이다. 이는 물리적·기능적·경제적·법률적 측면을 포괄하는 복합개념으로 법제도·경영경제·기술·설비 등 다양한 요소를 종합적으로 고려해야 한다.

2. 내용

가. 기술적 관리

의의	기술적 관리란 대상부동산의 물리적·기능적인 하자에 대한 기술적인 조치와 이에 대한 사전방지책으로써 기술적으로 유지·보존하는 행위를 말한다.
토지관리	기술적 관리에서 토지관리는 토지 경계측량 및 경계표시, 사도(사유지 도로) 방지 등이 있다.
건물관리	기술적 관리에서 건물관리는 위생관리, 설비관리, 보안관리, 보전관리 등이 있다.

나. 경제적 관리

의의	경제적 관리란 부동산에서 발생하는 순수익의 합리적 산출과 최대화를 목표로 하는 관리를 말한다.
토지관리	경제적 관리에서 토지관리란 신축 전 가건물, 모델하우스, 주차장 등 임시적이고 특화된 활용 방안을 검토하는 것을 의미한다.
건물관리	경제적 관리에서 건물관리란 수지·회계관리, 임대수입 관리, 인력관리 등을 말한다.

다. 법률적 관리

의의	법률적 관리란 부동산의 유용성을 보호하기 위하여 법률상의 제반 조치를 취함으로써 법적인 보장을 확보하려는 것이다.
토지관리	법률적 관리에서 토지관리란 권리보전, 권리관계 조정, 지목변경 등이 있다.
건물관리	법률적 관리에서 토지관리란 임차인 모집, 임대차 계약·갱신 등이 있다.

3. 영역
가. 자산관리
자산관리란 부를 극대화시키기 위해서 해당 부동산의 가치를 증진시킬 수 있는 다양한 방법을 모색하는 적극적 관리를 지칭한다. 이에 대한 예시로서 포트폴리오 관리 및 분석, 부동산투자의 위험 관리, 부동산의 매입과 매각관리, 리모델링, 재개발 과정분석, 프로젝트 파이낸싱(PF), 임대마케팅 시장분석 등이 이에 해당한다.

나. 재산관리
재산관리란 임대 및 수지관리를 말한다. 자본적·수익적 지출계획 수립, 연간 예산수립, 시장조사, 마케팅, 임대료책정, 임대차 유치 및 유지, 임대차관리, 세무업무 등을 수행한다.

다. 시설관리
시설관리란 부동산시설을 운영하고 유지하는 것으로 시설사용자나 기업의 요구에 따르는 소극적 관리에 해당된다. 부동산 시설 내 설비·기계의 운전 및 보수, 유지관리, 에너지관리, 건물의 청소, 보안관리 등이 여기에 해당한다.

4. 방식
가. 자가관리

장점	㉠ 자가관리는 소유자의 의사능력과 지휘통제력이 발휘되어 의사결정이 신속하고 업무의 기밀유지가 용이하다. ㉡ 자가관리는 각 부문을 종합적으로 운영할 수 있어 관리의 효율성이 높고 관리요원의 설비 애호정신이 강화된다. ㉢ 자가관리는 입주자에게 최대한의 서비스를 제공할 수 있으며, 양호한 환경 보전이 가능하다.
단점	㉣ 자가관리는 관리요원이 장기 근무하면서 업무가 매너리즘화되기 쉽고 관리의 전문성이 낮아질 수 있다. ㉤ 자가관리는 인력관리 체계가 복잡해 효율성이 떨어지며, 인건비가 과다하게 지출될 우려가 있다.

나. 위탁관리

장점	㉠ 위탁관리는 전문적인 계획 관리와 전문업자 활용을 통해 시설물의 노후화를 늦추고 합리적이며 편리한 관리를 수행할 수 있다. ㉡ 위탁관리는 전문화된 관리와 서비스를 제공받을 수 있어 관리업무의 매너리즘화를 방지할 수 있다. ㉢ 위탁관리는 소유자는 직접 관리의 부담에서 벗어나 본업에 전념할 수 있다.
단점	㉣ 위탁관리는 관리업체가 영리만을 추구할 경우 관리의 부실화나 관리사의 신뢰도 저하를 초래할 우려가 있다. ㉤ 위탁관리는 외부 업체에 의한 관리로 인해 기밀유지와 보안이 불안정할 수 있다. ㉥ 위탁관리는 관리요원들의 부동산 설비에 대한 애호정신이 낮아 관리의 충실도가 떨어질 수 있다.

다. 혼합관리

장점	㉠ 혼합관리는 관리업무에 대한 강한 지도력을 계속 확보하면서 위탁관리의 편의 또한 이용할 수 있다. ㉡ 혼합관리는 부득이한 업무부분만 위탁하여 자가·위탁관리의 장점을 모두 가질 수 있고 자가관리로부터 위탁관리로 이행할 때의 과도기적인 방식으로서 편리하다.
단점	㉢ 혼합관리는 책임의 소재가 불명확할 경우 전문업자를 충분히 활용할 수 없다. ㉣ 혼합관리는 운영이 곤란해지면 자가관리와 위탁관리의 결점이 노출될 수 있다. ㉤ 혼합관리는 자가관리 종업원과 위탁관리 종업원 사이에 원만한 협의가 곤란하다.

5. 임대차활동

가. 개관

임대차활동은 부동산관리활동 중에서도 가장 기본이자 중요한 활동으로, 부동산을 임대하여 임대수입을 확보하는 모든 과정을 포함한다.

나. 임대마케팅

임대마케팅은 공실률을 최소화하고 임대수입을 극대화하기 위한 임차인 유치 활동이다. 관리 대상 부동산에서 임차자가 계약 만료 후 교체될 때 공실 기간을 줄여 안정적인 임대수입을 확보하는 데 중요하다. 계약 기간이 짧을수록 공실 가능성이 높아지므로 지속적인 임차인 모집과 효율적인 마케팅 전략이 필요하다.

다. 임차인선정

임차인선정이란 부동산의 종류에 따라 그 용도와 특성에 부합하는 임차인을 신중하게 선택하는 절차를 말한다. 임대차활동은 공실률 감소와 임대수입 극대화를 목표로, 시장분석-마케팅-적합 임차인 선정이 유기적으로 연결된 관리의 기본이다. 임대마케팅은 시장분석을 기반으로 하며, 임차인 선정은 부동산의 성격과 임차인의 특성을 종합 반영해 이뤄진다.

6. 임대차유형

가. 총임대차

총임대차란 임차인이 임대인에게 지불임대료를 지불할 경우 임대료를 수령한 임대인이 부동산 운영에 수반되는 다른 비용인 부동산세금, 보험료 등의 제 비용을 지불하는 방법을 말한다. 총임대차의 경우에는 주거용 부동산에 적합하다.

나. 비율임대차

비율임대차란 매출액의 일정비율을 임대료로 지불하는 임대차계약이나 기본임대료에 총수입의 일정비율을 임대료로 지불하는 임대차계약을 말한다. 비율임대차는 상업용부동산에 적합한 임대차계약이다.

다. 순임대차

순임대차란 임차인은 임대인에게 순수한 임대료만 지불하고, 나머지 비용은 임차인과 임대인의 사전 협상에 의해 지불하는 방법이다. 공업용부동산의 경우, 부동산의 사용 특성이나 시설 운영방식이 임차인(공장, 제조업체 등)에 맞춰 다양하게 변화하므로, 별도의 맞춤형 관리와 비용 처리가 필요하기 때문에 순임대차가 적합하다.

순임대차 종류	
1차 순임대차	순수한 임대료 + 편익시설비용 + 부동산세금
2차 순임대차	1차 순임대차 + 보험료
3차 순임대차	2차 순임대차 + 유지수선비 (가장 일반적으로 사용된다.)

II. 건물의 내용연수와 생애주기

1. 건물의 내용연수

가. 개관

건물의 내용연수란 건물이 유용성을 지속할 수 있는 내구연한을 말하는데. 이는 관리자의 태도, 시공상태, 입지조건 및 관리방법에 따라 달라진다.

나. 물리적 내용연수

물리적 내용연수란 건물의 이용으로 인한 의한 마멸, 파손, 노후화, 지진 또는 화재에 따른 우발적 사고 등으로 사용이 불가능할 때까지의 버팀 연수를 말한다.

다. 기능적 내용연수

기능적 내용연수란 건물이 기능적으로 유효한 기간을 의미한다. 따라서 건물과 부지의 부적응, 설계불량, 설비불량, 건물의 외관과 디자인 낙후는 기능적 내용연수에 영향을 미치는 요인에 해당된다.

라. 경제적 내용연수

경제적 내용연수란 건물의 경제적 수명이 다하기까지의 수명을 말한다. 또한 인근지역의 변화, 인근환경과 건물의 부적합, 해당지역 건축물의 시장성 감퇴는 경제적 내용연수에 영향을 미치는 요인에 해당된다.

마. 행정적 내용연수

행정적 내용연수란 법·제도에 의해 건물의 수명이 다하기까지의 기간을 말한다.

2. 생애주기

전(前)개발 단계	㉠ 전 개발단계는 앞으로 건물이 신축될 용지의 상태에 있는 단계를 말하며, 기존 건물이 철거된 후 용지가 정리된 상태일 수도 있다.
신축단계	㉡ 신축단계는 건물이 완성된 단계로, 건물의 물리적 유용성이 가장 높게 나타나는 시기이다.
안정단계	㉢ 안정단계는 건물이 본격적이고 장기적으로 안정되는 시기로, 정상적으로 운영·사용되며 임대율이나 사용률이 높은 상태이다. 양호한 관리가 이루어질 경우 안정단계의 국면이 연장될 수 있고, 이 시기에는 유지관리와 소모성 수리만으로도 건물의 가치와 기능을 유지할 수 있다.
노후단계	㉣ 노후단계에서는 건물의 구조, 설비, 외관 등이 전반적으로 악화되며, 주기적인 보수나 리모델링, 용도변경 등 추가 관리가 필요하다. 이 시기에는 개량비 지출을 최소화하고, 건물 자체를 교체하거나 재건축할 계획을 수립하는 것이 일반적이다.
폐물단계	㉤ 폐물단계는 건물의 물리적·경제적 가치가 거의 없어지는 단계이다. ㉥ 폐물단계에서는 건물 자체를 교체하는 것을 전제로 전(前)개발단계로 향하여 모든 일이 전개된다.

3. 생애주기비용·생애주기비용분석법

생애주기 비용	㉠ 생애주기비용이란 건물 건축 계획부터 철거에 이르기까지 건물 생애주기에 따라 발생하는 총비용을 말한다. ㉡ 생애주기비용에는 최초 투자비용, 운영비, 유지관리비, 그리고 폐기비용이 모두 포함된다.
생애주기 비용분석법	㉢ 생애주기비용분석법이란 건물이나 시설물, 또는 자산의 다양한 대안(설비, 자재, 관리방안 등)에 대하여 예상되는 총 생애주기비용을 비교·산정하고, 가장 경제적이고 효율적인 대안을 선택하는 경제성 평가 기법이다. ㉣ 생애주기비용분석법은 초기투자비, 관리유지비 비율 조절하여 보유기간동안 효과적으로 총비용 관리할 수 있다.

부동산마케팅

I. 부동산마케팅의 개관

부동산마케팅활동은 소비자의 욕구를 충족시키면서 수익을 극대화하려는 일련의 과정으로 부동산에 대한 소비자 및 고객의 태도와 행동을 형성 및 유지 등을 하게 만드는 제반활동을 말한다.

II. 시장점유 마케팅 전략

1. STP전략

가. 시장세분화(segmentation)

시장세분화란 부동산상품의 소비자를 유사한 특성의 소집단으로 구분하는 것으로서, 마케팅활동을 하기 위해서 수요자(소비자, 구매자, 고객)집단을 인구·경제적 특성에 따라서 세분하고 그 세분된 시장을 대상으로 상품의 판매지향점을 분명히 하는 공급자중심의 전략이다.

나. 표적(목표)시장 선정(Targeting)

(1) 의의

표적시장이란 세분된 시장중에서 부동산기업이 표적으로 삼아 마케팅활동을 수행하는 시장을 말한다.

(2) 표적시장 선정 전략

표적시장 전략이란 세분화된 수요자 집단에서 경쟁상황과 자신의 능력을 고려하여 가장 자신 있는 수요자 집단을 찾아내는 것을 말한다.

다. 포지셔닝(Positioning)

포지셔닝이란 표적시장에서 고객의 욕구를 파악하여 경쟁 제품과 차별성을 가지도록 제품의 개념을 정하고 소비자의 지각 속에 적절히 위치시키는 것이다.

2. 4P MIX 전략

가. 의의

4P MIX전략이란 가격, 판매촉진, 유통경로, 제품의 제 측면에 있어서 차별화하는 전략을 말한다.

나. 내용

(1) 가격전략(Price)

가격전략은 품질에 비해서 저렴하도록 하며, 시장분석을 통한 합리적인 분양가를 책정해야 한다(저가정책, 고가정책, 시가정책, 신축적가격정책등).

(2) 판매촉진(Promotion)

판매촉진은 매체를 통하여 수요자의 관심을 끌기위한 전략으로서 온·오프라인 채널 활용하거나 모델하우스 방문 행사(경품추첨), 계약 고객 대상 프로모션을 통해서 표적시장의 심리적 반응을 빠르고 강하게 자극·유인하기 위한 방법이 동원되어야 한다.

(3) 유통경로(Place)

유통경로는 분양대행사와 부동산중개업소 등 유통채널을 보다 효과적이고 적극적으로 활용할 수 있는 방안을 마련해야 한다.

(4) 제품(Product)

제품은 혁신적 내부구조, 시설 차별화 트렌드에 맞는 내부 레이아웃, 첨단 ICT 적용, 다양한 커뮤니티 공간(헬스장, 골프연습장)을 강조하거나, 지속가능성을 강조한 생태 친화 설계중심(실개천 설치등)의 전략은 매우 중요하다고 하겠다.

Ⅲ. 고객점유 마케팅 전략

1. 개관

고객점유 마케팅에서 소비자가 구매를 결정하는 과정의 각 단계마다 심리적 접점을 세심하게 마련하고, 단계별로 전달 메시지의 톤과 강도를 조절해서 마케팅 효과를 극대화하는 것이다. 전통적인 공급자 중심의 마케팅 전략에서 벗어나 수요자를 중심으로 소비자의 구매행태나 심리를 이해하고 다양한 접점을 창출하려는 고객 점유 중심 마케팅전략이 널리 적용되고 있다.

2. AIDA원리의 단계

가. 주의(Attention)

주의단계에서는 고객의 시선을 끌고, 상품이나 서비스의 존재를 인지시키는 단계로서 인상적인 광고, 차별화된 디자인, 강렬한 메시지 등을 통해 타깃 고객의 주목을 받을 수 있다.

나. 관심(Interest)

관심단계에서는 단순 인지에서 나아가 상품이나 서비스에 관심과 흥미를 가지도록 유도하는 단계이다. 특히 이 단계에서는 상품으로서 부동산이 지니는 여러 특징 중 구매자의 욕망을 만족시켜 주는 특징인 셀링포인트를 설명해서 고객이 보다 깊이 있게 관심을 갖도록 한다.

다. 욕망(Desire)

욕망단계에서는 관심이 생긴 고객이 구매하고 싶다는 욕구를 가지게 만드는 단계로서 경쟁물건 대비 우수성, 개인별 혜택을 강조해 고객의 구매 욕구를 자극시킨다.

라. 행동(Action)

행동단계는 구매로 이어지도록 유도하는 단계로서 신속한 계약 체결, 간단한 결제/상담 절차, 명확한 구매 유도(Call-To-Action) 등을 통해 고객 행동을 촉진한다.

Ⅳ. 관계 마케팅(공급자와 수요자의 상호작용)

공급자와 수요자간에는 신뢰와 만족을 토대로 한 장기적·지속적 관계의 유지에 중점을 둔다. 이러한 장기적 관계를 통해 고객의 재구매, 추천, 충성도를 높이고, 공급자는 시장에서의 안정적 입지와 경쟁 우위를 확립할 수 있다.

PART 8

부동산 감정평가론 및 부동산가격공시제도

2026년 위패스 공인중개사
1차 부동산학개론

Chapter1. 감정평가의 개념
Chapter2. 감정평가의 분류
Chapter3. 부동산가치의 기초이론
Chapter4. 부동산가치의 형성요인과 발생요인
Chapter5. 지역분석과 개별분석
Chapter6. 부동산가격의 제원칙
Chapter7. 감정평가 3방식 6방법
Chapter8. 감정평가의 실시
Chapter9. 부동산가격공시제도

chapter 01

감정평가의 개념

Ⅰ. 개관

1. 의의

감정평가란 감정평가 및 감정평가사에 관한 법률에서 토지등의 경제적 가치를 판정하여 그 결과를 가액(價額)으로 표시하는 것을 말한다.

2. 대상

감정평가의 대상은 의의에서 말한 토지등 이다. 여기서 토지등이란 토지 및 그 정착물, 동산, 그 밖에 대통령령으로 정하는 재산과 이들에 관한 소유권 외의 권리를 말한다.

3. 대통령령으로 정하는 재산

① 저작권·산업재산권·어업권·양식업권·광업권 및 그 밖의 물권에 준하는 권리
② 「공장 및 광업재단 저당법」에 따른 공장재단과 광업재단
③ 「입목에 관한 법률」에 따른 입목
④ 자동차·건설기계·선박·항공기 등 관계 법령에 따라 등기하거나 등록하는 재산
⑤ 유가증권

Ⅱ. 필요성

감정평가의 필요성은 부동산이 부동산의 특성으로 인해 현실적으로 거래가격이 개별적으로 형성되어 시장균형가격이 어렵고, 이에 따라 감정평가기관의 평가가격이 필요하다. 일물일가 법칙이 적용되지 않고, 다양한 용도가 존재해 최유효이용 상정과 전문가 판단이 필수적이다. 또한, 부동산은 높은 사회성과 공공성을 지녀 감정평가사의 전문성과 직업윤리가 중요하다.

Ⅲ. 기능

1. 정책적 기능

감정평가의 정책적 기능은 부동산의 효율적 이용과 관리 지원, 적정한 가격 형성 유도, 손실보상의 합리화, 그리고 과세의 합리화를 포함한다. 감정평가는 최유효이용을 토대로 부동산 가치를 평가하여 지역분석과 사업성 분석에 기여하며, 비정상적 가격 형성을 억제하여 시장 안정을 돕는다. 또한 공용수용 시 보상가를 산정하여 사유재산권 보호와 공익·사익 조정을 가능하게 하고, 재산권 가치를 근거로 합리적인 세금 부과의 기준을 제공한다.

2. 경제적 기능

감정평가의 경제적 기능은 부동산시장의 불완전성을 보완하여 자원의 효율적 배분을 지원하고, 공정하고 합리적인 가격 산정을 통해 거래질서의 확립과 유지를 돕는 것이다. 또한, 감정평가 결과는 투자와 매매 등 의사결정의 합리적 기준을 제공하며, 이해관계자 간 갈등을 객관적으로 조정하여 원만한 거래를 가능하게 한다.

감정평가의 분류

I. 제도상 분류

1. 단독평가 · 복수평가

단독평가란 평가주체 1인에 의한 평가이고, 복수평가란 평가주체 2인 이상에 의한 평가이다.

2. 법정평가

법정평가란 부동산의 가격을 시장가격과 행정기관의 필요에 따라 법으로 감정평가방법을 규정해 놓고 그 규정에 의하여 감정평가하는 것을 말한다. 개발부담금부과를 위한 평가, 공시지가의 평가, 강제취득의 경우에 수용평가, 임의취득의 경우에 매수평가, 과세평가 등이 있다.

II. 전제조건에 따른 분류

1. 현황평가

현황평가란 부동산의 상태 · 구조 · 이용방법, 제한물권의 존부, 환경점유 등이 현황대로 존재할 것을 전제로 하는 감정평가를 말한다.

2. 조건부평가

조건부평가란 부동산 가치의 증감 요인이 될 수 있는 새로운 사태가 발생할 가능성을 상정하고, 그 조건이 성취되는 경우를 전제하여 부동산을 감정평가하는 것을 말한다.

3. 소급평가

소급평가란 과거의 어느 시점을 기준시점으로 하여 부동산을 평가하는 것을 말한다. 기준시점을 미리 정하였을 때에는 그 날짜에 가격조사가 가능한 경우에만 기준시점으로 할 수 있으며, 기준시점이 평가시점보다 빠른 평가를 말한다.

4. 기한부평가

기한부평가란 장래 도래할 어느 시기를 기준으로 하는 평가로서, 기준시점이 평가시점보다 늦은 평가를 말한다.

Ⅲ. 평가수준에 따른 분류

1. 1차 수준의 평가

1차 수준의 평가란 부동산의 소유자·이용자·거래자 등이 부동산의 매매·임대 등의 결정을 위하여 행하는 평가로서 일반적으로 대중성을 가지는 수준으로 비전문적인 평가를 말한다.

2. 2차 수준의 평가

2차 수준의 평가란 중개업자 또는 건축업자, 개발업자등 전문성은 있으나 평가사가 아닌자에 의한 평가를 말한다.

3. 3차 수준의 평가

3차 수준의 평가란 감정평가 자격증을 소지하고 있는 사람에 의한 평가를 말한다.

Ⅳ. 평가기법상의 분류

1. 개별평가

감정평가는 대상물건마다 개별로 하여야 한다.

2. 일괄평가

일괄평가는 둘 이상의 대상물건이 일체로 거래되거나 대상물건 상호 간에 용도상 불가분의 관계가 있는 경우에는 일괄하여 감정평가할 수 있다.

3. 구분평가

구분평가는 하나의 대상물건이라도 가치를 달리하는 부분은 이를 구분하여 감정평가할 수 있다.

4. 부분평가

부분평가는 일체로 이용되고 있는 대상물건의 일부분에 대하여 감정평가하여야 할 특수한 목적이나 합리적인 이유가 있는 경우에는 그 부분에 대하여 감정평가할 수 있다.

부동산가치의 기초이론

Ⅰ. 가치와 가격

1. 개념

가치란 장래의 기대편익을 현재가치로 환원한 값이다. 가격이란 특정 부동산에 대한 교환의 대가로서 매수인이 시장에서 지불한 금액이다.

2. 비교

가치	가격
가치는 대상부동산에 대한 현재의 값을 의미한다.	가격은 대상부동산에 대한 과거의 값이다.
가치는 주관적·추상적인 개념이다.	가격은 객관적·구체적인 개념이다.
가치는 평가목적 등에 따라 무수히 많이 존재한다. 이를 가치의 다원적 개념(가치의 다원설)이라고 한다.	가격은 주어진 시점에 대상부동산 가격은 실제로 지불된 과거의 값이므로 하나이다.

3. 관계

가. 가격의 기초와 가치

가격의 기초에는 가치가 있으며, 가치는 화폐를 매개로 가격이 된다. 따라서 가격은 가치의 화폐적인 표현이다.

나. 부동산시장과 거래가격의 오차

부동산시장은 불완전하여 거래가격이 시장의 정상적인 가치를 정확히 반영하기 어려우며, 그 결과 실제 거래가격과 부동산 가치 사이에 오차가 발생할 수 있다. 이에 따라 가치는 가격에 오차가 더해진 것으로 표현할 수 있다.

다. 결론

부동산가치가 상승하면 가격도 상승하고, 부동산가치가 하락하면 가격도 하락한다. 또한 단기적으로 가격은 가치와 괴리될 수 있으나 장기적으로는 가치에 회귀한다.

II. 시장가치

1. 개념
시장가치란 감정평가의 대상이 되는 토지 등이 통상적인 시장에서 충분한 기간 동안 거래를 위하여 공개된 후 그 대상물건의 내용에 정통한 당사자 사이에 신중하고 자발적인 거래가 있을 경우 성립될 가능성이 가장 높다고 인정되는 대상물건의 가액(價額)을 말한다.

2. 시장가치기준 원칙

가. 원칙
대상물건에 대한 감정평가액은 시장가치를 기준으로 결정한다.

나. 예외
감정평가법인등은 법령에 다른 규정이 있는 경우, 감정평가 의뢰인이 요청하는 경우, 감정평가의 목적이나 대상물건의 특성에 비추어 사회통념상 필요하다고 인정되는 경우에는 시장가치 외의 가치를 기준으로 결정할 수 있다.

III. 비시장가치

1. 투자가치
투자가치란 투자자가 대상부동산에 대해 갖는 주관적인 가치의 개념이다.

2. 사용가치
사용가치는 자산 또는 현금창출단위에서 발생할 것으로 기대되는 미래현금흐름의 현재가치를 말한다.

부동산가치의 형성요인과 발생요인

Ⅰ. 부동산 가치형성요인

1. 개관

가. 정의

가치형성요인이란 대상물건의 경제적 가치에 영향을 미치는 일반요인, 지역요인 및 개별요인 등을 말한다.

나. 부동산 가치발생요인과의 관계

가치형성요인은 효용, 상대적 희소성, 유효수요, 이전성 등 다양한 가치발생요인들에게 영향을 미치고, 가치발생요인들이 서로 상호작용하고 결합하면서 부동산가치가 형성된다.

2. 일반요인

일반요인은 부동산 전반에 영향을 미치는 요인으로, 부동산의 위치, 활동, 가격수준 등에 광범위하게 영향을 주는 전반적인 요인을 말하는데 크게 사회적 요인, 경제적 요인, 행정적 요인으로 분류할 수 있다.

3. 지역요인

지역요인은 대상지역이 다른 지역과 구별되는 지역특성을 이루는 일반적·자연적 요인들로서 그 지역의 가격수준이나 표준적 이용에 영향을 미치는 지역적 차원의 가치형성요인을 말한다.

4. 개별요인

개별요인은 대상부동산의 개별성에 따라 그 가치를 개별적으로 형성하게 하는 요인으로서, 대상부동산이 속한 지역의 표준적 이용을 전제로 한 가격수준과 비교하여 개별적 가격차이를 발생시키는 가치형성요인을 말한다.

II. 부동산가치발생요인

1. 효용
효용이란 인간의 필요나 욕구를 만족시켜 줄 수 있는 능력을 말하며, 이는 부동산의 용도에 따라 주거지는 쾌적성, 상업지는 수익성, 공업지는 생산성으로 나타난다.

2. 상대적 희소성
상대적 희소성이란 인간의 욕망에 비해 욕망의 충족 수단이 질적·양적으로 한정되어 부족한 상태를 말하며, 부동산에 대한 수요에 비해 공급이 부족한 것을 의미한다.

3. 유효수요
유효수요란 부동산에 대한 실질적인 구매능력을 의미하는 것으로서 구입의사와 지불능력을 갖춘 수요를 말한다. 부동산은 고가이므로 단순한 수요의 의사만으로는 부동산 가격에 영향을 미치지 못한다. 따라서 대가를 지불할 수 있는 구매력을 보유한 매수의사와 유효수요가 부동산가치의 발생요인이 된다.

4. 이전성
이전성은 부동산의 물리적 이동을 의미하지 않고, 부동산에 대한 권리의 양도 및 거래 가능성을 뜻한다. 부동산이 법적으로 자유롭게 소유권 이전이 가능해야 시장에서 가치를 형성할 수 있으며, 이전성이 보장되지 않으면 그 부동산의 경제적 가치는 낮아지거나 형성되지 않을 수 있다.

지역분석과 개별분석

Ⅰ. 지역분석의 개관

1. 개요

가. 의의

지역분석이란 대상부동산이 어떤 지역에 속하며, 지역특성이 무엇이며, 전반적으로 지역특성이 지역내 부동산가치형성에 어떠한 영향을 미치는가를 분석하는 것이다.

나. 대상지역

지역분석에서 특히 중요한 대상지역은 인근지역과 유사지역이며, 인근지역과 유사지역을 포함한 보다 광역적인 지역이 동일수급권이 된다.

2. 목적

지역분석은 표준적 이용의 현상과 장래의 동향을 명확히 파악하여, 그 지역 부동산의 가격수준을 판정하는 것이 목적이다. 이를 바탕으로 대상부동산의 상대적 위치와 가격수준을 판단할 수 있게 된다.

3. 지역분석의 절차

지역분석의 절차는 대상지역의 획정 ⇨ 지역요인의 분석 ⇨ 표준적이용의 분석 ⇨ 가격수준의 파악으로 이루어진다.

Ⅱ. 지역분석의 대상지역

1. 인근지역

가. 정의

인근지역이란 감정평가의 대상이 된 부동산이 속한 지역으로서 부동산의 이용이 동질적이고 가치형성요인 중 지역요인을 공유하는 지역을 말한다.

나. 특성

인근지역의 사회적·경제적·행정적 위치는 고정적인 것이 아니라 유동적이기 때문에 인근지역의 범위도 고정적·경직적인 것이 아니라 유동적·가변적이다. 또한 인근지역내의 부동산은 상호 대체·경쟁관계에 있으며 동일한 가격수준을 가진다.

2. 유사지역

가. 정의

유사지역이란 대상부동산이 속하지 아니하는 지역으로서 인근지역과 유사한 특성을 갖는 지역을 말한다.

나. 특성

유사지역은 인근지역과 대체·경쟁관계에 있는 부동산이 존재하는 지역으로서 지리적 위치는 다르나 물리적·경제적 및 인구상태로 보아 기능적·용도적으로으로 유사하여 지역의 구성요소가 동질적인 것으로 볼 수 있다.

3. 동일수급권

가. 정의

동일수급권(同一需給圈)이란 대상부동산과 대체·경쟁 관계가 성립하고 가치 형성에 서로 영향을 미치는 관계에 있는 다른 부동산이 존재하는 권역(圈域)을 말하며, 인근지역과 유사지역을 포함한다.

나. 범위

동일수급권은 지역적으로 대상부동산과 가까이 인접할 필요는 없으며, 이는 인근지역을 포함하여 그 인근지역과 상호관계에 있는 유사지역을 포함한 공적인 범위를 말한다. (최원방권역)

III. 개별분석

1. 개념

개별분석이란 대상부동산의 개별요인을 파악하여 최유효이용을 판정하고, 대상부동산의 구체적 가격을 산정하는 과정에 해당한다.

2. 개별분석과 지역분석의 비교

가. 통합적 비교

지역분석은 지역의 표준적 이용현상과 그 장래의 동향을 명확하게 파악하고, 지역 내 부동산의 가격수준을 판정하기 위한 작업이지만, 개별분석은 대상 부동산의 개별적인 요인을 분석하여, 해당 부동산의 최유효이용을 판단하고, 대상부동산의 구체적 가격을 산정하는 과정에 해당한다.

나. 상호보완성

지역분석이 먼저 이루어지고 개별분석이 나중에 이루어지며, 양 자는 서로 떼어 놓을 수 없는 관계에 있다.

다. 분석 범위의 차이

지역분석이 거시적·광역적개념이라면, 개별분석은 대상부동산의 미시적·부분적인 개념이다.

부동산가격의 제원칙

I. 부동산가격의 제원칙

1. 개관

부동산가격의 제원칙은 부동산 부동산의 가격이 어떻게 형성되고 유지되는지 그 법칙성을 찾아내어 평가활동의 지침으로 삼으려는 행동기준이다.

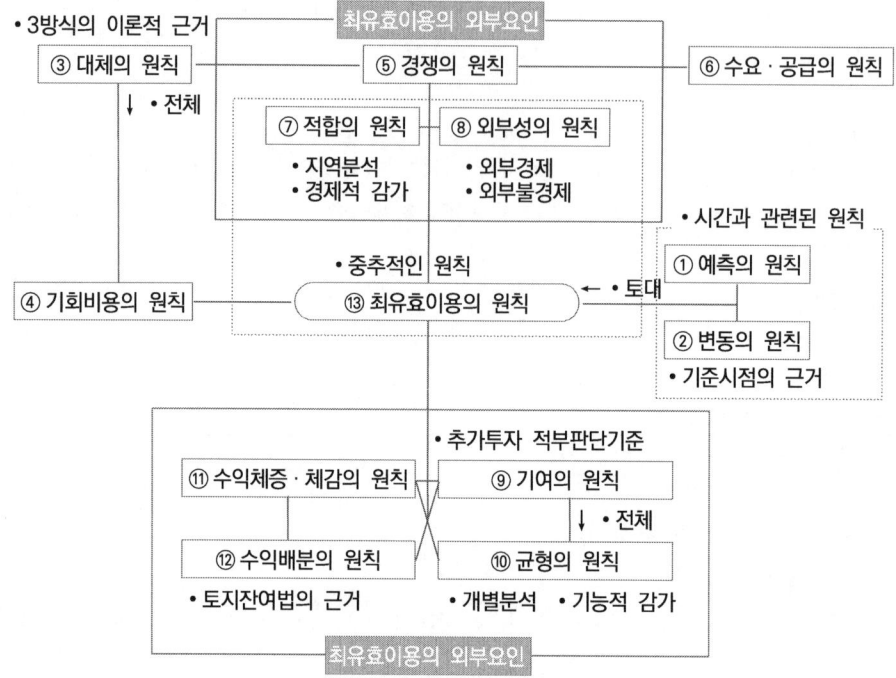

II. 최유효이용 원칙

1. 개관

최유효이용의 원칙이란 부동산가치는 최유효이용을 전제로 파악되는 가치를 표준으로 하여 형성된다는 원칙을 의미한다. 여기서 최유효이용이란 객관적으로 보아 양식과 통상의 이용능력을 가진 사람에 의한 합리적이고 합법적인 최고최선의 이용방법을 말한다. 적합의 원칙 및 외부성의 원칙과 더불어 부동산에 특유하게 적용되는 원칙에 해당된다.

2. 판단기준

가. 물리적 가능성

물리적 가능성이란 물리적으로 대상부동산은 토양의 하중이나 지지력, 지형등에 적합하여야 한다.

나. 합법적 이용여부

합법적 이용여부란 대상 부동산의 최유효이용을 판단할 때는 현행 지역·지구제, 환경기준 등 법적 규제 등을 종합적으로 고려해야 하며, 이는 이용 가능성, 비용, 가치 형성에 직접적인 영향을 미친다.

다. 합리적 이용여부

합리적 이용여부(경제적 타당성)는 대상부동산은 경제적으로 타당한 이용으로서 당해 용도에 대한 소득이나 가치가 총개발비용보다는 커야한다는 기준이다.

라. 최대의 수익성

최대수익성은 대상부동산이 위 3가지의 조건을 만족하는 잠재적 용도 중에서 최대의 수익을 올릴 수 있는 이용이어야 최유효이용에 해당한다는 기준이다. 따라서 최유효이용이 되기 위해서는 그것을 지지할 수 있는 객관적인 시장증거가 뒷받침되어야 한다.

Ⅲ. 최유효이용의 내부원칙

1. 기여의 원칙

가. 개관

(1) 의의

기여의 원칙은 부동산 각 구성요소가 각각 기여하여 부동산 전체의 가격이 형성된다는 원칙이다. 부동산의 총가치는 개별 구성요소에 투입된 비용의 단순 합이 아니라 각 요소가 창출하는 기여도의 총합으로 산정되기 때문이다.

(2) 투자타당성

따라서 토지나 건물의 추가 매입, 기존 건물의 증축·개보수 등 투자 의사결정시에는 해당 구성요소의 투입에 따른 한계수익이 한계비용 이상일 경우에만 투자가 타당하다고 판단한다.

나. 성립근거

기여의 원칙은 부동산의 각 구성요소가 전체에 기여하는 정도가 가장 큰 사용방법을 선택해야 한다는 점에서 용도의 다양성, 병합·분할의 가능성이 그 성립근거가 된다.

다. 활용

기여의 원칙은 부동산 추가 투자 여부를 결정하는 데 있어, 그 타당성을 검증하는 핵심 평가기준이 되기 때문에 인접 토지의 매수하여 합필하거나, 기존 건물의 증축을 하는 경우 그 추가투자의 적부를 결정하는데 유용한 원칙으로 활용된다.

2. 균형의 원칙

가. 개관

균형의 원칙은 부동산의 가치가 최고로 되기 위해서는 부동산의 내부 구성요소들이 적절한 균형을 이루고 있어야 한다는 경제원칙이다. 이 원칙은 부동산의 초과설비와 과소설비를 판정하는데 적용되는 가격원칙으로 내부기능상 효용의 변화로 인하여 발생하는 설계의 불량, 형식의 구식화 등 기능적 감가의 이론적 근거가 된다.

나. 활용

균형의 원칙은 대상 부동산의 내부 구성요소에 대한 개별 요인 분석 시, 평가의 객관적 기준으로 활용된다. 그 예로서 복도의 천정 높이를 과대 개량한 전원주택이 냉·난방비 문제로 시장에서 선호도가 떨어지는 현상은 균형의 원칙이 활용될 수 있다.

3. 수익체증·체감의 원칙

수익체증·체감의 원칙이란 생산요소의 추가 투입에 따라 일정 시점까지는 수익체증의 법칙이 나타나고, 이후에는 수익체감의 법칙이 나타난다는 가격의 원칙을 말한다. 이러한 수익체증·체감의 원칙은 기여의 원칙과 함께 추가 투자의 적부(適否)판단 등에 이용될 수 있는 가격원칙이다.

4. 수익배분의 원칙

수익배분의 원칙이란 토지, 노동, 자본, 경영 등 생산요소별로 발생한 총수익이 각 요소에 적절히 배분되는 가운데 노동에 대한 임금, 자본에 대한이자, 경영에 대한 보수를 지급한 후 남는 잔여액은 정당한 배분이 이루어지는 한 토지에 귀속된다는 원리로서 수익방식에서 토지잔여법, 건물잔여법 등의 이론적 근거를 제공한다.

Ⅳ. 최유효이용의 외부원칙

1. 경쟁의 원칙

경쟁의 원칙이란 부동산의 가격도 경쟁에 의해 결정되며, 경쟁이 있으므로 초과이윤이 소멸되고 대상부동산은 적합한 가격을 갖게 되는 것을 말한다.

2. 적합의 원칙

가. 개관

적합의 원칙이란 부동산의 효용이 최고로 발휘되기 위해서는 그 이용 방법이 그 부동산이 속한 지역의 주위환경에 적합하여야 한다는 부동산 고유의 원칙이다. 이는 외부성의 원칙 및 최유효이용의 원칙과 더불어 부동산에 특유하게 적용되는 원칙이다.

나. 특징

적합의 원칙은 부동산이 위치한 입지와 인근환경의 영향을 중시하는 원칙이다. 대상 부동산의 이용은 해당 부동산이 위치한 지역의 환경(법률적, 경제적, 기술적 등 제반적 여건)에 적합하여야 하며, 주택은 주거지역, 공장은 공업지역, 상가는 상업지역 등 행정적 이용규제에 부합하여야 한다.

다. 활용

(1) 사례

적합의 원칙은 지역분석에 따른 표준적 이용과 개별분석에 따른 최유효이용의 판단으로 활용된다. 그 예시로 판매시설 입점부지 선택을 위해 후보지역분석을 통해 표준적 사용을 확인하는 것에 활용될 수 있다.

(2) 감정평가

외부적 적합성이 결여된 부동산은 시장성이 저하되므로 원가방식 평가 시 경제적 감가의 대상이 된다.

3. 외부성의 원칙

외부성의 원칙이란 부동산의 가격이 외부적인 환경요인에 의해 의도하지 않게 외부경제 또는 외부불경제의 영향을 받을 수 있다는 가격원칙을 말한다. 또한 외부경제 효과에 의해 증가요인이 되어 높게 평가되며, 외부불경제 효과에 의해 감가요인이 되어 낮게 평가된다는 가격원칙이다.

V. 시간과 관련된 원칙

1. 변동의 원칙

가. 개관

변동의 원칙은 재화의 가격이 그 가치형성요인의 변화에 따라 달라지는 것으로 부동산가격도 사회적·경제적·행정적요인이나 부동산 자체가 가지는 개별적 요인에 따라 지속으로 변동하는 것을 말한다.

나. 성립근거

변동의 원칙은 토지의 자연적 특성인 영속성 그리고 인문적 특성인 용도의 다양성, 위치의 가변성 등에 의해 성립된다.

다. 감정평가

(1) 시점수정

변동의 원칙은 최유효이용 원칙의 토대가 되며, 시간적 측면과 밀접한 연관이 있다. 따라서 시점수정의 이론적 근거가 된다.

(2) 수익방식

수익방식에서는 장래 동향에 따른 순수익 추정과 환원율 변동 요인을 고려할 때 중요한 기준으로 작용한다. 또한 예측의 원칙과 함께 수익환원법의 토대가 된다.

2. 예측의 원칙

가. 개관

부동산의 가격은 과거나 현재의 유용성에 의해서 결정되는 것이 아니라 장래의 유용성에 대한 예상을 근거로 결정된다는 가격원칙을 예측의 원칙이라고 한다. 이러한 예측의 원칙에 의해 부동산의 가치란 장래 기대되는 편익을 현재가치로 환원한 값이라 정의할 수 있다.

나. 최유효이용 원칙의 토대

예측의 원칙은 최유효이용 원칙의 토대가 되며, 시간적 측면과 밀접한 연관이 있다.

다. 감정평가

예측의 원칙은 수익방식에서 대상 부동산이 미래에 산출할 것으로 기대되는 순수익 및 환원율 결정에 밀접하게 연관된다. 또한 부동산의 현재보다 장래의 활용 및 변화가능성을 고려한다는 점에서 수익환원법의 토대가 될 수 있다.

Ⅵ. 기타원칙

1. 대체의 원칙

가. 개관

대체의 원칙이란 부동산의 가격은 부동산 상호간, 지역 상호간, 부동산과 대체성이 있는 일반 투자분야의 다른 재화 상호간의 대체·경쟁과정에서 형성된다는 가격원칙을 말한다. 따라서 부동산 가격이 대체 가능한 유사 부동산으로부터 영향을 받는다는 점에서 거래사례비교법의 이론적 토대가 된다.

나. 내용

대체의 원칙이 성립하기 위해서는 부동산 상호 간 또는 부동산과 일반 재화 간에 용도, 효용, 가격 등에서 동일성 혹은 유사성이 존재해야 한다. 또한 동일한 효용을 가진 여러 부동산 중에서 가격이 가장 낮은 것이 선택되고 이 가격이 다른 부동산의 가격형성에 영향을 미치게 된다.

2. 기회비용의 원칙

기회비용의 원칙이란 대상부동산의 가치를 평가할 경우 기회비용을 충분히 고려하여 평가하여야 한다는 원칙이다.

3. 수요와 공급의 원칙

수요와 공급의 원칙이란 부동산의 가격은 수요와 공급의 상호작용에 의해 결정된다는 원칙이다.

감정평가 3방식 6방법

I. 감정평가 3방식 6방법

1. 개관

감정평가 3방식이란 부동산의 가치를 측정하는데 있어서의 3가지 계산원리로서 비용성에 기초한 원가방식, 시장성에 기초한 비교방식, 수익성에 기초한 수익방식을 말한다.

2. 시산가액

감정평가 3방식에 따라 대상 부동산의 가액과 임대료를 각각 산정하게 되는데, 이를 시산가액이라 한다. 시산가액을 산정하는 방법은 가액은 원가법, 거래사례비교법(및 공시지가기준법), 그리고 수익환원법이 있으며, 임대료는 적산법, 임대사례비교법, 수익분석법이 있다. 이들 여섯 가지 방법을 통칭하여 6방법이라 한다.

가치의 3면성	3방식	평가	6방법	시산가액
비용성	원가방식	가액	원가법	적산가액
		임대료	적산법	적산임료
시장성	비교방식	가액	거래사례비교법(공시지가기준법)	비준가액(토지가액)
		임대료	임대사례비교법	비준임료
수익성	수익방식	가액	수익환원법	수익가액
		임대료	수익분석법	수익임료

3. 시산가액 조정

시산가액의 조정 평가방식의 적용에 의하여 비용성, 시장성, 수익성의 가격3면성에 의한 원가방식, 비교방식, 수익방식에 의하여 산정된 가액과 임료를 상호 관련시켜 재검토과정을 거치는 것으로서 시산가액이나 시산임료 상호 간의 격차를 합리적으로 조정하는 작업을 말한다.

II. 원가방식 - 원가법

1. 의의

원가법이란 대상물건의 재조달원가에 감가수정(減價修正)을 하여 대상물건의 가액을 산정하는 감정평가방법을 말한다.

적산가액 = 재조달원가 - 감가수정액

2. 재조달원가

가. 개념

재조달원가란 대상물건을 기준시점에 재생산하거나 재취득하는 데 필요한 적정원가의 총액을 말한다. 재조달원가는 대상물건을 일반적인 방법으로 생산하거나 취득하는 데 드는 비용으로 하되 제세공과금 등과 같은 일반적인 부대비용을 포함한다.

나. 종류

(1) 복제원가

복제원가란 대상 부동산과 동일하거나 유사한 자재를 사용하여, 개별성 및 물리적 측면에서 동일한 형태·구조·원자재·노동의 질을 갖춘 복제품을 재조달하는 데 소요되는 비용을 의미한다. 이는 물리적 측면에서 산정되는 재조달원가이다.

(2) 대치원가

대치원가란 건축자재, 설비, 공법 등에 있어 기준시점에서 통상적이고 표준적인 것을 사용하여 대상 부동산과 동일한 기능적 효용을 지닌 신규 부동산을 대체하는 데 소요되는 적정 원가를 말한다. 대치원가는 기능적 효용의 동등성을 중시하기 때문에 이미 기능적 감가가 반영되어 있다.

다. 재조달원가의 산정방식

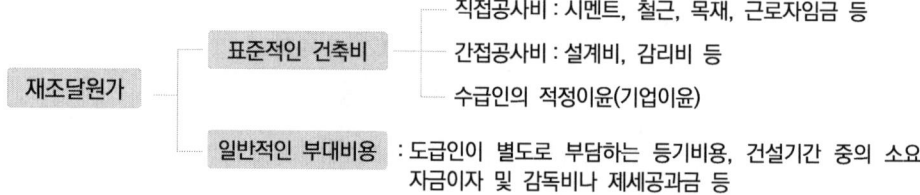

라. 재조달원가를 구하는 방법 – 직접법

(1) 총량조사법

총량조사법은 대상부동산을 구성하는 자재량과 소요노동량에 각 단가를 곱하여 적산하고, 여기에 부대비용을 가산하여 재조달원가를 산정한다. 이는 대상부동산 전반의 자재비·노무비·부대비용 등을 세밀하게 산출·집계하는 방식으로 정확성이 높으나 시간과 노력이 많이 소요된다.

> 재조달원가 = (각 소요자재의 단가 × 각 소요자재량) + (시간당 노임 × 투하노동시간) + 부대비용

(2) 부분별 단가적용법

부분별 단가적용법은 구성단위법 또는 분리비용법이라고도 하는데, 대상부동산에 대한 지붕, 기둥, 마루(바닥), 벽, 기초 등의 중요 구성부분에 따라 표준단가를 먼저 구하여 이를 집계하는 방법이다.

> 재조달원가 = (구성부분별 표준단가 × 구성부분별 수량) + 부대비용

(3) 변동률 적용법

변동률 적용법은 대상부동산의 건설 또는 제작에 실제로 소요된 실제의 건축비를 알 수 있는 경우 시점수정 등의 보정을 가하여 기준시점의 대상부동산의 재조달원가를 구하는 방법이다.

$$재조달원가 = 표준건축비 \times (사정보정 \cdot 시점수정)$$

(4) 단위비교법

단위비교법은 평방미터(㎡) 또는 입방미터(㎥)와 같은 총량 단위를 기준으로 비용을 산출하는 방법이다.

$$재조달원가 = 평방미터(㎡) 또는 입방미터(㎥)당 비용 \times 연면적$$

마. 재조달원가를 구하는 방법 - 간접법

(1) 건설비비교법

건설비비교법은 단위비교법이라고도 하는데, 단위면적을 기준으로 대상건물의 건설비를 유사건물의 건설비와 비교하여 시점수정, 지역요인, 개별요인을 보정한 다음 ㎡당 재조달원가를 구하는 방법이다.

$$재조달원가 = 유사부동산 재조달원가 \times 사정보정 \times 시점수정 \times 지역요인 \times 개별요인$$

(2) 변동률 적용법

변동률 적용법은 유사부동산의 생산 또는 건설에 소요되는 직·간접공사비, 수급인의 이윤, 도급인의 부대비용 등의 변동률을 구하고, 이 변동률에 시점수정 등을 거친 후에 대상부동산의 재조달원가를 구하는 방법이다.

$$재조달원가 = 유사부동산의 표준건축비 \times (사정보정 \cdot 시점수정)$$

3. 감가수정의 개념

가. 의의

감가수정은 대상물건에 대한 재조달원가를 감액하여야 할 요인이 있는 경우에 물리적 감가·기능적 감가 또는 경제적 감가 등을 고려하여 그에 해당하는 금액을 재조달원가에서 공제하여 기준시점에 대상물건의 가액을 적정화하는 작업을 말한다.

나. 감가의 요인

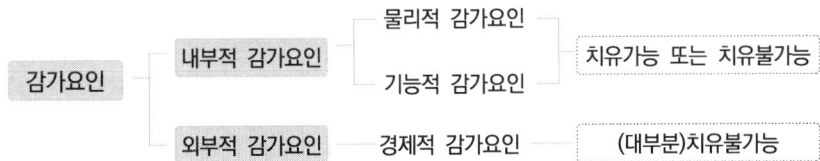

물리적 감가요인	㉠ 물리적 감가요인이란 대상물건의 물리적 상태 변화에 따른 감가요인을 말한다.
	㉡ 물리적 감가요인의 예시로서 시간의 경과, 사용으로 인한 마모 또는 파손 드이 있다.
기능적 감가요인	㉢ 기능적 감가요인이란 대상물건의 기능적 효용 변화에 따른 감가요인을 말한다.
	㉣ 기능적 감가요인의 예시로서 건물과 부지의 부적합, 설계 및 설비의 불량, 설비의 부족·과잉 등이 있다.
경제적 감가요인	㉤ 경제적 감가요인이란 인근지역의 경제적 상태, 주위환경, 시장상황 등 대상 물건의 가치에 영향을 미치는 경제적 요소들의 변화에 따른 감가요인을 말한다.
	㉥ 경제적 감가요인 예시로서 주변환경과의 부적합, 시장성의 감퇴, 인근지역의 쇠퇴등이 있다.

다. 부동산의 내용연수

(1) 의의

내용연수란 감가상각자산이 경제적 가치와 효용을 보유하며 존속할 것으로 예상되는 기간을 의미한다. 이는 일반적으로 물리적 내용연수와 경제적 내용연수로 구분된다.

(2) 물리적·경제적 내용연수

물리적 내용연수	물리적 내용연수란 대상 부동산이 물리적으로 존속할 수 있을 것으로 예측되는 기간을 말한다. 즉, 구조적 결함이나 물리적 훼손이 발생하여 사용이 불가능해 질 때까지의 기간이다.
경제적 내용연수	경제적 내용연수란 대상 부동산이 유효성(효용성)을 유지하며 경제적 수익을 창출할 것으로 기대되는 기간을 의미한다. 감정평가에서는 원칙적으로 경제적 내용연수를 기준으로 활용한다. 또한 일반적으로 경제적 내용연수는 물리적 내용연수보다 짧으며, 평가 시 반드시 그 범위 내에서 판단해야 한다.

(3) 경과연수와 잔존연수

경과연수	경과연수란 전체 내용연수 중 이미 경과되었다고 판단되는 기간을 말한다.
잔존연수	잔존연수란 전체 내용연수 중 아직 경과되지 않아 향후 존속할 것으로 예상되는 기간을 말한다. 감정평가에서는 과거의 경과연수보다 장래의 잔존연수를 더 중시하여 평가를 진행한다.

4. 감가수정(내용연수에 의한 감가수정)

가. 정액법

(1) 의의

정액법은 대상물건의 감가가 매년 일정액씩 감가된다는 가정하에 부동산의 감가총액을 내용연수로 나누어 매년의 감가액으로 하는 방법이다. 감가상각누계액이 경과연수에 정비례하여 증가하기 때문에 균등상각법 또는 직선법이라고도 한다.

(2) 산식

> ㉠ 매년감가액 = $\dfrac{\text{재조달 원가} - \text{잔존가격}}{\text{경제적 내용연수}}$
>
> ㉡ 감가누계액 = 매년감가액 × 경과연수
>
> ㉢ 적산가액 = 재조달원가 − 감가누계액

나. 정률법

(1) 의의

정률법은 대상물건의 감가가 매년 일정률로 감가된다는 가정 하에 매년 말의 미상각잔액에 감가율을 곱하여 감가수정액을 산정하는 방법이다.

(2) 산식

> ㉠ 매년감가액 = 전년 말 잔존가액 × 감가율
>
> ㉡ 감가누계액 = 재조달원가 × (감가율)^{경과연수}
>
> ㉢ 적산가액 = 재조달원가 × (1 − 매년 감가율)^{경과연수}
>
> ㉣ 적산가액 = 재조달원가 × (잔가율)^{경과연수}

다. 상환기금법

상환기금법은 건물 등의 내용연수가 만료될 때 감가누계상당액과 그에 대한 복리계산의 이자상당액분을 포함하여 당해 내용연수로 상환하는 방법이다.

III. 원가방식 − 적산법

1. 의의

적산법(積算法)이란 대상물건의 기초가액에 기대이율을 곱하여 산정된 기대수익에 대상물건을 계속하여 임대하는 데 필요한 경비를 더하여 대상물건의 임대료를 산정하는 감정평가방법을 말한다.

> 적산임료 = 기초가액 × 기대이율 + 필요제경비

2. 기초가액

기초가액이란 적산법으로 감정평가하는 데 기초가 되는 대상물건의 가치를 말하며, 임료의 기준시점에 있어서 대상부동산이 갖는 원본가치를 나타낸다.

3. 기대이율

기대이율이란 임대차 물건을 취득하는 데에 투입된 자본에 대하여 임대차 기간 동안 계약내용에 따른 사용수익에 따라 기대되는 수익의 비율을 말한다. 즉, 기초가액에 대하여 기대되는 임대수익의 비율을 말한다.

4. 필요제경비

필요제경비란 임차인이 사용·수익할 수 있도록 임대인이 대상물건을 적절하게 유지·관리하는 데에 필요한 비용을 말한다.

IV. 비교방식 - 거래사례비교법

1. 의의

거래사례비교법이란 대상물건과 가치형성요인이 같거나 비슷한 물건의 거래사례와 비교하여 대상물건의 현황에 맞게 사정보정(事情補正), 시점수정, 가치형성요인 비교 등의 과정을 거쳐 대상물건의 가액을 산정하는 감정평가방법을 말한다.

> 비준가액 = 거래사례 × 사정보정 × 시점수정 × 지역요인 × 개별요인

2. 사례자료의 수집

가. 사정보정의 가능성

사정보정의 가능성이란 거래사례가 거래당사자의 특수한 사정이나 개별적 동기가 개입될 가능성이 높으므로 이러한 요인이 개입되지 않은 거래사례가 존재할 경우 이를 우선적으로 채택하고, 거래사정이 정상으로 인정되는 것 또는 정상인 것으로 보정될 수 있는 사정보정의 가능성이 있는 사례이어야 한다.

나. 시점수정의 가능성

시점수정의 가능성이란 시간적 유사성을 뜻하며, 부동산가격이 수많은 가격형성요인들의 상호 인과적 결합에 따라 항상 유동·변동하는 특성을 전제로 한다. 따라서 거래사례는 거래시점이 명확해야 하며, 대상 부동산의 기준시점과 시간적으로 유사할수록 시점수정의 정확성과 유효성이 높아진다.

다. 지역요인의 비교가능성

지역요인의 비교가능성이란 거래사례가 위치적 동일성 또는 위치적 유사성을 갖춘 지역 내에서 선정하여야 하며, 대상 부동산의 인근지역 또는 유사지역에 위치한 사례, 즉 동일한 수급권 내에 포함되어 지역요인의 비교가 가능한 사례자료를 수집하는 것이 원칙이다.

라. 개별요인의 비교가능성

개별요인의 비교가능성이란 대상물건과 개별요인의 비교가 가능한 상태를 의미하며, 거래사례는 대상물건과 상호대체성 및 경쟁관계가 성립하고, 가격이 상호 관련성을 유지하는 것이 전제되어야 한다. 따라서 거래사례물건의 규모·구조·상태·용도 등 물리적 특성이나 권리관계가 대상물건과 동일하거나 유사한 사례를 선택하는 것이 원칙이다.

3. 배분법에 의한 거래사례 수집

가. 의의

배분법이란 거래사례부동산이 대상부동산과 비교하여 동질적인 유형과 이질적인 유형이 복합적으로 구성되어 있는 경우, 해당 거래사례부동산 중 이질적인 유형 부분을 제외하고 동질적인 유형 부분만을 사례자료로 선택하여 비교하는 방법을 말한다.

나. 공제방식과 비율방식

배분법에는 공제방식과 비율방식의 두 가지 유형이 있으며, 배분법을 활용하면 거래사례비교법의 적용 범위가 확대될 수 있다.

4. 사례자료의 정상화

가. 사정보정

(1) 개념

사정보정이란 거래사례에서 어떤 사정이 개입된 가격수준을 그러한 거래사정이 개입되지 않았을 경우 당해 부동산시장의 매도자와 매수자의 거래동기를 반영하는 가격수준으로 정상화하는 작업을 말한다.

(2) 산정

$$\text{사정보정치} = \frac{\text{대상부동산}}{\text{사례부동산}} = \frac{\text{사정의 개입}}{\text{사정의 개입}} = \frac{(100\% \pm \text{사정의 개입정도})}{(100\% \pm \text{사정의 개입정도})}$$

나. 시점수정

(1) 개념

시점수정은 가액의 산정에 있어서 거래사례자료의 거래시점과 대상부동산의 기준시점이 시간적으로 불일치하여 가격수준에 변동이 있을 경우, 거래시점에서의 거래사례가격을 기준시점에서의 가격수준으로 정상화하는 작업을 말한다.

(2) 지수법

$$\text{시점수정치} = \text{사례물건의 거래시점가격} \times \frac{\text{기준시점 가격지수}}{\text{거래시점 가격지수}}$$

(3) 변동률 적용법

$$시점수정치 = 사례물건의\ 거래시점가격\ (1 \pm 변동률)^{기간}$$

다. 지역요인 및 개별요인의 비교

(1) 개념

지역요인 및 개별요인의 비교대상물건과 사례물건이 속한 지역의 지역적 격차를 비교하고, 개별적 요인 간 격차를 비교 및 보정하여 대상물건의 차원으로 정상화하는 작업을 말한다.

(2) 지역요인

$$지역요인치 = \frac{인근지역(대상부동산)\ 100 \pm \alpha}{유사지역(사례부동산)\ 100 \pm \beta}$$

(3) 개별요인

$$개별요인치 = \frac{대상부동산\ 100 \pm \alpha}{사례부동산\ 100 \pm \beta}$$

V. 비교방식 - 임대사례비교법

1. 의의

임대사례비교법이란 대상물건과 가치형성요인이 같거나 비슷한 물건의 임대사례와 비교하여 대상물건의 현황에 맞게 사정보정, 시점수정, 가치형성요인 비교 등의 과정을 거쳐 대상물건의 임대료를 산정하는 감정평가방법을 말한다.

$$비준임료 = 사례임료 \times 사정보정 \times 시점수정 \times 지역요인 \times 개별요인$$

2. 구성

실질임료	순임료	운용이익 등	㉠ 예금적성격의 일시금 운용이익	지불임료
			㉡ 선불적성격의 일시금 상각액	
			㉢ 선불적성격의 일시금의 미상각액에 대한 운용이익	
		지불임료	㉣ 각 지불시기에 일정액씩 지급되는 임료 중 순임료	
			㉤ 부가사용료·공익비 중 실비 초과액	
	필요제경비		㉥ 감가상각비, 유지관리비, 조세공과, 손해보험료,	
			㉦ 결손준비비, 공실 등 손실상당액, 정상운전자금이자	

가. 실질임료

실질임료는 임대인에 지불되는 모든 경제적 대가를 말하며, 순임료 및 필요제경비 등으로 구성된다. 이러한 실질임료는 지불임료 뿐만 아니라 권리금 등 임료의 선불적 성격을 갖는 일시금의 상각액과 운용이익 및 보증금 등 임료의 예금적 성격을 갖는 일시금의 운용이익까지 포함한다.

나. 순임료

순임료란 대상물건의 실질임료에서 필요제경비를 차감한 금액으로서 임대 대상물건에서 임대인이 실제 수취할 수 있는 기대수익을 말한다.

다. 지불임료

지불임료란 임차인이 임대인에게 각 지급시기에 지불되는 임대료를 말한다. 지불임료는 실질임료를 초과할 수 없으며, 지불임료는 실질임료에서 예금적·선불적 성격을 갖는 일시금의 운용익과 상각액을 차감하여 구하며, 여기에는 각 지불시기에 일정액씩 지불되는 임대료 중 순임료 상당액, 부가사용료·공익비 중 실비를 초과하는 금액, 필요제경비가 포함된다.

VI. 공시지가기준법

1. 개관

가. 법 규정

감정평가사는 「감정평가 및 감정평가사에 관한 법률 제3조 제1항」에 따라 토지를 감정평가할 때에는 공시지가기준법을 적용해야 한다.

나. 의의

공시지가기준법이란 감정평가의 대상이 된 토지와 가치형성요인이 같거나 비슷하여 유사한 이용가치를 지닌다고 인정되는 표준지의 공시지가를 기준으로 대상토지의 현황에 맞게 시점수정, 지역요인 및 개별요인 비교, 그 밖의 요인의 보정(補正)을 거쳐 대상토지의 가액을 산정하는 감정평가방법을 말한다.

다. 산식

> 토지가격 = 비교표준지 × 시점수정 × 지역요인 × 개별요인 × 그 밖의 요인

2. 비교표준지 선정

비교표준지 선정이란 인근지역에 있는 표준지 중에서 대상토지와 용도지역·이용상황·주변환경 등이 같거나 비슷한 표준지를 선정해야하는 것을 말한다. 다만, 인근지역에 적절한 표준지가 없는 경우에는 인근지역과 유사한 지역적 특성을 갖는 동일수급권 안의 유사지역에 있는 표준지를 선정할 수 있다.

3. 시점수정

가. 원칙
시점수정의 원칙은 국토교통부장관이 조사·발표하는 비교표준지가 있는 시·군·구의 같은 용도지역 지가변동률을 적용해야 한다.

나. 예외
시점수정의 예외는 공법상 제한이 같거나 비슷한 용도지역의 지가변동률, 이용상황별 지가변동률 또는 해당 시·군·구의 평균지가변동률을 적용하거나, 지가변동률을 적용하는 것이 불가능하거나 적절하지 아니한 경우에는 한국은행이 조사·발표하는 생산자물가지수에 따라 산정된 생산자물가상승률을 적용해야 한다.

4. 지역요인 비교

5. 개별요인 비교

6. 그 밖의 요인 보정

가. 개념
그 밖의 요인 보정은 대상토지의 인근지역 또는 동일수급권내 유사지역의 가치형성요인이 유사한 정상적인 거래사례 또는 평가사례 등을 고려해야 한다.

나. 산정방식
(1) 표준지기준 산정방식

$$\frac{거래사례 \times 시점수정 \times 지역요인 \times 개별요인}{표준지공시지가 \times 시점수정}$$

(2) 대상토지기준 산정방식

$$\frac{거래사례 \times 시점수정 \times 지역요인 \times 개별요인}{표준지공시지가 \times 시점수정 \times 지역요인 \times 개별요인}$$

VII. 수익방식 – 수익환원법

1. 의의
수익환원법이란 대상물건이 장래 산출할 것으로 기대되는 순수익이나 미래의 현금흐름을 환원하거나 할인하여 대상물건의 가액을 산정하는 감정평가방법을 말한다.

$$수익가액 = \frac{순수익}{환원이율}$$

2. 순수익의 개념

가. 의의

순수익이란 대상물건이 일정기간에 획득할 수익에서 그 수익을 발생시키는데 소요되는 비용을 공제한 금액을 일컫는다. 순수익은 순영업소득을 가리키는 것으로서 유효총소득에서 운영경비를 차감하여 얻을 수 있다.

나. 요건

수익은 보통 일반적인 이용방법에 따라 산출되어야 하며, 수익은 계속적·규칙적으로 발생하는 것이어야 한다. 또한 수익은 안전·확실해야 하며, 수익은 합리적·합법적으로 발생하는 것 이어야 한다.

3. 순수익의 산정방법

가. 직접법

직접법은 대상부동산으로부터 직접 임대수익을 파악하고 과거 실적과 장래 동향을 분석하여 순수익을 구하는 방법이다. 직접법에 의한 순수익 산정은 총수익에서 총비용을 차감하여 순수익을 산정한다.

나. 간접법

간접법은 인근지역이나 동일수급권 내의 유사지역에서 대상부동산과 동일유사성이 있는 사례 부동산의 순수익을 비준하여 대상부동산의 순수익을 간접적으로 구하는 것이다.

다. 잔여환원법

(1) 토지잔여법

토지잔여법이란 토지와 건물의 복합부동산의 경우 전체 순수익에서 건물에 귀속하는 순수익을 전체 순수익으로부터 공제하여 토지에 귀속되는 순수익을 구할 수 있다.

(2) 건물잔여법

건물잔여법이란 토지와 건물의 복합부동산의 경우 전체 순수익에서 토지에 귀속되는 순수익을 공제하여 건물에 귀속되는 순수익을 계산할 수 있다.

4. 순수익의 산정

```
    가능총소득
  - 공실 및 불량부채
  + 기타소득
  ─────────────────
  = 유효총소득
  - 영업경비
  ─────────────────
  = 순영업소득
  - 부채서비스액
  ─────────────────
  = 세전현금흐름
  - 영업소득세
  ─────────────────
  = 세후현금흐름
```

가. 가능총소득

(1) 개요

대상부동산이 공실 없이 모두 임대되었을 경우 얻을 수 있는 소득을 가능총소득이라고 한다. 수익방식에서는 모든 임대 가능한 공간을 시장임료로 임대차된다고 가정하고 가능총소득을 산정한다. 연임료 이외에도 보증금(전세금)운용이익이나 주차장 수입 등의 기타소득으로 이루어진다.

(2) 산정방법

> ㉠ 가능총소득 = (임대가능면적 × 임대료) + 기타소득
> ㉡ 가능총소득 = (단위당 예상 임대료 × 임대단위수) + 기타소득
> ㉢ 가능총소득 = (총임대면적 × 단위면적당 추정임대료) + 기타소득

나. 공실 및 불량부채

공실 및 불량부채란 공실이나 임대료회수가 불가능한 금액 등으로 인해 발생하는 손실액을 의미한다.

다. 유효총소득

유효총소득이란 가능총소득에서 공실손실 및 불량부채에 대한 대손손실을 제외한 것을 말한다. 유효총소득은 공실손실상당액 차감 후 부동산의 운영에서 예상되는 소득이다.

라. 운영경비

(1) 개요

운영경비는 재산세 등의 지방세와 부동산을 운영하기 위한 모든 비용은 발생한 그 해의 소득에서 공제된다. 보험, 유지보수비용 등이다. 배당금이나 투자자의 소득세와 같은 소유부동산을 관리하거나 경영하기위한 비용은 빌딩관리비용이 아니므로 NOI 계산시 고려되지 않는다. 감가상각비도 현금유출을 수반하지 않으므로 NOI 계산시 차감되지 않는다.

(2) 포함항목과 불포함항목

운영경비 포함항목	운영경비 불포함항목
㉠ 건물 유지·관리비용 ㉡ 수익자부담금 ㉢ 건물의 재산세, 종합부동산세 ㉣ 화재보험료 등 손해보험료 등 ㉤ 광고선전비 등 그 밖의 경비 ㉥ 수도광열비	ⓐ 취득세 ⓑ 공실 및 대손충당금 ⓒ 부채서비스액 ⓓ 감가상각비 ⓔ 개인업무비, 소유자급여 ⓕ 소득세, 법인세

마. 순영업소득

순영업소득(NOI)는 원리금상환액이나 법인세(소득세)가 공제되기 전 유효총소득에서 모든 운영경비를 공제한 후 남아 있는 수익이다. 소유자가 융자원금 상환액을 지불하기 위하여 우선적으로 얻을 수 있다고 예측되는 수입이다.

바. 세전현금흐름

세전현금흐름(BTCF)은 순영업소득에서 부채서비스액을 공제하면 지분투자자에게 귀속되는 현금흐름인 지분수익이 산정하는 것을 말한다.

사. 세후현금흐름

세후현금흐름(ATCF)은 소득세가 공제된 후의 현금흐름 부분이다.

5. 환원율의 산정

가. 개념

(1) 의의

환원율이란 대상물건이 장래 산출할 것으로 기대되는 표준적인 순수익과 가치의 비율로서, 순수익을 자본환원해서 수익가치를 구하는 경우 적용되며, 이는 대상물건의 수익성을 나타낸다.

(2) 역할

환원율은 대상물건의 전체 내용연수기간동안 최유효이용을 전제로 한 장기적인 활동에 대한 이율이며, 투자에 대한 일종의 수익률로서 순수익을 자본화하는 승수적 역할을 한다.

(3) 구성

자본환원율의 경우 자본수익률(=이자율 또는 할인율)과 자본회수율(=감가상각률)로 구성된다.

(4) 자본수익률과 자본회수율

자본수익률이란 투자자본이 회수될 때 까지 투자자의 자본에 대한 수익률로서 자본수익이 차지하는 비율을 의미하고, 자본회수율이란 투하자본에 대한 자본회수분이 차지하는 비율을 의미한다.

(5) 산식

$$환원이율 = \frac{순수익}{수익가액 (부동산가격)}$$

$$환원이율 = (자본수익율) \pm (자본회수율)$$
$$환원이율 = r + \frac{1}{n}$$
(r = 자본수익율, $\frac{1}{n}$ = 자본회수율, n = 경제적내용연수)

나. 환원율의 종류

(1) 개별환원율과 종합환원율

$$종합환원율 = (토지환원율 \times 토지가치구성비) + (건물환원율 \times 건물가치구성비)$$

개별환원율이란 토지와 건물이 각각 다른 환원율인 경우에 그 각각의 환원율을 말하며, 종합환원율이란 각각의 개별환원율을 토지와 건물의 가치구성비율에 따라 가중평균한 환원율을 말한다.

(2) 상각전환원율과 상각후환원율

$$상각전환원율 = 자본수익률 + 자본회수율$$
$$상각후환원율 = 자본수익률$$

상각전환원율이란 감가상각비를 포함하고 있는 순수익의 이율을 말하며, 상각후환원율이란 감가상각비를 포함하고 있지 않는 순수익의 이율을 말한다.

(3) 세공제전환원율과 세공제후환원율

세금(= 법인세,소득세)의 공제여부에 따라 구분되는 경우로서 세율을 배제하지 않은 경우를 세공제전환원율이라고 하고, 세율을 배제한 경우를 세공제후환원율이라고 한다.

6. 환원율을 구하는 방법

가. 시장추출법

(1) 의의

대상부동산과 유사한 시장에서 최근에 거래된 유사 부동산의 순수익을 해당 거래사례의 거래가격으로 나누어 이를 통해 환원율을 산출하는 방법이다.

(2) 거래사례비교법

부동산시장에서 얻어진 거래사례가격으로부터 매매가액과 순영업소득을 추출하여 환원율을 구하는 방법으로 실무에서 많이 사용되는 방법이다.

구분	거래사례 #1	거래사례 #2
NOI	64,500	40,000
거래가격	400,000	250,000
종합환원율	0.16125	0.16

(3) 시장추출법

과거의 시장 거래사례를 통하여 추출된 총소득승수(매매가격/총소득)를 이용하여 환원율을 산정하는 방법이다. 이때 총소득은 유효총소득을 활용할 경우 유효총소득승수법으로, 가능총소득을 활용할 경우 가능총소득승수법으로 불린다.

$$\frac{1 - 영업경비율}{총소득승수} = \frac{1 - 영업경비율}{\frac{부동산가치}{유효총소득}}$$

$$= \frac{유효총소득 \times (1 - 영업경비율)}{부동산가치} = \frac{순수익}{부동산가치}$$

나. 조성법

조성법이란 무위험률을 표준으로하고, 그 무위험 투자대상과 비교하여 당해 부동산을 투자대상으로 할 경우 위험할증률을 합산하여 환원율을 구하는 방법이다.

$$환원율 = 무위험률 + 위험할증률$$

다. 투자결합법

(1) 물리적 투자결합법

물리적 투자결합법이란 수익창출 능력은 토지와 건물이 서로 다르며 양자는 분리될 수 있다는 가정하, 전체 부동산 가격중에서 차지하는 토지가격 구성비율에 환원율을 곱하고, 건물가격구성비율에다가 건물환원율을 곱한다음, 양 자를 합하여 종합환원율을 산정한다.

$$자본환원율 = (토지가격구성비 \times 토지환원율) + (건물가격구성비 \times 건물환원율)$$

(2) 금융적 투자결합법

금융적 투자결합법이란 수익성 부동산은 일반적으로 지분투자액과 저당투자액으로 구성되는 것에 근거한다. 저당이자율을 충족하기 위해 필요한 투자액의 예상수익률과 시장에서 다른 부동산과의 경쟁관계를 반영하는 지분배당률을 유지하기 위해 필요한 투자액의 예상수익률을 가중 평균하여 자본환원율을 구하는 방법이다.

$$자본환원율 = (대부비율 \times 저당상수) + (지분비율 \times 지분배당률)$$

라. 엘우드법

엘우드법이란 엘우드가 개발한 이 방법은 투자결합법을 응용한 것으로서 자본환원율에 영향을 미치는 요소는 매 기간의 현금흐름, 보유기간 내 가치의 상승·하락, 보유기간 내 지분형성분의 변화가 자본환원율 결정에 영향을 미치게 된다.

마. 부채감당법

부채감당법은 저당투자자입장에서 대상부동산의 수익이 매 기간 융자원리금을 감당할 만큼 발생하는가 하는 관점에서 분석한다. 또한 환원율을 구하는 방법은 간단하게 부채감당률에 저당비율과 저당상수를 곱하여 구하는 방식이다.

$$부채감당률 = \frac{순영업소득}{부채서비스액}$$

$$자본환원율 = 부채감당률 \times 대부비율 \times 저당상수$$

7. 수익환원방법 - 직접환원법

가. 개관

수익환원법(收益還元法)이란 대상물건이 장래 산출할 것으로 기대되는 순수익이나 미래의 현금흐름을 환원하거나 할인하여 대상물건의 가액을 산정하는 감정평가방법을 말한다. 또한 감정평가 실무기준에서는 수익환원법으로 감정평가할 때에는 직접환원법이나 할인현금흐름분석법 중에서 감정평가 목적이나 대상물건에 적절한 방법을 선택하여 적용한다.

나. 직접법

직접환원법이란 대상부동산에서 발생되는 초년도의 순영업소득을 환원율로 나누어 수익가치를 산정하는 방식을 말한다.

$$수익가액 = \frac{순영업소득}{환원율}$$

다. 직선법

직선법이란 순영업소득이 매 기간 감소하고, 회수액은 재투자되지 않으며 대상부동산의 경제적 수명 동안 적립된다고 가정한다. 또한 상각전 순수익을 상각전 환원율(= 상각후 환원율+상각률)로 환원하여 수익가액을 구한다.

$$수익가액 = \frac{상각전\ 순수익}{상각전\ 환원율\ (= 상각후\ 환원율 + 상각률)}$$

라. 잔여환원법

(1) 토지잔여법

복합부동산의 순수익에서 건물에 귀속되는 순수익을 공제하고 토지에 귀속되는 순수익을 토지환원율로 환원하여 수익가치를 구하는 방법이다. 이 방법은 토지와 건물의 물리적 구성부분별로 수익을 분리할 수 있다는 가정에 기초한다.

$$\text{토지의 수익가치} = \frac{\text{대상부동산의 순수익} - (\text{건물가치} \times \text{건물환원율})}{\text{토지환원율}}$$

(2) 건물잔여법

복합부동산의 순수익에서 토지에 귀속되는 순수익을 공제하고 건물에 귀속되는 순수익을 건물환원율로 환원하여 수익가치를 구하는 방법이다.

$$\text{건물의 수익가치} = \frac{\text{대상부동산의 순수익} - (\text{토지가치} \times \text{토지환원율})}{\text{건물환원율}}$$

Ⅷ. 수익방식 – 수익분석법

1. 의의

수익분석법은 일반기업 경영에 의하여 산출된 총수익을 분석하여 대상물건이 일정한 기간에 산출할 것으로 기대되는 순수익에 대상물건을 계속하여 임대하는 데 필요한 경비를 더하여 대상물건의 임대료를 산정하는 감정평가방법을 말한다.

$$\text{수익임료} = \text{순수익} + \text{필요제경비}$$

2. 적용방법

가. 순수익

순수익은 임대기간에 산출될 것으로 기대되는 표준적·객관적이며, 합리적·합법적이고 안전하고 확실한 것이어야 한다. 또한 순수익을 발생시키는 부동산의 사용수익 상태는 임대차계약 내용이나 조건에 따른 이용상태면 무방하며 반드시 최유효이용일 필요는 없다.

나. 필요제경비

필요제경비에는 감가상각비, 유지관리비, 조세공과금, 손해보험료, 결손준비비, 공실 및 손실상당액, 정상운전자금이자상당액 등이 포함된다.

감정평가의 실시

I. 절차

감정평가법인등은 기본적 사항의 확정, 처리계획 수립, 대상물건 확인, 자료수집 및 정리, 자료검토 및 가치형성요인의 분석, 감정평가방법의 선정 및 적용, 감정평가액의 결정 및 표시의 순서에따라 감정평가를 해야 한다. 다만, 합리적이고 능률적인 감정평가를 위하여 필요할 때에는 순서를 조정할 수 있다.

II. 실시

1. 기본적 사항의 확정

가. 수임계약의 기본적 사항

감정평가 수임계약에는 업무 범위를 확정하고 분쟁을 예방하기 위하여 의뢰인, 대상물건, 감정평가 목적, 기준시점, 감정평가조건, 기준가치, 관련 전문가에 대한 자문 또는 용역에 관한 사항, 감정평가 수수료 및 실비의 청구와 지급에 관한 사항을 포함하여야 한다.

나. 대상물건

토지	소재지, 지번, 지목, 면적 등
건물	소재지, 지번, 구조, 용도, 면적 등
동산이나 기계기구	품명, 수량, 규격, 제작자, 제작년월일, 제작번호 등

다. 감정평가 목적

당해 감정평가 시에 반드시 확정해야 한다. 이는 평가목적에 따라 적용해야 할 감정평가 관계 법령이 달라지기 때문이다. 평가목적은 기준가치 및 평가가액의 결정에 매우 중요한 영향을 미친다. 따라서 목적 외에 사용을 못하도록 하기 위하여 일반거래목적, 취득, 관리, 처분, 자산재평가, 조세부과, 합병, 담보, 경매, 보상평가등으로 평가목적을 명시하여야 한다.

라. 기준시점

(1) 정의

기준시점이란 대상물건의 감정평가액을 결정하는 기준이 되는 날짜를 말한다.

(2) 관련된 규정

기준시점은 대상물건의 가격조사를 완료한 날짜로 한다. 다만, 기준시점을 미리 정하였을 때에는 그 날짜에 가격조사가 가능한 경우에만 기준시점으로 할 수 있다. 따라서 기준시점은 의뢰인이 평가의뢰시 미리 정하는 것이 원칙이나, 그것이 정하여 지지 않은 때에는 가격조사를 완료한 날로 한다.

마. 감정평가조건

(1) 현황기준 원칙

감정평가는 기준시점에서의 대상물건의 이용상황(불법적이거나 일시적인 이용은 제외한다) 및 공법상 제한을 받는 상태를 기준으로 한다.

(2) 감정평가조건

반면 법령에 다른 규정이 있는 경우, 의뢰인이 요청하는 경우, 감정평가의 목적이나 대상물건의 특성에 비추어 사회통념상 필요하다고 인정되는 경우에 해당하는 경우에는 기준시점의 가치형성요인 등을 실제와 다르게 가정하거나 특수한 경우로 한정하는 조건을 붙여 감정평가할 수 있다.

바. 기준가치

의의	㉠ 기준가치란 감정평가의 기준이 되는 가치를 말한다.
원칙	㉡ 대상물건에 대한 감정평가액은 시장가치를 기준으로 결정한다.
예외	㉢ 법령에 다른 규정이 있는 경우 ㉣ 감정평가 의뢰인이 요청하는 경우 ㉤ 감정평가의 목적이나 대상물건의 특성에 비추어 사회통념상 필요하다고 인정되는 경우

2. 처리계획 수립

대상물건의 확인에서 감정평가액의 결정 및 표시에 이르기까지 일련의 작업과정에 대한 계획을 수립하는 절차를 말한다.

3. 대상물건 확인

가. 물적사항의 확인

토지	토지는 소재지, 지번, 지목, 지적, 형태, 접면도로 조건, 공법상 규제 등을 확인해야 한다.
건물	건물은 소재지, 지번, 구조, 용도, 면적, 준공연도, 경과연수 등을 확인해야 한다.

나. 권리상태의 확인

물적사항 확인 후에는 소유권과 기타 권리관계를 명확히 조사하고 분석해야 한다. 소유권은 단독소유, 공동소유, 구분소유 등으로 나뉘며, 다른 권리로는 지상권, 전세권, 저당권 등이 있고, 이 모든 권리상태는 등기사항전부증명서, 지적도 등 공부 자료와 현지조사를 통해 실제 현황과 일치하는지 확인해야 한다.

4. 자료수집 및 정리
가. 자료의 종류

확인자료	확인자료란 대상물건의 물적 확인 및 권리상태의 확인에 필요한 자료로서 등기전부사항증명서, 도시계획확인원, 건축물관리대장, 설계도면 등이 있다.
요인자료	요인자료란 부동산의 가치형성과 연관된 자료이다.
사례자료	사례자료란 매매사례, 임대차사례, 건설사례, 수익사례 등과 같이 감정평가3방식의 적용에 필요한 자료이다.

나. 자료의 수집방법

징구법	징구법이란 대상물건의 종류에 따라 평가의뢰인으로 하여금 평가에 필요한 자료를 제출하도록 하는 방법이다.
실사법	실사법이란 현장조사를 통하여 평가에 필요한 자료를 수집하는 방법이다.
탐문법	탐문법이란 조사자의 소속·신분·조사목적 등을 공개 또는 가장(假裝)하는지의 여부에 따라 공개탐문법과 가장탐문법으로 구분되며, 평가에 필요한 자료를 현장 또는 기타 장소에서 대상으로부터 직접 탐문·수집하는 방법으로서, 대상·내용·방법에 대한 신속·명확한 판단과 조사자의 전문지식·능력·경험이 요구되는 조사기법을 말한다.
열람법	열람법이란 평가에 필요한 자료를 직접 열람하여 확인하는 방법이다. 징구법의 보충적 방법이라고 할 수 있다.

다. 자료의 정리

수집된 자료는 종합적으로 정리하여 기록·보존함으로써, 자료 검토 및 가치형성요인 분석 준비에 활용한다. 체계적으로 정리된 자료는 다른 물건의 평가에도 유용하게 활용될 수 있기 때문에 확인자료를 물적 자료와 법적 자료로 구분하여 정리하고, 요인자료를 정리할 때에는 일반자료는 용도지역별로 수집·정리하며, 개별자료는 사정보정 등 비교가 가능한 형태로 분류·정리하여야 한다.

5. 자료검토 및 가치형성요인의 분석
가. 자료의 검토

수집·정리된 자료에 대하여는 해당 자료가 대상물건의 감정평가 작업에 실제로 필요한 자료인지 여부와 사례자료가 요구되는 요건을 모두 구비하여 조건에 적합하고 충분한 자료인지에 대한 검토가 이루어져야 한다.

나. 가치형성요인의 분석

가치형성요인의 분석이란 일반적요인의 분석, 지역분석, 개별분석을 포괄하는 중요한 감정평가 절차이다. 가치형성요인의 분석에서는 수집된 자료에 의하여 가치형성에 영향을 미치는 일반적 요인에 대하여 분석하고 지역요인을 분석하여 그 지역의 표준적이용과 가격수준을 판단한다. 그리고 개별요인의 분석을 통하여 대상물건의 최유효이용을 판정하게 된다.

6. 감정평가방법의 선정 및 적용

「감정평가에 관한 규칙 제11조」에 따라서 원가방식, 비교방식, 수익방식 중에서 대상물건의 특성이나 감정평가의 목적 등에 따라 적절한 하나 이상의 감정평가방법을 선정하고, 그 방법에 따라 가치형성요인 분석 결과 등을 토대로 시산가액을 산정하는 절차를 말한다.

7. 감정평가액의 결정 및 표시

감정평가액의 결정 및 표시란 감정평가방법의 적용을 통하여 산정된 시산가액을 합리적으로 조정하여 대상물건이 갖는 구체적인 가치를 최종적으로 결정하고 감정평가서에 그 가액을 표시하는 절차를 말한다.

III. 물건별 감정평가

1. 토지의 감정평가

가. 원칙

감정평가법인등이 토지를 감정평가하는 경우에는 그 토지와 이용가치가 비슷하다고 인정되는 「부동산 가격공시에 관한 법률」에 따른 표준지공시지가를 기준으로 하여야 한다.

나. 예외

감정평가법인 등은 토지를 감정평가할 때 적정한 실거래가가 있는 경우, 적정한 실거래가를 기준으로 하여 거래사례비교법을 적용할 수 있다.

다. 조성비용

감정평가법인등이 「주식회사 등의 외부감사에 관한 법률」에 따른 재무제표 작성 등 기업의 재무제표 작성에 필요한 감정평가와 담보권의 설정·경매 등 대통령령으로 정하는 감정평가를 할 때에는 해당 토지의 임대료, 조성비용 등을 고려하여 감정평가를 할 수 있다.

라. 정리

법 제3조제1항 본문 토지 감정평가(원칙)	공시지가기준법을 적용해야 한다.
법 제3조제1항 단서 토지 감정평가(예외)	거래사례비교법을 적용해야 한다.
법 제3조제2항에 따라 토지를 감정평가	해당 토지의 임대료, 조성비용 등을 고려하여 감정평가 할 수 있다.

2. 건물 등의 감정평가

건물의 감정평가	원가법을 적용해야 한다.
토지와 건물의 일괄감정평가	(일체)거래사례비교법을 적용해야 한다.

3. 산림 및 과수원의 감정평가

산림	원칙	산지와 입목	구분하여 감정평가해야 한다.
		입목	거래사례비교법을 적용해야 한다.
		소경목림	원가법을 적용해야 한다. (小徑木林 : 지름이 작은 나무·숲)
	예외		산지와 입목을 일괄평가시 거래사례비교법 적용

과수원	거래사례비교법을 적용해야 한다.

4. 공장재단 및 광업재단의 감정평가

공장재단	원칙	개별 물건의 감정평가액을 합산하여 감정평가해야 한다.
	예외	계속적인 수익이 예상되는 경우 등 일괄하여 감정평가하는 경우에는 수익환원법을 적용할 수 있다.
광업재단		수익환원법을 적용해야 한다.

5. 자동차 등의 감정평가

자동차	거래사례비교법을 적용해야 한다.
건설기계	원가법을 적용해야 한다.
선박	
항공기	
본래 용도의 효용가치가 없는 물건	(자동차, 건설기계, 선박, 항공기)본래 용도의 효용가치가 없는 물건은 해체처분가액으로 감정평가할 수 있다.

6. 동산 및 임대료의 감정평가

동산	원칙	거래사례비교법을 적용해야 한다.
	예외	본래 용도의 효용가치가 없는 물건은 해체처분가액
임대료		임대사례비교법을 적용해야 한다.

7. 무형자산 및 유가증권 등의 감정평가
가. 무형자산의 감정평가

광업권	㉠ 광업권 = (광업재단의 감정평가액) − (해당 광산의 현존시설 가액) ㉡ 이 경우 광산의 현존시설 가액은 적정 생산규모와 가행조건(稼行條件) 등을 고려하여 산정하되 과잉유휴시설을 포함하여 산정하지 않는다.
어업권	㉢ 어업권 = (어장 전체 수익환원법 평가 가액) − (어장의 현존시설 가액) ㉣ 이 경우 어장의 현존시설 가액은 적정 생산규모와 어업권 존속기간 등을 고려하여 산정하되 과잉유휴시설을 포함하여 산정하지 않는다.
영업권 등	㉤ 감정평가법인등은 영업권, 특허권, 실용신안권, 디자인권, 상표권, 저작권, 전용측선이용권(專用側線利用權), 그 밖의 무형자산을 감정평가할 때에 수익환원법을 적용해야 한다.

나. 유가증권 등의 감정평가

주식	상장주식	거래사례비교법을 적용할 것
	비상장주식	해당 회사의 자산·부채 및 자본 항목을 평가하여 수정재무상태표를 작성한 후 기업체의 유·무형의 자산가치(이하 "기업가치"라 한다)에서 부채의 가치를 빼고 산정한 자기자본의 가치를 발행주식 수로 나눌 것
채권	상장채권	거래사례비교법을 적용해야 한다.
	비상장채권	수익환원법을 적용해야 한다.
	기업가치	

다. 소음 등으로 인한 대상물건의 가치하락분에 대한 감정평가

감정평가법인등은 소음·진동·일조침해 또는 환경오염 등으로 대상물건에 직접적 또는 간접적인 피해가 발생하여 대상물건의 가치가 하락한 경우 그 가치하락분을 감정평가할 때에 소음 등이 발생하기 전의 대상물건의 가액 및 원상회복비용 등을 고려해야 한다.

부동산가격공시제도

Ⅰ. 총칙

1. 목적

부동산 가격공시에 관한 법률은 부동산의 적정가격(適正價格) 공시에 관한 기본적인 사항과 부동산 시장·동향의 조사·관리에 필요한 사항을 규정함으로써 부동산의 적정한 가격형성과 각종 조세·부담금 등의 형평성을 도모하고 국민경제의 발전에 이바지함을 목적으로 한다.

2. 정의

가. 주택

주택이란 세대(世帶)의 구성원이 장기간 독립된 주거생활을 할 수 있는 구조로 된 건축물의 전부 또는 일부 및 그 부속토지를 말하며, 단독주택과 공동주택으로 구분한다.

나. 공동주택

공동주택이란 건축물의 벽·복도·계단이나 그 밖의 설비 등의 전부 또는 일부를 공동으로 사용하는 각 세대가 하나의 건축물 안에서 각각 독립된 주거생활을 할 수 있는 구조로 된 주택을 말한다.

다. 단독주택

단독주택이란 공동주택을 제외한 주택을 말한다.

라. 비주거용 부동산

(1) 비주거용 집합부동산

비주거용 집합부동산이란 「집합건물의 소유 및 관리에 관한 법률」에 따라 구분소유되는 비주거용 부동산을 말한다.

(2) 비주거용 일반부동산

비주거용 집합부동산을 제외한 비주거용 부동산을 말한다.

마. 적정가격

적정가격이란 토지, 주택 및 비주거용 부동산에 대하여 통상적인 시장에서 정상적인 거래가 이루어지는 경우 성립될 가능성이 가장 높다고 인정되는 가격을 말한다.

II. 표준지공시지가

1. 조사·평가 및 공시 등

가. 법규정

국토교통부장관은 토지이용상황이나 주변 환경, 그 밖의 자연적·사회적 조건이 일반적으로 유사하다고 인정되는 일단의 토지 중에서 선정한 표준지에 대하여 매년 공시기준일 현재의 표준지공시지가를 조사·평가하고, 중앙부동산가격공시위원회의의 심의를 거쳐 이를 공시하여야 한다.

나. 의의 등

(1) 의의

표준지 공시지가란 국토교통부장관이 조사·평가하여 공시한 표준지의 단위면적당 적정가격을 말한다.

(2) 공시기준일

표준지 공시지가의 공시기준일은 1월 1일로 한다. 다만, 국토교통부장관은 표준지공시지가 조사·평가인력 등을 고려하여 부득이하다고 인정하는 경우에는 일부 지역을 지정하여 해당 지역에 대한 공시기준일을 따로 정할 수 있다.

(3) 선정기준

표준지의 선정기준에는 지가의 대표성, 토지특성의 중용성, 토지용도의 안정성, 토지구별의 확정성이 있다.

다. 조사·평가 및 공시 등

(1) 조사·평가

표준지공시지가를 조사·평가하는 경우에는 인근 유사토지의 거래가격·임대료 및 해당 토지와 유사한 이용가치를 지닌다고 인정되는 토지의 조성에 필요한 비용추정액, 인근지역 및 다른 지역과의 형평성·특수성, 표준지공시지가 변동의 예측 가능성 등 제반사항을 종합적으로 참작하여야 한다.

(2) 감정평가법인등에게 의뢰

표준지공시지가를 조사·평가할 때에는 업무실적, 신인도(信認度) 등을 고려하여 둘 이상의 감정평가법인등에게 이를 의뢰하여야 한다. 다만, 지가 변동이 작은 경우 등 대통령령으로 정하는 기준에 해당하는 표준지에 대해서는 하나의 감정평가법인등에 의뢰할 수 있다.

(3) 토지가격비준표 제공

국토교통부장관은 개별공시지가의 산정을 위하여 필요하다고 인정하는 경우에는 표준지와 산정대상 개별 토지의 가격형성요인에 관한 표준적인 비교표를 작성하여 시장·군수 또는 구청장에게 제공하여야 한다.

라. 조사·평가 기준

(1) 적정가격 기준 평가

(2) 실제용도 기준 평가

표준지의 평가는 공부상의 지목에도 불구하고 공시기준일 현재의 이용상황을 기준으로 평가하되, 일시적인 이용상황은 이를 고려하지 아니한다.

(3) 나지상정 평가

표준지의 평가에 있어서 그 토지에 건물이나 그 밖의 정착물이 있거나 지상권 등 토지의 사용·수익을 제한하는 사법상의 권리가 설정되어 있는 경우에는 그 정착물 등이 없는 토지의 나지상태를 상정하여 평가한다.

(4) 공법상 제한상태 기준 평가

표준지의 평가에 있어서 공법상 용도지역·지구·구역 등 일반적인 계획제한사항 뿐만 아니라 도시계획시설 결정 등 공익사업의 시행을 직접목적으로 하는 개별적인 계획제한사항이 있는 경우에는 그 공법상 제한을 받는 상태를 기준으로 평가한다.

(5) 개발이익 반영 평가

표준지의 평가에 있어서 공익사업의 계획 또는 시행이 공고 또는 고시됨으로 인한 지가의 증가분, 공익사업의 시행에 따른 절차로서 행하여진 토지이용계획의 설정·변경·해제 등으로 인한 지가의 증가분, 그 밖에 공익사업의 착수에서 준공까지 그 시행으로 인한 지가의 증가분의 개발이익은 이를 반영하여 평가한다.

2. 공시사항

㉠ 표준지의 지번	㉤ 지목
㉡ 표준지의 단위면적당 가격	㉥ 용도지역
㉢ 표준지의 면적 및 형상	㉦ 도로 상황
㉣ 표준지 및 주변토지의 이용상황	㉧ 그 밖에 표준지공시지가 공시에 필요한 사항

3. 이의신청

가. 국토교통부장관에게 이의신청

표준지공시지가에 이의가 있는 자는 그 공시일부터 30일 이내에 서면으로 국토교통부장관에게 이의를 신청할 수 있다.

나. 서면통지

국토교통부장관은 이의신청 기간이 만료된 날부터 30일 이내에 이의신청을 심사하여 그 결과를 신청인에게 서면으로 통지하여야 한다. 이 경우 국토교통부장관은 이의신청의 내용이 타당하다고 인정될 때에는 해당 표준지공시지가를 조정하여 다시 공시하여야 한다.

4. 효력

표준지공시지가는 토지시장에 지가정보를 제공하고 일반적인 토지거래의 지표가 되며, 국가·지방자치단체 등이 그 업무와 관련하여 지가를 산정하거나 감정평가법인등이 개별적으로 토지를 감정평가하는 경우에 기준이 된다.

Ⅲ. 개별공시지가

1. 결정·공시 등

가. 법 규정

시장·군수 또는 구청장은 국세·지방세 등 각종 세금의 부과, 그 밖의 다른 법령에서 정하는 목적을 위한 지가산정에 사용되도록 하기 위하여 시·군·구부동산가격공시위원회의 심의를 거쳐 매년 공시지가의 공시기준일 현재 관할 구역 안의 개별토지의 단위면적당 가격을 결정·공시하고, 이를 관계 행정기관 등에 제공하여야 한다.

나. 결정 및 공시일

시장·군수 또는 구청장은 매년 5월 31일까지 개별공시지가를 결정·공시하여야 한다.

다. 활용

개별공시지가는 재산세 과세표준액 결정, 종합부동산세 과세표준액 결정, 국유지의 사용료 산정기준, 국유지의 사용료 산정기준에 활용될 수 있다.

2. 공시하지 아니할 수 있는 토지

개별공시지가를 공시하지 않는 토지에는 표준지로 선정된 토지, 농지보전부담금 또는 개발부담금 등의 부과대상이 아닌 토지, 국세 또는 지방세 부과대상이 아닌 토지(국공유지의 경우에는 공공용 토지만 해당한다)에 대하여는 개별공시지가를 결정·공시하지 아니할 수 있다. 이 경우 표준지로 선정된 토지에 대하여는 해당 토지의 표준지공시지가를 개별공시지가로 본다.

3. 공시기준일을 다르게 할 수 있는 토지

가. 법 규정

시장·군수 또는 구청장은 공시기준일 이후에 분할·합병 등이 발생한 토지에 대하여는 대통령령으로 정하는 날을 기준으로 하여 개별공시지가를 결정·공시하여야 한다.

나. 공시기준일을 다르게 할 수 있는 토지

㉠ 「공간정보의 구축 및 관리 등에 관한 법률」에 따라 분할 또는 합병된 토지
㉡ 공유수면 매립 등으로 「공간정보의 구축 및 관리 등에 관한 법률」에 따른 신규등록이 된 토지
㉢ 토지의 형질변경 또는 용도변경으로 「공간정보의 구축 및 관리 등에 관한 법률」에 따른 지목변경이 된 토지
㉣ 국유·공유에서 매각 등에 따라 사유(私有)로 된 토지로서 개별공시지가가 없는 토지

다. 정리

㉠ 1월 1일부터 6월 30일까지의 사이에 개별공시지가 공시기준일을 다르게 할 수 있는 토지	㉡ 공시기준일은 그 해 7월 1일이다.	㉢ 결정 및 공시일은 그 해 10월 31일까지
㉣ 7월 1일부터 12월 31일까지의 사이에 개별공시지가 공시기준일을 다르게 할 수 있는 토지	㉤ 공시기준일은 다음 해 1월 1일이다.	㉥ 결정 및 공시일은 다음 해 5월 31일까지

4. 토지가격비준표

가. 법규정

시장·군수 또는 구청장이 개별공시지가를 결정·공시하는 경우에는 해당 토지와 유사한 이용가치를 지닌다고 인정되는 하나 또는 둘 이상의 표준지의 공시지가를 기준으로 토지가격비준표를 사용하여 지가를 산정하되, 해당 토지의 가격과 표준지공시지가가 균형을 유지하도록 하여야 한다.

나. 개념

토지가격비준표란 대량의 토지에 대한 가격을 간편하게 산정할 수 있도록 계량적으로 고안된 '간이지가산정표'로 매년 국토교통부장관이 작성하여 시군구 및 관계기관에 제공하고 있다. 또한 토지가격비준표는 국토교통부 장관이 한국부동산원에 작성 및 제공업무를 위탁하고 있다.

다. 형식

[토지가격비준표 형식]
- 세로방향 : 표준지의 특성배율
- 가로방향 : 지가산정 대상필지의 특성배율

표준지 \ 대상필지		대상필지 토지특성				
		저지	평지	완경사	급경사	고지
고지	저지	1.00	1.03	0.93	0.90	0.81
	평지	0.970	1.00	0.90	0.87	0.79
	완경사	1.08	1.11	1.00	0.97	0.87
	급경사	1.11	1.15	1.03	1.00	0.90
	고지	1.24	1.27	1.15	1.11	1.00

표준지 토지특성

5. 이의신청

가. 시장·군수 또는 구청장에게 이의신청

개별공시지가에 이의가 있는 자는 그 결정·공시일부터 30일 이내에 서면으로 시장·군수 또는 구청장에게 이의를 신청할 수 있다.

나. 서면통지

시장·군수 또는 구청장은 이의신청 기간이 만료된 날부터 30일 이내에 이의신청을 심사하여 그 결과를 신청인에게 서면으로 통지하여야 한다. 이 경우 시장·군수 또는 구청장은 이의신청의 내용이 타당하다고 인정될 때에는 해당 개별공시지가를 조정하여 다시 결정·공시하여야 한다.

Ⅳ. 주택가격의 공시

1. 표준주택가격

가. 개관

국토교통부장관은 용도지역, 건물구조 등이 일반적으로 유사하다고 인정되는 일단의 단독주택 중에서 선정한 표준주택에 대하여 매년 공시기준일 현재의 적정가격(이하 "표준주택가격"이라 한다)을 조사·산정하고, 중앙부동산가격공시위원회의 심의를 거쳐 이를 공시하여야 한다.

나. 표준주택가격의 공시사항

  ㉠ 표준주택의 지번
  ㉡ 표준주택가격
  ㉢ 표준주택의 대지면적 및 형상
  ㉣ 표준주택의 용도, 연면적, 구조 및 사용승인일(임시사용승인일을 포함한다)
  ㉤ 지목, 용도지역, 도로상황, 그 밖에 표준주택가격 공시에 필요한 사항

다. 공시기준일

표준주택가격의 공시기준일은 1월 1일로 한다.

라. 의뢰

국토교통부장관은 표준주택가격을 조사·산정하고자 할 때에는 한국부동산원에 의뢰한다.

마. 조사·산정기준

(1) 법 규정

국토교통부장관이 표준주택가격을 조사·산정하는 경우에는 인근 유사 단독주택의 거래가격·임대료 및 해당 단독주택과 유사한 이용가치를 지닌다고 인정되는 단독주택의 건설에 필요한 비용추정액, 인근지역 및 다른 지역과의 형평성·특수성, 표준주택가격 변동의 예측 가능성 등 제반사항을 종합적으로 참작하여야 한다.

(2) 시행령 규정

표준주택에 전세권 또는 그 밖에 단독주택의 사용·수익을 제한하는 권리가 설정되어 있을 때에는 그 권리가 존재하지 아니하는 것으로 보고 적정가격을 산정하여야 한다.

바. 주택가격비준표 제공

국토교통부장관은 개별주택가격의 산정을 위하여 필요하다고 인정하는 경우에는 표준주택과 산정대상 개별주택의 가격형성요인에 관한 표준적인 비교표를 작성하여 시장·군수 또는 구청장에게 제공하여야 한다.

사. 이의신청

(1) 국토교통부장관에게 이의신청

표준주택가격에 이의가 있는 자는 그 공시일부터 30일 이내에 서면으로 국토교통부장관에게 이의를 신청할 수 있다.

(2) 서면통지

국토교통부장관은 이의신청 기간이 만료된 날부터 30일 이내에 이의신청을 심사하여 그 결과를 신청인에게 서면으로 통지하여야 한다. 이 경우 국토교통부장관은 이의신청의 내용이 타당하다고 인정될 때에는 해당 표준주택가격을 조정하여 다시 공시하여야 한다.

2. 개별주택가격

가. 개관

(1) 법 규정

시장·군수 또는 구청장은 시·군·구부동산가격공시위원회의 심의를 거쳐 매년 표준주택가격의 공시기준일 현재 관할 구역 안의 개별주택의 가격을 결정·공시하고, 이를 관계 행정기관 등에 제공하여야 한다.

(2) 결정 및 공시일

시장·군수 또는 구청장은 매년 4월 30일까지 개별주택가격을 결정·공시하여야 한다.

나. 공시하지 아니할 수 있는 단독주택

표준주택으로 선정된 단독주택, 국세 또는 지방세 부과대상이 아닌 단독주택에 대하여는 개별주택가격을 결정·공시하지 아니할 수 있다. 이 경우 표준주택으로 선정된 주택에 대하여는 해당 주택의 표준주택가격을 개별주택가격으로 본다.

다. 공시사항

- ㉠ 개별주택의 지번
- ㉡ 개별주택가격
- ㉢ 개별주택의 용도 및 면적
- ㉣ 그 밖에 개별주택가격 공시에 필요한 사항

라. 개별주택가격 공시기준일을 다르게 할 수 있는 단독주택

(1) 법 규정

시장·군수 또는 구청장은 공시기준일 이후에 토지의 분할·합병이나 건축물의 신축 등이 발생한 경우에는 대통령령으로 정하는 날을 기준으로 하여 개별주택가격을 결정·공시하여야 한다.

(2) 정리

㉠ 1월 1일부터 5월 31일까지의 사이에 개별주택가격 공시기준일을 다르게 할 수 있는 단독주택	㉡ 공시기준일은 그 해 6월 1일	㉢ 결정 및 공시일은 그 해 9월 30일까지
㉣ 6월 1일부터 12월 31일까지의 사이에 개별주택가격 공시기준일을 다르게 할 수 있는 단독주택	㉤ 공시기준일은 다음 해 1월 1일	㉥ 결정 및 공시일은 다음 해 4월 30일까지

마. 주택가격비준표 활용

시장·군수 또는 구청장이 개별주택가격을 결정·공시하는 경우에는 해당 주택과 유사한 이용가치를 지닌다고 인정되는 표준주택가격을 기준으로 주택가격비준표를 사용하여 가격을 산정하되, 해당 주택의 가격과 표준주택가격이 균형을 유지하도록 하여야 한다.

바. 검증 및 의견

시장·군수 또는 구청장은 개별주택가격을 결정·공시하기 위하여 개별주택의 가격을 산정할 때에는 표준주택가격과의 균형 등 그 타당성에 대하여 부동산원의 검증을 받고 토지소유자, 그 밖의 이해관계인의 의견을 들어야 한다. 다만, 시장·군수 또는 구청장은 부동산원의 검증이 필요 없다고 인정되는 때에는 부동산원의 검증을 생략할 수 있다.

사. 이의신청

(1) 시장·군수 또는 구청장에게 이의신청

개별주택가격에 이의가 있는 자는 그 결정·공시일부터 30일 이내에 서면으로 시장·군수 또는 구청장에게 이의를 신청할 수 있다.

(2) 서면통지

시장·군수 또는 구청장은 이의신청 기간이 만료된 날부터 30일 이내에 이의신청을 심사하여 그 결과를 신청인에게 서면으로 통지하여야 한다. 이 경우 시장·군수 또는 구청장은 이의신청의 내용이 타당하다고 인정될 때에는 해당 개별주택가격을 조정하여 다시 결정·공시하여야 한다.

3. 공동주택가격

가. 개관

국토교통부장관은 공동주택에 대하여 매년 공시기준일 현재의 적정가격을 조사·산정하여 중앙부동산가격공시위원회의 심의를 거쳐 공시하고, 이를 관계 행정기관 등에 제공하여야 한다.

나. 이해관계인의 의견

국토교통부장관은 공동주택가격을 공시하기 위하여 그 가격을 산정할 때에는 대통령령으로 정하는 바에 따라 공동주택소유자와 그 밖의 이해관계인의 의견을 들어야 한다.

다. 공시기준일 등

(1) 공시기준일

공동주택가격의 공시기준일은 1월 1일로 한다.

(2) 산정 및 공시일

국토교통부장관은 매년 4월 30일까지 공동주택가격을 산정·공시하여야 한다.

(3) 공시사항

㉠ 공동주택의 소재지·명칭·동·호수	㉡ 공동주택가격
㉢ 공동주택의 면적	㉣ 그 밖에 공동주택가격 공시에 필요한 사항

라. 공시기준일을 다르게 할 수 있는 공동주택

(1) 법 규정

국토교통부장관은 공시기준일 이후에 토지의 분할·합병이나 건축물의 신축 등이 발생한 경우에는 대통령령으로 정하는 날을 기준으로 하여 공동주택가격을 결정·공시하여야 한다.

(2) 정리

㉠ 1월 1일부터 5월 31일까지의 사이에 공동주택가격 공시기준일을 다르게 할 수 있는 공동주택	㉡ 공시기준일은 그 해 6월 1일	㉢ 결정 및 공시일은 그 해 9월 30일까지
㉣ 6월 1일부터 12월 31일까지의 사이에 공동주택가격 공시기준일을 다르게 할 수 있는 공동주택	㉤ 공시기준일은 다음 해 1월 1일	㉥ 결정 및 공시일은 다음 해 4월 30일까지

마. 조사·산정

(1) 법 규정

국토교통부장관이 공동주택가격을 조사·산정하는 경우에는 인근 유사 공동주택의 거래가격·임대료 및 해당 공동주택과 유사한 이용가치를 지닌다고 인정되는 공동주택의 건설에 필요한 비용추정액 등을 종합적으로 참작하여야 한다.

(2) 시행령

공동주택에 전세권 또는 그 밖에 공동주택의 사용·수익을 제한하는 권리가 설정되어 있을 때에는 그 권리가 존재하지 아니하는 것으로 보고 적정가격을 산정하여야 한다.

바. 의뢰

국토교통부장관이 공동주택가격을 조사·산정하고자 할 때에는 부동산원에 의뢰한다.

사. 이의신청

(1) 국토교통부장관에게 이의신청

공동주택가격에 이의가 있는 자는 그 공시일부터 30일 이내에 서면으로 국토교통부장관에게 이의를 신청할 수 있다.

(2) 서면통지

국토교통부장관은 이의신청 기간이 만료된 날부터 30일 이내에 이의신청을 심사하여 그 결과를 신청인에게 서면으로 통지하여야 한다. 이 경우 국토교통부장관은 이의신청의 내용이 타당하다고 인정될 때에는 해당 공동주택가격을 조정하여 다시 공시하여야 한다.

4. 효력

가. 표준주택가격

표준주택가격은 국가·지방자치단체 등이 그 업무와 관련하여 개별주택가격을 산정하는 경우에 그 기준이 된다.

나. 개별주택 및 공동주택가격

개별주택가격 및 공동주택가격은 주택시장의 가격정보를 제공하고, 국가·지방자치단체 등이 과세 등의 업무와 관련하여 주택의 가격을 산정하는 경우에 그 기준으로 활용될 수 있다.

V. 비주거용 부동산가격의 공시

1. 비주거용 표준부동산가격

가. 개관

국토교통부장관은 용도지역, 이용상황, 건물구조 등이 일반적으로 유사하다고 인정되는 일단의 비주거용 일반부동산 중에서 선정한 비주거용 표준부동산에 대하여 매년 공시기준일 현재의 적정가격을 조사·산정하고, 중앙부동산가격공시위원회의 심의를 거쳐 이를 공시할 수 있다.

나. 공시사항

㉠ 비주거용 표준부동산의 지번
㉡ 비주거용 표준부동산가격
㉢ 비주거용 표준부동산의 대지면적 및 형상
㉣ 비주거용 표준부동산의 용도, 연면적, 구조 및 사용승인일(임시사용승인일을 포함한다.)
㉤ 지목, 용도지역, 도로상황, 그 밖에 비주거용 표준부동산가격 공시에 필요한 사항

다. 공시기준일

비주거용 표준부동산가격의 공시기준일은 1월 1일로 한다.

라. 의뢰

국토교통부장관은 비주거용 표준부동산가격을 조사·산정하려는 경우 감정평가법인등 또는 부동산원에게 의뢰한다.

마. 비주거용 부동산가격비준표 제공

국토교통부장관은 비주거용 개별부동산가격의 산정을 위하여 필요하다고 인정하는 경우에는 비주거용 표준부동산과 산정대상 비주거용 개별부동산의 가격형성요인에 관한 표준적인 비교표를 작성하여 시장·군수 또는 구청장에게 제공하여야 한다.

바. 이의신청

(1) 국토교통부장관에게 이의신청

비주거용 표준부동산가격에 이의가 있는 자는 그 공시일부터 30일 이내에 서면으로 국토교통부장관에게 이의를 신청할 수 있다.

(2) 서면통지

국토교통부장관은 이의신청 기간이 만료된 날부터 30일 이내에 이의신청을 심사하여 그 결과를 신청인에게 서면으로 통지하여야 한다. 이 경우 국토교통부장관은 이의신청의 내용이 타당하다고 인정될 때에는 해당 비주거용 표준부동산가격을 조정하여 다시 공시하여야 한다.

2. 비주거용 개별부동산가격

가. 개관

(1) 법 규정

시장·군수 또는 구청장은 시·군·구부동산가격공시위원회의 심의를 거쳐 매년 비주거용 표준부동산가격의 공시기준일 현재 관할 구역 안의 비주거용 개별부동산의 가격을 결정·공시할 수 있다.

(2) 결정 및 공시일

시장·군수 또는 구청장은 비주거용 개별부동산가격을 결정·공시하려는 경우에는 매년 4월 30일까지 비주거용 개별부동산가격을 결정·공시하여야 한다.

나. 비주거용 개별부동산가격을 공시하지 아니할 수 있는 비주거용 일반부동산

비주거용 개별부동산가격을 공시하지 아니할 수 있는 비주거용 일반부동산에는 비주거용 표준부동산으로 선정된 비주거용 일반부동산, 국세 또는 지방세 부과대상이 아닌 비주거용 일반부동산, 그 밖에 국토교통부장관이 정하는 비주거용 일반부동산이 있다.

다. 공시사항

- ⊙ 비주거용 부동산의 지번
- ⓒ 비주거용 부동산가격
- ⓒ 비주거용 개별부동산의 용도 및 면적
- ⓔ 그 밖에 비주거용 개별부동산가격 공시에 필요한 사항

라. 비주거용 부동산가격비준표 활용

시장·군수 또는 구청장이 비주거용 개별부동산가격을 결정·공시하는 경우에는 해당 비주거용 일반부동산과 유사한 이용가치를 지닌다고 인정되는 비주거용 표준부동산가격을 기준으로 비주거용 부동산가격비준표를 사용하여 가격을 산정하되, 해당 비주거용 일반부동산의 가격과 비주거용 표준부동산가격이 균형을 유지하도록 하여야 한다.

마. 검증

시장·군수 또는 구청장은 비주거용 개별부동산가격을 결정·공시하기 위하여 비주거용 일반부동산의 가격을 산정할 때에는 비주거용 표준부동산가격과의 균형 등 그 타당성에 대하여 감정평가법인등, 부동산원의 검증을 받고 비주거용 일반부동산의 소유자와 그 밖의 이해관계인의 의견을 들어야 한다.

바. 이의신청

(1) 시장·군수 또는 구청장에게 이의신청

비주거용 개별부동산가격에 이의가 있는 자는 그 결정·공시일부터 30일 이내에 서면으로 시장·군수 또는 구청장에게 이의를 신청할 수 있다.

(2) 서면통지

시장·군수 또는 구청장은 이의신청 기간이 만료된 날부터 30일 이내에 이의신청을 심사하여 그 결과를 신청인에게 서면으로 통지하여야 한다. 이 경우 시장·군수 또는 구청장은 이의신청의 내용이 타당하다고 인정될 때에는 해당 비주거용 개별부동산가격을 조정하여 다시 결정·공시하여야 한다.

3. 비주거용 집합부동산가격

가. 개관

국토교통부장관은 비주거용 집합부동산에 대하여 매년 공시기준일 현재의 적정가격을 조사·산정하여 중앙부동산가격공시위원회의 심의를 거쳐 공시할 수 있다. 이 경우 시장·군수 또는 구청장은 비주거용 집합부동산가격을 결정·공시한 경우에는 이를 관계 행정기관 등에 제공하여야 한다.

나. 공시기준일 등

(1) 공시기준일

비주거용 집합부동산가격의 공시기준일은 1월 1일로 한다.

(2) 산정 및 공시일

국토교통부장관은 비주거용 집합부동산가격을 산정·공시하려는 경우에는 매년 4월 30일까지 비주거용 집합부동산가격을 산정·공시하여야 한다.

(3) 공시사항

㉠ 비주거용 집합부동산의 소재지·명칭·동·호수
㉡ 비주거용 집합부동산가격
㉢ 비주거용 집합부동산의 면적
㉣ 그 밖에 비주거용 집합부동산가격 공시에 필요한 사항

다. 이의신청

(1) 국토교통부장관에게 이의신청

비주거용 집합부동산가격에 이의가 있는 자는 그 공시일부터 30일 이내에 서면으로 국토교통부장관에게 이의를 신청할 수 있다.

(2) 서면통지

국토교통부장관은 이의신청 기간이 만료된 날부터 30일 이내에 이의신청을 심사하여 그 결과를 신청인에게 서면으로 통지하여야 한다. 이 경우 국토교통부장관은 이의신청의 내용이 타당하다고 인정될 때에는 해당 비주거용 집합부동산가격을 조정하여 다시 공시하여야 한다.

4. 비주거용 부동산가격공시의 효력

가. 비주거용 표준부동산가격

비주거용 표준부동산가격은 국가·지방자치단체 등이 그 업무와 관련하여 비주거용 개별부동산가격을 산정하는 경우에 그 기준이 된다.

나. 비주거용 개별부동산가격 및 비주거용 집합부동산가격

비주거용 개별부동산가격 및 비주거용 집합부동산가격은 비주거용 부동산시장에 가격정보를 제공하고, 국가·지방자치단체 등이 과세 등의 업무와 관련하여 비주거용 부동산의 가격을 산정하는 경우에 그 기준으로 활용될 수 있다.

2026 위패스 공인중개사 부동산학개론 기본서

초판 1쇄 인쇄	2025. 12. 01
초판 1쇄 발행	2025. 12. 25

지은이   최혜승

발행인   윤혜영
편집자   김가온 | 표 지   안토그래픽

펴낸곳   로앤오더
개업일   2014년 2월 10일 | 등록번호 제222-23-01234호
주 소   (우)서울시 성동구 왕십리로 8길, 21-1 2층 201호
전 화   02-6332-1103 | 팩스 02-6332-1104

ISBN   979-11-6267-526-7
정 가   29,000원
위패스   wepass.co.kr

이 책은 저작권법에 따라 보호받는 저작물이므로 무단복제를 금지하며,
이 책 내용의 전부 또는 일부를 이용하려면 반드시 저작권자와 로앤오더의 서면동의를 받아야 합니다.